Rés V
3025

DE L'ART ET DES ARTISTES

EN ESPAGNE

DEDIE

A

SA MAIESTE CATHOLIQVE

DES ARTS
ET
DES ARTISTES
EN ESPAGNE

IVSQV'A LA FIN
DV DIX-HVITIEME SIECLE

PAR

EDOVARD LAFORGE

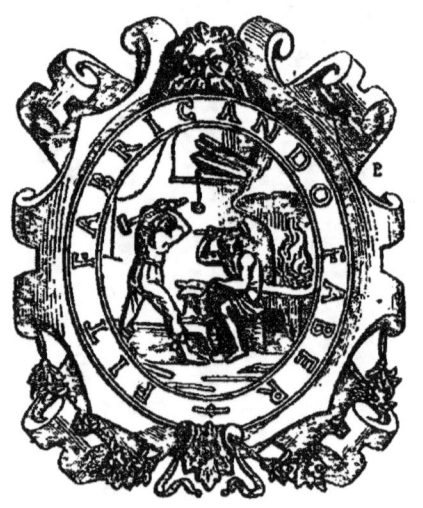

LYON
IMPRIMERIE DE LOVIS PERRIN

M D CCC LIX

INTRODUCTION.

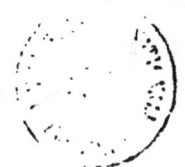E ferait en vain qu'on rechercherait l'origine de l'art; elle fe perd dans la nuit des temps, & l'attribuer à un peuple plutôt qu'à un autre, ferait une erreur dont l'hiftoire aurait bientôt raifon. L'art eft enfant du génie & de l'intelligence; il vient de Dieu, &, femblable à ce principe vivifiant & fécondant que la nature a placé dans tous les corps & que la phyfique nomme calorique, il fait partie intégrante des peuples, fe développant, fe rétréciffant, s'éteignant même, à mefure que la liberté, les lumières & la profpérité des nations fe développent, fe rétréciffent ou s'éteignent.

Quand on est à la recherche de l'art chez les peuples primitifs, on remarque qu'il a suivi leurs phases historiques, grandissant avec la civilisation, décroissant avec la barbarie. Ce ne sont donc pas les Egyptiens avec leurs hiéroglyphes, ni les Grecs avec leurs peintures monochrones, ni les Indiens, ni les Chinois, qui peuvent se vanter d'avoir donné à l'art sa première apparition, car, dès le principe de chacun de ces peuples, au temps même où aucune communication n'existait encore entre eux, on y trouve vivace le germe de l'art, ne demandant qu'à grandir & à se perfectionner.

Chez tous les peuples imbus de croyances religieuses, l'art devient un langage de convention, chargé de transmettre, de perpétuer les enseignements, & de conserver dans les esprits les idées qu'il est appelé à reproduire. Sous ce point de vue, l'art est aussi ancien que le monde, & les services qu'il a rendus & qu'il rend encore sont inappréciables.

Dire chez quel peuple l'art a progressé avec plus de rapidité, chez lequel il a été poussé avec plus de vigueur & y a jeté le plus grand éclat, c'est dire quel est le peuple qui a eu plus de liberté, plus de génie, & la Grèce, cette terre si privilégiée, est en possession de l'honneur d'avoir, la première, donné à l'art antique une impulsion inconnue partout ailleurs & qu'aucune nation ne peut lui disputer.

Mais, la Grèce tombe, étouffée par la liberté;

l'épée de Mummius coupe la chaîne traditionnelle de sa gloire nationale & artistique. Semblable à la sève vivifiante que l'aquilon fait rentrer dans les racines de l'arbre, l'art, fortement ébranlé, se cache; mais il n'est pas anéanti: la pratique demeure, l'étincelle est toujours sous la cendre, toujours prête à jeter un nouvel éclat. Un sommeil léthargique de plusieurs siècles l'enveloppe, &, à son réveil, suscité par les Iconoclastes, errant & proscrit encore, il n'a d'autre asile que les cloîtres des moines de Bysance, que les cellules du désert, d'autre pâture que les vignettes des Missels & les pavés des vestibules.

La religion du Christ frappe de réprobation & maudit la religion antique; son indignation soulève le vent de la tempête. Mais, tout ne sombre pas dans le naufrage. La foi du Crucifié triomphe du polythéisme, &, devenant plus forte, elle devient plus tolérante; elle abandonne sa sévérité primitive & met à son service la pompe & la magnificence des arts. Le monument païen reste le type du monument chrétien; la donnée architectonique est nouvelle, mais, ni les traditions, ni les souvenirs, ni les imitations ne s'évanouissent. Confiante, quand le temps est venu, en son propre triomphe, après les jours sanglants de la lutte, l'Eglise rassemble & protége les débris éparpillés des chefs-d'œuvre antiques. L'art agonisait & râlait à ses pieds; elle tourne vers lui un œil favorable, déchire le suaire qui couvre déjà sa face livide & lui crie, comme Jésus à Lazare : « Lève-toi. » Le mourant se lève, le sang coule de nouveau dans ses veines; nouvelle est sa force & nouvelle sa jeunesse. Il s'abrite alors sous le manteau de l'inviolable souveraine qui le protége, & se répand dans le monde.

L'Espagne n'est pas la dernière à accueillir le nouveau venu. Elle le prend sous sa protection, &, fidèle aux lois de l'hospitalité, elle fournit, pendant plusieurs siècles, à son aliment & à son expansion.

Pour trouver la naissance de l'art dans la péninsule Hispanique, il ne faut, dit Viardot, remonter ni aux Romains, car ce serait l'art antique, dont la barbarie a coupé la pleine tradition, ni aux Goths, qui furent destructeurs de la civilisation gréco-romaine, ni aux Arabes, nation éminemment policée & civilisatrice, mais iconoclaste, & à laquelle la défense religieuse de reproduire aucune image d'être vivant, interdisant jusqu'aux tentatives de la peinture & de la statuaire, ne laissait à cultiver d'autre art que l'architecture. Il faut, après le lent & laborieux développement du moyen-âge, s'approcher de l'époque que désigne le mot significatif de Renaissance, où semblèrent simultanément reparaître au monde toutes les connaissances humaines, enfouies sous les cendres de la patrie d'Homère & de Périclès.

Satisfaisant à des besoins pressants, tant pour la religion que pour la famille, l'architecture se montre, comme partout, la première en Espagne, &, avant la fin du moyen-âge, les cathédrales de Léon, de Saint-Jacques, de Tarragone, de Burgos & de Tolède, étaient élevées.

La sculpture, si nécessaire à l'architecture & qui lui prête tous ses ornements, est la seconde, &, dès 1376, le *maestro* Jayme Castayls, de Barcelonne, exécutait les statues de la grande façade de la cathédrale de Tarragone.

La peinture vient plus tard & se forme plus lentement. Privée des modèles plus ou moins complets que l'Italie trouvait encore dans les débris de l'antiquité, l'Espagne ne peut que se traîner dans les douleurs du laborieux enfantement des chefs-d'œuvre qu'elle doit plus tard montrer au monde étonné. Entre Esteban Rodrigue, peintre du XIIIe siècle, & Vélasquez, il y a tout un monde d'idées à concevoir, de perfections à acquérir, & dont la gloire appartient à leur pays. L'Espagne n'a eu, pas plus que la France, ni un Cimabuë, ni un Giotto. Chez elle l'art s'est fait; les leçons qu'elle a empruntées à l'Italie n'ont fait que hâter la maturité des fruits que renfermaient les germes heureux du génie national.

Tandis que la Renaissance jette, en Italie, des cris d'allégresse, entendus du monde entier, l'art se développe en Espagne compact & sans bruit. Il accueille toutes les lumières qui lui viennent du dehors, mais il ne se communique à aucun peuple étranger; sa renommée ne sort pas de ses frontières, & le vent des Pyrénées retient dans les ateliers artistiques de l'Ibérie la gloire de leur succès.

Quand on compare l'art italien à l'art espagnol, on est frappé de la différence qui se manifeste dans leur existence. Le premier, à le considérer dans ses grandes lignes, & quoiqu'il ait rayonné successivement en divers lieux, est tout d'une pièce. C'est un être homogène, qui naît avec une destinée bien définie, la poursuit sans distraction, l'accomplit avec gloire, &, une fois l'œuvre faite, il meurt. Le second a quatre phases. Une première qui est commune, avant le XVIᵉ siècle, à toute l'Europe catholique, & durant laquelle chaque nation imagine ses idées, les exécute chez elle, à sa manière, selon son génie, sans se préoccuper des autres peuples. Une seconde où les peintres vont perdre en Italie leur individualité, ce qui est arrivé à presque toutes les nations. Une troisième où son propre génie se redresse & fait éclater sa véritable nature dans des chefs-d'œuvre, après quoi il s'affaisse & s'éteint.

A la troisième de ces phases se rapporte l'âge d'or de l'art ibérique, le temps du règne des Philippe, princes éclairés, amateurs du beau, & qui ne crurent point déshonorer leur couronne en tenant le sceptre d'une main & le pinceau de l'autre. Que de merveilles, que de trésors sortirent alors des ateliers des artistes nationaux, trésors qui sont restés ignorés de la France, du monde entier! de la France, fi près, fi voifine de la Péninfule!

Si les arts ne grandiffent qu'avec la puiffance ; s'ils ne s'épanouiffent qu'en raifon de la protection qu'ils obtiennent, quel moment fut jamais plus favorable à leur fuccès que les règnes de Philippe II, de Philippe III & de Philippe IV ? Leur empire coloffal, appuyant fes pieds aux colonnes d'Hercule, portait fa tête aux dunes des bouches du Rhin; de la main droite il tenait la Sicile, &, de la gauche faififfant le Nouveau-Monde, femblait n'avoir, fur la terre, affez d'efpace pour s'affeoir.

De l'Italie, des Flandres, des Pays-Bas, les artiftes accouraient en foule ; les palais fomptueux qu'élevait l'or du Pérou fourniffaient à leurs talents une affez abondante, une affez digne pâture, & les faveurs du prince, qui ne faifaient jamais défaut, en étaient une ample récompenfe.

Mais, l'art efpagnol a été fouverainement local, effentiellement religieux. Un grand nombre de monaftères couvraient le pays; ils avaient befoin de garnir leurs cellules & leurs longs corridors de madones & d'objets de piété, peut-être pour infpirer, pour entretenir du moins dans l'efprit des moines des fentiments qui n'étaient pas de leur goût. Auffi, eft-ce dans ces réduits du fanatifme que s'amoncelaient les chefs-d'œuvre des Ribalta, des Navarette, des Murillo, condamnés à ne jamais revoir le jour,

& qui feraient encore enfouis & perdus pour la gloire de l'Espagne, si des efforts généreux, dans un but de liberté, n'avaient, en secouant le joug de l'antique & austère Inquisition, donné à l'Espagne des institutions en harmonie avec le progrès du XIXe siècle.

Fatale destinée des choses humaines! l'Espagne, qui s'était vue, à la fin du quinzième siècle, la plus puissante nation du monde, étendant sa suprématie sur les deux hémisphères, a vu, pendant le dix-septième, sa puissance aller toujours s'affaiblissant. Dans le dix-huitième, elle tombe dans un tel oubli, qu'elle est comme rayée de la carte & des affaires de l'Europe.

Comme nous l'avons dit ailleurs, l'art vit de la vie des peuples; il s'identifie tellement avec les masses, que l'abaissement ou la grandeur d'une nation est la mesure de sa ruine ou de son triomphe. Dans la décadence du pouvoir croulant de toutes parts, il n'était donc pas possible à l'art de se soutenir. Cependant, il sentait sa force, il voulait conjurer sa ruine & survivre au cataclysme qui menaçait de l'entraîner. Les maîtres nationaux ne sont plus, mais leurs œuvres restent, & la jeunesse espagnole, fière de tels ancêtres, ne veut pas dégénérer. Elle appelle des maîtres étrangers; le prince se charge de leurs honoraires. Le Napolitain Luca Giordano, dont l'exemple fut plus funeste qu'utile aux arts, est mandé par

Charles II. Son fils, Charles III, pour avoir un peintre à sa cour, est obligé d'appeler d'Italie l'Allemand Raphaël Mengs, qui donne à l'Espagne, mais sans trouver de continuateurs ni d'élèves, le dernier spectacle & les dernières œuvres dignes d'un artiste.

Espérons que l'Espagne, qui voit déjà revivre dans son sein, avec autant d'éclat que dans le passé, deux branches importantes de son ancienne splendeur, les sciences & la politique, verra bientôt aussi les arts reprendre le rang & la dignité qu'ils avaient acquis. Le soin qu'on a pris, au milieu des embarras & de la détresse d'une longue guerre civile, pour recueillir les ouvrages de peinture qui ornaient les couvents supprimés, pour enrichir de ces œuvres l'inestimable musée de Madrid & pour en former des musées provinciaux, au lieu de les vendre à l'étranger, prouve que l'Espagne, justement fière des chefs-d'œuvre qu'elle a produits, sent se réveiller en elle le désir d'en produire encore, & qu'elle voudrait donner des successeurs à ses grands peintres comme elle en a donnés à ses grands écrivains. Puisse ce noble & généreux pays, si cette même loi commune continue à présider à ses destinées, retrouver la gloire des arts avec la gloire des lettres, avec la puissance & la liberté !

DE
L'ART EN ESPAGNE

CHAPITRE PREMIER.

SI nous n'avions à expofer que les faits hiftoriques qui fe rattachent à la politique en Efpagne, nous pafferions fous filence les temps fabuleux, dans les détails defquels font entrés l'archevêque Rodrigue, Alphonfe-le-Sage & l'évêque Jean Margarit, qui, pour flatter l'amour-propre national, ont fait remonter l'origine de la nation efpagnole à une date prefque antédiluvienne. L'hiftoire de l'Efpagne n'a, en effet, rien à gagner au développement des actions des prétendus héros qu'elle emprunte à la fable pour les faire régner fur cette péninfule. Le charme qui s'attache à ce beau pays, dont les plaines font nommées, par le divin Homère, des champs élysées, dont les cours d'eau limpide & argentée sont appelés fleuves d'oubli, est plus que suffisant pour intéresser le lecteur, sans y ajouter les récits fabuleux relatifs aux colonnes d'Hercule, aux cavernes de Géryon, aux pommes d'or du jardin des Hespérides. « Cette contrée, dit l'auteur des aventures du fils d'Ulysse, semble avoir conservé les délices de l'âge d'or. Les hivers y sont tièdes, & les rigoureux aquilons n'y soufflent jamais. L'ardeur de l'été y est tempérée par des zéphyrs rafraichissants, qui viennent adoucir l'air vers le milieu du jour; les chemins y sont bordés de lauriers, de grenadiers, de jasmins & d'autres arbres toujours verts & toujours fleuris. » Pâle peinture encore de l'antique Ibérie, à côté de celle qu'en donnent les Arabes, dans les descriptions qu'ils font du palais de Grenade, de la mosquée de Cordoue, des sites admirables qui les entourent. Tout, disent-ils, y est au-dessus de l'imagination; l'Espagne offre plus que le Koran ne promet. Mais, nous cherchons l'histoire de l'art, & tout ce qui s'y rattache, de quelque part qu'il vienne, à quelque date qu'il remonte, quel que soit le peuple qui l'ait produit, nous paraît d'un assez grand prix pour mériter que nous remuions la cendre des premiers siècles, la poussière des premiers âges, afin de ne rien perdre, de ne rien omettre de ce qui peut apporter une pierre à notre édifice artistique, &, comme les arts vivent de la vie des peuples, il est nécessaire que nous fouillions l'histoire des peuples pour y trouver l'histoire de l'art.

Tous les auteurs s'accordent à dire que les premiers habitants de la péninsule Hispanique formaient différentes peuplades distinctes, dont chacune se gouvernait par ses propres lois, & c'est sans doute à cette division qu'ils durent leurs défaites par les Tyriens, les Celtes & les Carthaginois.

Les Grecs & les Romains ne reconnaissaient en Espagne que deux peuples : l'un qu'ils nommaient Ibères, & qui habitait le midi de la Péninsule, l'autre qu'ils appelaient Celtes, & qui occupait l'occident & le nord. Ces deux peuples furent connus, depuis, sous le nom collectif de Celtibères, dénomination que Diodore de Sicile leur donne, après le traité d'alliance qu'ils firent entre eux & par lequel ils réunirent leurs intérêts & leurs noms.

Il serait inutile de rechercher l'origine de ces peuples, de connaître leurs mœurs, leurs usages, leur manière de combattre. L'idée qu'en donnent les historiens suffit pour leur attribuer des pratiques morales qui n'étaient pas loin de la véritable civilisation.

La religion des Celtibères était simple comme leurs mœurs. Ils révéraient un Dieu qui n'avait pas de nom & l'honoraient la nuit, dans le temps de la pleine lune. Chaque famille dansait alors devant la porte de sa maison; mais aucun temple, aucun signe extérieur ne décélait chez eux la moindre croyance à une divinité.

Il ne reste donc, en Espagne, aucun monument religieux de ces temps reculés. Cette absence de tradition religieuse tient cependant plutôt à la croyance de ces peuples qu'au peu de progrès qu'ils avaient faits dans les arts.

Le langage seul de ces populations, malgré les altérations qu'il aurait dû subir par les invasions des Romains & des Goths, est arrivé jusqu'à nous, & le biscayen d'à présent, qui ne ressemble à aucun idiome voisin, peut être regardé comme une langue-mère de la plus haute antiquité, quoiqu'il n'en reste en Espagne que quelques caractères que l'on trouve sur les médailles appelées *Desconocidas*, & qui ont exercé, mais en vain, les efforts des savants pendant plus de deux siècles.

CHAPITRE II.

Etablissement des premières colonies en Espagne.

LE XVIe siècle avant l'ère vulgaire vit les Phéniciens, dont l'Ecriture fait un éloge pompeux à cause de leur commerce & de leur industrie, jeter les fondements d'établissements durables sur les côtes d'Espagne.

Ils fondèrent Gadès ou Gadir (Cadix), dont ils firent le point central de leur commerce & un abri sûr pour leurs vaisseaux. De là, ils s'étendirent de proche en proche sur toutes les côtes voisines & dans l'intérieur de l'Andalousie, occupée alors par les Turdetains. Leurs invasions avaient moins pour but les productions agricoles dont le sol se couvrait, que les riches mines d'or & d'argent que renfermaient les montagnes.

C'est non loin de Cadix que se trouvait sans doute l'ancienne Tarsis, si vantée dans les Livres Saints, & qui seule rendit à Jérusalem l'or aussi commun que les pierres. C'est là que les flottes de Salomon & du roi Hiram venaient, tous les trois ans, chercher des trésors. Cette ville était située dans une petite île à l'embouchure du fleuve Tarsis ou Tartessus, &, depuis, engloutie sous les eaux comme sa rivale, la fameuse Tyr.

A l'orient de Cadix se trouvaient les colonnes d'Hercule, où les premiers Phéniciens qui abordèrent en Espagne gravèrent la fameuse inscription : *Non plus ultra*, que, trois mille ans plus tard, devait démentir le célèbre & infortuné Christophe Colomb. Les montagnes de Calpe & Abyla, situées l'une à droite, l'autre à gauche du détroit, & que, pour cette raison, Pindare appelle Portes de Cadix, semblent indiquer la place de ces deux colonnes.

Les Phéniciens ne se contentèrent pas de ce premier établissement. Leur ambition de s'étendre & la soif des richesses les portèrent bientôt à pénétrer dans le pays de Grenade, de Murcie, de Valence, dans la Catalogne & jusque dans les Pyrénées, où ils trouvèrent une telle quantité d'or & d'argent, qu'ils s'en servirent pour fabriquer jusqu'aux moindres ustensiles de leurs vaisseaux. Ils fondèrent les colonies de Calpe, aujourd'hui Gibraltar; de Malaga, d'Adra & de plusieurs autres villes. Ils s'élancèrent ensuite sur l'immense Océan & pénétrèrent jusqu'aux îles Cassitérides, aujourd'hui Angleterre.

En s'établissant en Espagne, les Phéniciens y introduisirent leurs coutumes, leur langue & leur industrie; ils en changèrent le nom, &, au lieu d'Ibéria & d'Hispéria, noms sous lesquels cette contrée était alors connue, ils la nommèrent *Spania*, du mot *Span*, qui, en langue phénicienne, signifie Lapin, à cause du grand nombre de ces animaux qu'on y trouvait.

On ignore quels furent les progrès que firent les habitants de l'Espagne dans les arts & les sciences, avec les lumières que les Phéniciens leur apportèrent de l'Asie. Ceux-ci, trop adonnés au commerce & à la recherche de l'or, ne semblent pas avoir même songé à élever aucun monument durable qui pût transmettre à la postérité leur passage sur cette terre, si ce ne sont les villes qu'ils fondèrent & les ports qu'ils creusèrent pour abriter leurs vaisseaux.

CHAPITRE III.

Colonies grecques.

SUR les traces des Phéniciens, & vers le viie siècle avant l'ère chrétienne, les Grecs, enhardis par l'expédition des Argonautes, essaient quelques voyages sur la Méditerranée. Les Rhodiens, surtout, la franchissent en entier, & viennent fonder sur la côte de la Catalogne une colonie à laquelle ils donnent le nom de leur ville, aujourd'hui Rosas, & de là ils s'étendent dans les îles Baléares qu'ils rencontrent sur leur passage.

Un siècle plus tard, un vaisseau de Samos, faisant voile pour l'Egypte, est jeté par un coup de vent sur les côtes de l'Ibérie. Il mouille à Tartessus & y vend si bien sa cargaison, que l'équipage, de retour à Samos, peut, avec la dixième partie de son bénéfice, élever à Junon un temple en signe de gratitude.

Dès lors, le chemin de l'Espagne est connu des Grecs, & l'Ibérie recevra un grand nombre de colonies nouvelles, à l'une desquelles on attribue la fondation de la fameuse Sagonte, si célèbre dans les guerres puniques.

Bientôt les Phocéens, qu'Hérodote représente comme les plus hardis navigateurs du monde, arrivent au détroit de Cadix & au port de Tartessus, où régnait alors le roi Arganthonius. Ce prince les accueille avec cordialité; ils auraient accepté l'offre qu'il leur faisait de s'établir dans ses Etats, si leur pays, alors menacé par les Mèdes, n'eût parlé à leur cœur plus haut que les avantages que leur offrait leur hôte généreux. Ils retournent dans la Phocide, comblés de présents, mais pour assister à l'invasion totale de leur pays par les Mèdes. Les Phocéens reviennent alors en Espagne; mais, mal accueillis par le successeur d'Arganthonius, ils errent sur les côtes de la Corse, de la Calabre & de la France, où ils se fixent enfin en fondant Marseille, qui devient pour eux ce que Cadix était devenue pour les Phéniciens, le centre de leurs entreprises.

Cherchant toujours à s'agrandir, ils s'emparent de la ville de Rosas, possédée depuis trois siècles par les Rhodiens; & plus tard, accueillis par les peuples du royaume de Valence, ils passent le Xucar & vont fonder trois colonies, dont la plus importante était Dianium, aujourd'hui Dénia.

CHAPITRE IV.

Monuments des Phéniciens & des Grecs en Espagne.

LES Grecs, non plus que les Phéniciens, n'ont laissé sur la terre d'Espagne aucun monument de leur passage. Ces deux peuples nouveaux, en faisant adopter aux Ibériens & aux Celtes leurs idées religieuses païennes, leurs mœurs & leurs usages, se mettent peu en peine d'employer leur fortune & leurs talents à élever à leurs dieux des temples, sur la terre où ils étaient venus implanter leur culte.

Les autels de leurs dieux consistaient simplement en quelques amas de pierres, autour desquels ils élevaient des colonnes, mais sans toiture & sans aucun ornement.

Les Espagnols employaient, en guise de tuiles, de petites tablettes d'un bois dur, assez semblables à nos tuiles plates. Les murs de leurs constructions étaient un mélange de terre & de briques qu'ils appelaient *formacei*, & que nous nommons *pisé*. Le palais de Carthagène, dont Polybe fait l'éloge, & plusieurs autres monuments dont parle Strabon, n'avaient pas d'autres murailles.

Pour avoir une idée des conſtructions grandioſes de ces temps reculés, il faut les chercher dans les remparts de Tarragone, dont la baſe, compoſée de pierres énormes amoncelées ſans forme & ſans ordre, ſuffit pour convaincre du peu de progrès de l'architecture, en Eſpagne, ſous les Grecs & les Phéniciens.

CHAPITRE V.

Conquête de l'Espagne par les Carthaginois & les Romains.

JUSQU'A ce moment, l'Ibérie a reçu & accueilli comme amis tous les peuples que l'ambition ou le hasard ont jetés sur ses côtes; ils ont, en quelque sorte, payé l'hospitalité qu'ils ont reçue des Espagnols, par le calme & la tranquillité dont ils les ont laissés jouir, se contentant de les dépouiller de leurs richesses.

Les Carthaginois, attirés par les Phéniciens, peuples d'une origine & d'une religion communes, se présentent, à leur tour, dans le voisinage de l'Espagne si près des murs de la ville de Didon. Ils s'arrêtent d'abord dans l'île d'Ebuso, une des Baléares, & de là, gagnant peu à peu la confiance des Espagnols, à l'aide des transactions commerciales, ils s'insinuent dans l'intérieur du pays.

Après avoir fondé Carthagène, sur les bords de la Méditerranée, ils exploitent les mines, & ils le font si bien que, quand les Romains arrivent, ils ne trouvent que la place de ces gisements d'or, d'argent &

de cuivre, avec lesquels leurs devanciers s'étaient enrichis.

Carthage ne trouve pas seulement des trésors en Espagne; elle en retire des soldats intrépides, qui portent la gloire du nom espagnol partout où ils combattent.

Les Romains, jaloux des succès de leurs rivaux, saisissent la première occasion qui se présente pour aller arrêter les progrès d'Amilcar, & ils regardent comme une bonne fortune pour eux, le secours que vient leur demander l'infortunée Sagonte, qui, depuis longtemps, se débattait convulsivement dans les étreintes du général Carthaginois.

Dès ce moment, l'Espagne devient l'objet & le théâtre de ces longues & sanglantes guerres puniques, pendant lesquelles les Romains & les Carthaginois, tour-à-tour vainqueurs ou vaincus, lui font sentir tout le poids de leur puissance & de leurs armes. Réduite enfin en province romaine, l'Espagne est tantôt heureuse, tantôt malheureuse, selon que les gouverneurs envoyés par le sénat romain se montrent tyrans ou humains. Le seul avantage qu'elle en retire, est de voir plusieurs de ses enfants se revêtir de la pourpre impériale & présider aux destinées du monde. Trajan, Adrien, Antonin-le-Pieux & Marc-Aurèle étaient enfants de l'Espagne.

CHAPITRE VI.

Etat de l'Espagne sous les Romains.

L'ESPAGNE, définitivement soumise à ses vainqueurs, subit le sort du reste de l'empire. Après avoir été divisée plusieurs fois en diverses provinces, suivant la politique des Empereurs, elle adopte la langue, les usages & les goûts de ses nouveaux maitres, & ses progrès dans les sciences & les arts suivent de près ceux de la métropole.

Déjà, sur plusieurs points de la Péninsule, s'élèvent des fabriques de laine & de lin, & les manufactures de Sétabis, de Zoela, de Tarragone & de Carthagène, les ouvrages de Spart pour les câbles, les vases de terre de Sagonte & les fabriques d'armes offensives & défensives ne laissent rien à désirer.

Sertorius fut le premier qui fonda en Espagne des écoles publiques pour l'enseignement de la langue romaine & de la langue grecque ; mais, longtemps avant ces utiles institutions, il existait déjà des poètes & des chanteurs espagnols, surtout à Cordoue, qui a toujours tenu le premier rang dans la république des lettres & d'où fortirent Marcus Portius Latro, fameux orateur; Lucain, poète rival de Virgile, & le célèbre & malheureux Sénèque.

En même temps que brillaient en Efpagne ces gloires littéraires, elle poffédait encore le favant aftronome Caïus Hyginus, le poète Columella, natif de Cadix, auteur d'un excellent poème fur l'agriculture, & le géographe Pomponius Méla, qui eurent pour fucceffeurs le célèbre Quintilien, dont Pline fut l'élève, Antonius Julianus, Erennius Sénécion, & l'empereur Adrien qui cultivait les lettres avec fuccès. C'eft au règne de ce prince que s'arrêtent les progrès littéraires de l'Efpagne, jufqu'à l'avénement de Conftantin qui vit paraître les premier poètes facrés: Caïus Aquilinus Juvencus, Aurélius Prudence, furnommé par Erafme le Pindare des chrétiens. Vers cette époque, fe diftinguèrent auffi plufieurs orateurs: faint Pacien, évêque de Barcelonne, fon fils Flavius Dexter, Ofius, évêque de Cordoue.

Les arts, jufqu'ici négligés, foit parce que les Romains n'en avaient aucune notion, foit parce que les Efpagnols opprimés n'ofaient ou ne pouvaient donner à leur génie naturel toute fon expanfion, ne fe montrent en Efpagne qu'au règne d'Augufte, fous lequel font jetés les premiers fondements des principaux édifices dont s'enorgueillit plus tard cette partie de l'empire. Agrippa fait bâtir à Antéquera un temple fur le modèle du Panthéon qui fortait à peine du ciseau des sculpteurs. Bientôt s'élèvent sur ce même type le temple d'Hercule à Barcelonne, celui de Junon, à Atlange, en Estramadure, de Mars, à Mérida, & un petit temple près du pont d'Alcantara, élevé par l'architecte Caïus Lacer, lequel, joint au pont immense qui le précède, rappelle les beautés des monuments de la Thébaïde ou de la Cyrénaïque. C'est surtout dans l'architecture des ponts qu'il faut chercher l'idée qu'on doit se former du travail des Romains en ce genre. Ceux de Martorel, de Mérida, d'Orense, plus encore celui de Cordoue, jeté d'une façon si hardie sur le Guadalquivir, & celui d'Alcantara à Tolède, arche merveilleuse, à coup sûr un des plus gracieux & sveltes monuments que conserve l'Espagne de son asservissement aux maîtres du monde, méritent une attention toute particulière.

Nulle part, les aqueducs, précieuses & utiles constructions que Rome jetait sur le sol des provinces conquises, comme un bienfait avec lequel elle payait les misères & les humiliations de la défaite, ne sont aussi beaux & aussi nombreux qu'en Espagne. Ceux de Mérida, de Tolède, de Tarragone, de Chelvos, paraissent les plus curieux & ne se laissent surpasser par leur intégrité, respectée par le temps, que par celui de Ségovie, le seul au monde, peut-être, qui, depuis tant de siècles, conserve encore sa destination primitive, en fournissant à la ville toute l'eau dont elle a besoin.

Il est peu de villes en Espagne où l'on ne trouve de précieux restes de théâtres, d'amphithéâtres, de cirques, de naumachies, de thermes ou bains publics & d'arcs de triomphe. Le théâtre de Sagonte, encore presque entier, peut donner le plus d'éclaircissements sur les usages anciens & sur les dispositions des architectes pour réunir le plus grand nombre de spectateurs.

Les phares de Malaga & de la Corogne, les tours d'Albuféra, la tour de l'Or à Séville, portent des caractères trop certains d'antiquité pour qu'on ne les range pas aussi au nombre des monuments de l'occupation romaine. Viennent encore l'arc de triomphe de Mérida, son *circus maximus*, avec ses huit rangs de siéges, égalant le Colysée en étendue & en magnificence, l'arc de triomphe de Cabannes & celui de Martorel, dont les débris, couvrant le sol, reprochent aux Espagnols de ne les avoir pas protégés contre les injures du temps par quelques réparations peu coûteuses.

Si, des monuments encore debout ou à demi écroulés, on passe aux débris de l'architecture romaine, que de précieux restes n'en trouve-t-on pas sur la terre de l'ancienne Bétique! Ici, c'est une colonne, un chapiteau, un autel; là, c'est un fragment de corniche, un piédestal, un reste d'entablement.

Guidés par des maîtres habiles, romains ou grecs, les Espagnols firent dans la sculpture d'aussi rapides progrès que dans l'architecture. On en a pour preuve des statues dont la pose, l'élégance des formes & le fini ne le cèdent en rien aux plus beaux modèles conservés en Italie & en Grèce. On y trouve un grand nombre d'autres objets de sculpture propres au pays & d'un caractère particulier : ce sont les taureaux de Guisando, d'autres taureaux votifs & des bas-reliefs représentant des batailles navales.

L'Espagne le cède encore moins à aucune autre nation par sa richesse en médailles & en inscriptions. On divise les médailles espagnoles en trois classes distinctes : les inconnues, écrites en langue ancienne, sans effigie ni devise, & dont on ne peut préciser l'époque; les mêmes médailles, mais du temps des Romains, sur lesquelles se trouvent des exergues latines, le nom du lieu où elles ont été frappées, & dont quelques-unes portent des contre-marques CA, MS, PR; enfin, celles plus communes, les médailles impériales. Quant au travail de ces anciens *memento*, il est meilleur en raison de leur antiquité. On ne connaît aucune médaille d'or frappée en Espagne ; mais, celles d'argent sont si abondantes que l'on croit, avec Tite-Live, qu'elles servaient de monnaie courante pour payer les tributs aux Empereurs.

Quant aux médailles qui ont rapport à l'Espagne, on en compte dix-sept bien distinctes. Les premières, en grand bronze, présentent l'Espagne sous la forme d'une femme assise ayant un lapin à ses pieds.

Elle est appuyée sur des montagnes & tient à la main une branche d'olivier. Il est facile d'expliquer tous ces attributs. Les montagnes sont celles des Pyrénées, de Calpe & d'Abyla, qui la fixent au nord & au sud; l'olivier est le symbole de l'abondance de ce produit de son territoire, & le lapin est l'attribut & l'étymologie de son nom. Dans quelques autres de ces médailles, on remarque des trophées guerriers & des groupes d'armes rappelant l'armure des premiers Ibériens & leur manière de combattre.

Mais, parmi ces médailles, celle qui mérite le plus d'intérêt, par rapport au sujet qu'elle rappelle, c'est la France & l'Espagne se donnant la main en signe d'alliance & d'amitié. Toutes deux sont vêtues & armées selon l'usage de leur pays; d'un côté est écrit *Hispania*, de l'autre *Gallia*.

Pour terminer ce qui concerne les arts & les sciences de cette période de l'occupation de l'Espagne par les Romains, il nous resterait à donner quelques explications sur les inscriptions nombreuses, véritables & seules archives qui lui soient restées de ces temps reculés; mais, comme elles ne révèlent aucun trait particulier aux arts, qu'elles ne sont relatives qu'aux divinités que les Espagnols adoraient, ou à l'affection & au respect qu'ils portaient aux Empereurs, nous nous abstiendrons d'entrer dans aucun détail à ce sujet.

CHAPITRE VII.

Invasion de l'Espagne par les Normands.

BIEN que l'Espagne ait été la dernière de toutes les parties de l'Europe où les peuples du nord aient porté leurs armes, elle n'en ressentit pas moins les effets malheureux de cette occupation, & l'époque de la décadence de l'empire romain fut pour elle un temps de calamités & de ruines.

Au commencement du vᵉ siècle, sous le règne du faible Honorius, les Espagnols voient se répandre chez eux, & comme une avalanche tombant du haut de leurs montagnes, les Suèves, les Alains, les Vandales ou Silinges, précédés de la terreur qu'inspire leur nom & suivis de la destruction, du pillage, de la mort, triste cortége de la marche de ces barbares. Lassés de détruire, les nouveaux vainqueurs de l'Espagne songent à s'y fixer; le sort ayant présidé au partage, les Suèves s'installent dans le royaume de Léon, dans la Castille & dans la Galice; les Alains occupent le Portugal & l'Estramadure; les Vandales retiennent l'Andalousie; le reste de la Péninsule demeure occupé par les Romains.

Sur ces entrefaites, les Goths ou Gètes, partis de la Scythie, des bords de la mer Noire, erraient autour de l'empire romain, cherchant une contrée à ravager, une nation à détruire.

Les armes ayant donné aux Ostrogoths la possession de l'Italie; aux Visigoths, leurs confrères, l'occupation de l'Espagne, Ataulphe, chef de ces derniers, épouse, en grande pompe, à Narbonne, Placidie, fille du grand Théodose, sœur d'Honorius, après l'avoir longtemps retenue prisonnière; les Gaulois de la Gaule narbonnaise le proclament roi. A ce prince succède Sigéric, mais pour quelques jours seulement; ensuite Wallia, qui assure sa domination, fixe son siége à Toulouse & écrase les Vandales. Ceux-ci vont cacher la honte de leur défaite en Afrique, où ils sont appelés par Boniface, & y fondent, sur les ruines de Carthage, un empire qui dure plus d'un siècle.

Les Suèves, toujours tranquilles dans leurs provinces, se voyant débarrassés de leurs redoutables rivaux, étendent leur domination cruelle sur le midi de l'Espagne; la chute de l'empire d'Occident fait place à la nouvelle monarchie des Goths, dont rien ne peut arrêter désormais la puissance. Le roi Euric donne des lois écrites & assure le trône à son fils Alaric, qui prépare, par de nouvelles conquêtes, le règne de Léovigilde, lequel réunit sous son sceptre tout le pays occupé par les Suèves depuis cent soixante-dix-sept ans.

Ce prince, arien comme ses prédécesseurs, a pour successeur, en 586, Récarède, qui embrasse le catholicisme. Son fils Liuva, digne du trône par ses vertus, lui succède, mais il tombe, deux ans après, sous le poignard de Vittéric. Celui-ci s'empare du sceptre, mais sa main régicide ne le tient pas longtemps ; il est assassiné par des mécontents, pendant qu'il assiste à l'office divin. La couronne passe alors sur la tête de Gundemare, qui se signale par quelques exploits sur les Romains ; mais son règne ne dure que deux ans. Il a pour successeur Sisebut, le meilleur des rois goths. Ce dernier étant mort sans enfants, le trône passe à Swintila, un de ses généraux, qui chasse entièrement les Romains de l'Espagne. Mais, ses succès l'ayant rendu tyran, il est déposé & remplacé par Sisenand, seigneur de sa cour. Ce prince porte un décret qui donne aux évêques & aux grands du royaume le droit unique de sanctionner l'élection du souverain, & c'est là la première base du pouvoir aristocratique qui a si longtemps prédominé en Espagne.

A Sisenand succèdent Chintila & Tulga, puis Chindasuinte, auquel l'Eglise d'Espagne est redevable d'une collection des ouvrages épars des Saints Pères, & qui fait jouir ses Etats & la Gaule narbonnaise d'une tranquillité parfaite.

A la mort de ce prince & de son fils, peu connu, Wamba, vieillard vénérable, est malgré lui assis sur le trône. Sous son règne, les Vascons & les Navarrais se révoltent. Wamba les soumet & fait dans Tolède, devenue sa capitale, une entrée triomphale. Il tourne ensuite ses vues vers le bonheur du peuple, & il défait complètement les Maures, qui, sous son règne, font leur première apparition en Espagne par le détroit de Gibraltar.

Ervige, Grec d'origine & parent de Chindasuinte, essaie de détrôner Wamba; ne pouvant y réussir par la force, il a recours à la ruse. Il gagne les domestiques du roi. Ceux-ci font avaler au vieillard un breuvage qui le prive de la raison; puis ils lui rasent la tête & l'enferment dans un monastère. Cependant Ervige, pressé par le remords, fait une espèce de restitution en cédant le trône à Egisa, cousin de Wamba, auquel il donne sa fille. Egisa partage le pouvoir avec son fils Witiza, qui va tenir sa cour en Galice. Il s'occupe de réparer quelques injustices du règne de son père; mais, ces actes généreux sont bientôt suivis de vices affreux qui lui font perdre & le sceptre & la vie. La couronne passe alors sur la tête de l'indolent Rodrigue, dont la faiblesse hâte la possession de l'Espagne par les Maures.

CHAPITRE VIII.

Etat de l'Espagne sous les Goths.

DES le moment de l'invasion de la Péninsule par les barbares, l'histoire de l'Espagne prend un caractère qui lui est propre; elle se sépare de celle des autres peuples. L'Espagne a dès lors ses lois écrites, ses usages, sa religion. Tout prend une marche stable & progressive. Sous l'épée des Wallia & des Euric, les Romains s'échappent de toutes parts; les Goths seuls restent & portent haut & loin la gloire de leurs enseignes.

Principalement adonnés à la guerre, les Goths s'occupent peu des arts & des sciences. Leur architecture s'approche beaucoup de celle des Romains, mais le style en est moins pur, les formes moins sveltes, moins élégantes. S'ils ne relèvent point les monuments romains, presque tous détruits à leur entrée en Espagne, ils ne consomment du moins la ruine d'aucun. Ils bâtissent plusieurs villes : Récopolis ou ville de Récarède, sur les rives du Tage, laquelle n'existe plus; Victorian, dans la Biscaye; Olite, Athanagilda & plusieurs autres leur doivent leur existence.

Tolède reçoit des Goths des embelliſſements, & le palais de leurs rois n'eſt point dédaigné des princes arabes.

Dès ce moment l'architecture reçoit une tranſformation complète, & ſi les Goths n'en ſont ni les auteurs, ni la cauſe, c'eſt du moins ſous leur domination qu'elle s'opère. Le vieux monde s'écroule de toutes parts à grand bruit. Le paganiſme, fuyant devant le ſouffle du chriſtianiſme, emporte avec lui les chaines de la civiliſation écraſante des Romains, & rend aux âmes la liberté dont la religion du Chriſt eſt le principe. Lois, mœurs, tout eſt à refaire, & l'art, qui en eſt l'expreſſion matérielle, doit entrer bruſquement dans la voie inconnue où le pouſſent fortement les croyances nouvelles. L'architecture chrétienne vient de naître. Les nouvelles croyances ſuſcitent un art nouveau, &, plus généreuſes, elles lui permettront de grandir en liberté, ſans ſe cacher ſous la loi trop rigoureuſe d'uniformité qu'on remarque dans l'architecture romaine. Les princes goths embraſſent le chriſtianiſme, & Tolède reçoit de Siſebut l'égliſe de Saint-Leucadie, comme elle a reçu de Récarède ſa belle cathédrale. Ces temples avaient peut-être trouvé des modèles dans les égliſes d'Arciſelo de Cordoue, de Saint-Vincent à Séville, de Jéruſalem à Mérida, de Saint-Claude à Léon laquelle était encore debout ſur ſes baſes, à l'époque où le chriſtianiſme reçut ſa première bleſſure de l'arianisme. Tous ces monuments de l'architecture latine ont disparu, & il n'en reste, pour en perpétuer le souvenir, que quelques médailles, à l'inspection desquelles il est facile de juger de l'état des arts à cette époque.

Au VIe siècle, la monarchie des Goths, représentée par Léovigilde, grand homme de guerre & ferme organisateur, donne à la religion du Christ de nouveaux gages de son attachement. Sous la protection des princes s'élèvent de toutes parts des temples, des baptistères, des couvents & des hôpitaux. Un monastère est fondé par San Donato à Jativa ; un second à Balbonera ; un autre près de Murviédro. L'évêque Fidel fait construire un hôpital & un palais à Mérida. La basilique de Sainte-Croix s'élève à Barcelonne, &, debout encore au commencement du IXe siècle, elle était le type de l'architecture de cette première renaissance. Sous Wamba, l'art de bâtir prend un rapide développement. Ce prince s'attache à l'embellissement & à l'agrandissement de Tolède. En 674, il l'environne de fortes murailles qui prennent leurs assises sur les édifices romains que la conquête a détruits. Son successeur, marchant sur ses traces, relève les fortifications de Mérida. Une paix de plusieurs années ayant fait oublier les malheurs de la guerre, & la population s'étant accrue, les architectes se mettent au travail avec une nouvelle ardeur. L'évêque Agapio, de Cordoue, reconstruit l'église de San-Félix. Celles de Saint-Laurent & de Saint-Fauftus à Mérida, de Saint-Etienne à Grenade, s'élèvent prefque en même temps.

L'architecture romaine, déjà dénaturée par le goût oriental que la conquête de l'Afie avait fait naître, ne préfente plus, aux derniers temps de l'empire, cette févérité & cette unité qui l'ont jufqu'alors diftinguée. Le chriftianifme l'a complètement transformée, en lui impofant les formes néceffitées par les mœurs & la foi qu'il a créées. De ces modifications naît l'architecture latine, qui adopte le plan des anciennes bafiliques avec fes fenêtres femi-circulaires, & cette architecture fe maintient jufqu'au VIIIe fiècle.

Les Goths ne créent donc aucun genre d'architecture. Ignorant même jufqu'aux premiers & aux plus fimples principes de l'art, ils s'attachent à conferver les monuments exiftants, & Théodoric, cet homme qui jeta les bafes de l'ordre focial & qui mit tous fes foins à effacer les traces des luttes gigantefques qui avaient eu lieu, ordonnait à fes architectes de mettre toujours d'accord les nouvelles conftructions avec les anciennes. Les Goths ne font qu'imitateurs, &, lorfqu'ils ont à conftruire, ils fe modèlent à la fois & fur les temples romains & fur les bafiliques que les chrétiens ont érigées. Leur œuvre eft peut-être incorrecte, mais elle porte du moins un cachet particulier qui fert à la faire connaître. Tolède renferme encore quelques chapiteaux, débris de cette architecture, sur lesquels on ne trouve plus les véritables formes corinthiennes, mais des signes inusités avant le IVe siècle : les feuilles sont grosses & terminées en pointe, l'exécution en est grossière & pénible; elles sont distribuées capricieusement & mêlées à des ornements que la période précédente n'a jamais employés, & qu'on ne trouve non plus dans l'ornementation arabe ou byzantine qui paraît au VIIe siècle. On doit attribuer à la même époque quelques sculptures que l'on voit à Avilès, dans les Asturies; à Tolède, quelques fragments de l'église ruinée de Saint-Genis, aux bains de la Cava & dans un mur d'une maison de la rue Lechuga. Ce dernier morceau est parsemé de petites pierres imitant, en quelque sorte, un brillant collier; enfin, quelques débris sur la façade du pont d'Alcantara.

Entièrement subordonnée à l'architecture, la sculpture n'eut chez les Goths aucun développement. Elle ne s'exerçait que sur des sujets niais ou ridicules appliqués aux églises & aux tombeaux. Les figures étaient grossières, mal dessinées, encore plus mal travaillées. Sur les tombeaux, on sculptait une croix, un poisson dont le nom grec faisait allusion à celui de Jésus-Christ, un alpha, un oméga & autres symboles chrétiens.

Cependant, deux sculptures, qu'on attribue aux Goths, ornent le portail de l'église de Saint-Jean de Villanueva. L'une d'elles représente un guerrier armé, prêt à partir à cheval, tendrement retenu par une femme. Dans l'autre, le même guerrier perce de sa lance un ours qui semble se dresser contre lui.

Cet ouvrage, dans lequel on remarque peu de proportion, mais qui n'est pas dénué d'expression, fait allusion, sans doute, à la mort de Favila, tué à la chasse par un ours, & c'est la princesse Hermenesinde, sa sœur, qui fit élever l'église & sculpter les figures en souvenir de ce funeste accident, qui paraît avoir causé une grande sensation dans le royaume, car on le trouve représenté dans beaucoup d'autres monuments.

Les médailles des Goths, tout à fait grossières & barbares sous le rapport de l'art, n'offrent aucune ressource à l'histoire. La face représente ordinairement une tête, ou plutôt un simulacre de tête, & le revers porte simplement le nom du roi qui fait graver la pièce.

Suspendons, pour le moment, nos recherches sur l'architecture & la sculpture gothiques : nous les retrouverons dans la monarchie chrétienne des Pélage, qui emporte avec elle, dans les montagnes où elle se réfugie, les traditions de croyance, les mœurs, les usages & les notions artistiques qu'elle a reçus des Goths.

Les Goths avaient emprunté aux Romains leurs mesures & leurs poids. Leur costume était un mélange des vêtements romains & de ceux qui leur étaient particuliers, dont on voit encore des traces en Espagne, dans le *retiolum*, qui n'est autre que le *redecilla* d'aujourd'hui, espèce de cordon pour retenir les cheveux, & l'*amiculum*, qui remplaçait la mantille. Les hommes se couvraient de manteaux de soie brodés, portaient les cheveux longs, différents en cela des Espagnols, qui les avaient très courts. Les femmes recherchaient les bijoux, les colliers, les anneaux de pierres précieuses; elles buvaient dans des coupes d'or & se lavaient dans des vases d'argent.

Dans les derniers temps de l'occupation de l'Espagne, les Goths s'adonnent aux sciences. Leurs rois font rassembler des livres, en forment des bibliothèques, créent des colléges, des séminaires, d'où sortent des savants d'un grand mérite, dans le VIe & le VIIe siècle. Le latin continue d'être la langue ordinaire & officielle pour les lois, les canons des conciles, les hymnes, &c. Les caractères de l'alphabet gothique n'étaient en rien semblables à ceux des Romains ni aux caractères runiques. Ils offraient un genre d'écriture contournée qu'on retrouve dans les inscriptions des médailles du temps. Les Goths cultivèrent peu la poésie; cependant, elle fit en Espagne, dans cette période, plus de progrès qu'ailleurs. Elle prépara la renaissance des lettres & la fameuse école de la *Gaya sciencia*. Les principaux poètes du temps sont Dracontius, Eugène VIII, Mérobaude, Orense, dont Sidoine Apollinaire fait l'éloge. Les historiens de l'époque étaient Procope & Jornandes, le premier grec, le second goth. Mais l'Espagne en compte plusieurs, parmi lesquels on distingue Paul Orose, natif de la Galice, contemporain & ami de saint Augustin; l'évêque Idace, qui raconte les événements dont il a été témoin; l'évêque Jean Biclar; Maxime, évêque de Saragosse, & saint Isidore de Séville, le plus instruit de son siècle.

CHAPITRE IX.

Invasion de l'Espagne par les Arabes.

IMITANT la mollesse des derniers empereurs romains, les rois goths s'endorment sur leur trône, laissant aux gouverneurs des diverses provinces le soin de conserver les conquêtes de leurs ancêtres & de consolider de plus en plus le pouvoir duquel émanait leur autorité.

Le comte Julien, l'un de ces derniers, gouverneur, sous Roderic ou Rodrigue, des places maritimes de l'Andalousie, seigneur possesseur d'immenses domaines dans cette province, proposa aux Arabes, qu'il venait de battre à Ceuta, de leur faciliter l'entrée de l'Espagne, en leur donnant d'abord les clefs de toutes les places qui reconnaissaient son autorité. On ignore, ou du moins on s'accorde peu sur le motif de cette trahison. Une proposition aussi inattendue fut acceptée avec empressement par Moussa, chef arabe, qui envoya aussitôt sept mille hommes sous les ordres de Tarik, officier distingué, qui débarqua à Gibraltar. Les deux premières places qu'ils rencontrèrent sur leurs pas, Héraclée & Algésire, leur ouvrirent leurs portes sans résistance.

A cette nouvelle, Roderic, plongé dans les délices de sa cour, se hâte de rassembler quelques troupes, & les envoie, sous les ordres d'un prince du sang, contre les nouveaux envahisseurs. La mort du prince goth, tué le premier, est le signal de la déroute complète de ses soldats, & la belle Andalousie tombe au pouvoir des Arabes, qui la couvrent de sang & de ruines. Tout semblait préparé pour assurer aux Arabes une marche facile. Les places fortes avaient été démantelées par Witiza, & l'indolent Roderic, non seulement ne les avait point rétablies, mais avait même éloigné ses meilleures troupes en les envoyant aux pieds des Pyrénées s'opposer à une invasion présumée des Francs & des Navarrais.

Cependant, le roi goth ayant fait un appel général aux comtes & aux seigneurs, ceux-ci réunissent sous sa bannière une armée de cent mille hommes qui s'avance au-devant des Arabes, qui n'étaient que douze mille, & les joint dans les plaines de Xérès-de-la-Frontera, qui devaient être témoins de la défaite complète de l'armée des Goths & de la chute de leur puissance en Espagne. Dès ce moment tout plie devant l'épée de Tarik, dont les soldats, enflammés par la victoire remportée dans des proportions si inégales de force, ne connaissent plus d'obstacle. Cette journée, funeste pour la monarchie des Goths, eut cependant ceci de remarquable, qu'elle servit de coup d'essai dans le métier des armes à Pélage, prince chrétien dont nous verrons plus tard les descendants relever la monarchie espagnole, en l'arrachant par morceaux des mains des infidèles.

Moussa, jaloux de la gloire de son lieutenant, passe le détroit à la tête de dix mille Arabes ou Africains, & vient, malgré les obstacles que lui opposent les derniers débris de l'armée des Goths, placer le Koran sur le dernier autel du Christ en Espagne, & arborer le croissant sur le dernier retranchement des rois vaincus. Rappelé à Damas par le Calife, Moussa reçoit la récompense des grands hommes, & l'exil est le prix de sa conquête. Abd-el-Azis, fils de Moussa, lui succède dans le gouvernement de l'Espagne; mais il est assassiné & remplacé par le féroce Ayub, puis par Alahor, dont la cruauté couvre la Gaule narbonnaise de sang & de ruines. Elzémagh, leur successeur, veut pénétrer plus avant dans la Gaule; mais, battu & tué par Eudes, sous les murs de Toulouse, il cède sa place à Abdulrahman, plus connu en Europe sous le nom d'Abdérame, qui, douze ans plus tard, vient tomber, dans les plaines de la Touraine, avec trois cent mille de ses soldats, sous les coups du valeureux Charles-Martel. Cette journée, où se jouait la destinée de la France musulmane ou chrétienne, décida aussi de la puissance arabe en-deçà des Pyrénées. Dès ce moment tombe le prestige du Koran; les vainqueurs trouvent des maîtres, & la division qui s'insinue parmi les Sarrasins, réduit le pouvoir des Ommiades, qui va s'ensevelir à Damas, sous les magnifiques tapis dont Abdallah couvre le massacre de toute la race.

CHAPITRE X.

Erection du Califat de Cordoue.

UN des descendants des Ommiades, Abdérame, échappé au massacre de sa race ordonné par le féroce Abdallah, s'étant d'abord réfugié en Afrique, profita habilement de la terreur que la victoire de Charles-Martel venait de répandre parmi les Sarrasins, pour pénétrer en Espagne. Son affabilité, sa bonté naturelle & les droits de ses ancêtres lui firent bientôt un parti puissant, à l'aide duquel il fonda une dynastie qui, affranchie de celles des Califes de Damas, devait donner aux Ommiades la gloire & la possession paisible d'une conquête qui leur appartenait. La plupart des villes où flottait le drapeau musulman se soumirent au nouveau Calife, &, si l'Espagne entière ne tomba pas d'abord en son pouvoir, il n'y eut bientôt que le pays chrétien, dernier asile des descendants des rois goths, qui put se maintenir à côté d'Abdérame.

Le nouveau Calife, fixé à Cordoue, attire auprès de lui des savants de l'Asie, qui entretiennent dans leurs écoles le feu sacré des arts & des sciences.

C'est vers ce temps que Charlemagne, appelé au secours du gouverneur de Sarragosse, passe les Pyrénées & que, forcé de se retirer devant Abdérame, son adversaire, il perd, dans la vallée de Roncevaux, l'élite de ses troupes & la fleur de la chevalerie.

Abdérame meurt en 788, respecté de ses rivaux, & tellement aimé de ses sujets qu'il fut surnommé *Al-Adel*, c'est-à-dire le Juste.

Divers princes, héritiers directs ou usurpateurs, lui succèdent, & soutiennent avec plus ou moins d'éclat, la gloire des armes du fondateur du Califat.

Abdérame II, l'un de ces princes, fit, dès le commencement de son règne, rentrer dans l'obéissance Valence & Mérida, qui s'étaient affranchies, & force les Normands, débarqués sur les rives du Tage, d'aller en Neustrie chercher un asile que leur rendait plus facile à obtenir la faiblesse des successeurs de Charlemagne.

Enflé de ses succès, Abdérame veut attaquer les états de don Ramire Ier, roi de Léon; mais une défaite par l'armée chrétienne, commandée par des évêques, est le fruit de cette tentative, qui est cependant compensée par la prise de Barcelonne & de toute la Catalogne par Abd-el-Carime, un de ses généraux. Dès ce moment, le nouveau Califat, qui comprenait presque toute l'Espagne, à l'orient du Douro & du Tage, prend rang parmi les puissances d'Europe sous le titre de Califat d'Occident.

Abdérame II fait jouir ses sujets, n'importe de quelle religion qu'ils soient, d'une égale protection & de droits égaux. Son règne, terminé en 852, est un des plus glorieux des annales maures en Espagne. Ce prince favorisa les arts & les sciences, établit un conservatoire de musique, encouragea l'étude des sciences exactes & forma, dans son fils Mahomad, le premier mathématicien de son siècle. Celui-ci, parvenu au trône, trompa les espérances de ses sujets; il persécuta les chrétiens & donna lieu à une révolte qui fit passer une partie de ses états au pouvoir de Muza, qui se fit couronner à Tolède.

La gloire des armes musulmanes est momentanément flétrie, mais elle se maintiendra dans les arts & les sciences, qui se développeront de plus en plus & donneront à leur règne une auréole de grandeur impérissable.

La puissance des Califes croule de toutes parts; les villes s'insurgent, les provinces s'affranchissent, l'empire de Cordoue touche à sa fin, lorsque l'interruption des droits de succession au trône appelle au pouvoir un troisième Abdérame, dont le nom seul est un heureux présage & le gage de succès nouveaux.

Abdérame III fait des prodiges d'adresse, de tactique politique & de courage dans toutes les circonstances. Il relève, par quelques succès, le prestige des armes musulmanes; mais il ne peut empêcher les drapeaux chrétiens de flotter sur les remparts des villes qui ont déserté le croissant pour la croix.

Abdérame recrée ses armées, qu'il recrute en Afrique, &, au moyen de ces puissants auxiliaires, il parvient à se maintenir dans une situation sinon menaçante, du moins respectable, &, sous son règne, le Califat d'Occident s'élève au dernier période de grandeur & de puissance.

Des négociations politiques amènent l'alliance des chrétiens avec les Maures, & le mariage du roi de Castille, Alonzo VI, conquérant de Tolède, avec Zaïde, fille du roi Abulcarem-ben-Abad, un des successeurs d'Abdérame, cimente la paix entre la croix & le croissant. Zaïde apporte en dot plusieurs places considérables, & elle reçoit à son baptême le nom de Marie-Isabelle. Cette alliance, qui aurait dû consolider le règne des Ommiades sur le Califat, est la cause de leur chute. Elle sert de prétexte aux princes sarrasins pour s'insurger contre le Calife, &, soutenus par Jussef-ben-Teffin, roi de la dynastie des Almoravides, qui régnait alors sur les provinces occidentales de l'Afrique, ils assiégent Séville, où régnait le beau-père d'Alonzo, s'en emparent, la pillent & se portent ensuite sur Alméria, Grenade & Murcie, qui éprouvent le même sort. Jussef-ben-Teffin a travaillé dans ses intérêts, tout en feignant d'agir à l'avantage de ceux qui l'ont appelé, & désormais la dynastie des Almoravides succède à celle des Ommiades.

Le fait d'armes le plus remarquable de cette époque (1100) est le siége de Valence, défendue par le Cid, le héros de l'Espagne & la terreur des Sarrasins. On raconte que ce héros étant mort pendant le siége, les habitants l'attachèrent, assis sur son cheval, le lancèrent au milieu du camp des ennemis, & qu'à son aspect les Maures effrayés levèrent le siége & prirent la fuite, ce qui a fait dire du Cid ce que plus tard on a dit de Duguesclin, qu'il a vaincu même après sa mort.

Le successeur de Jussef-ben-Teffin, Ali-ben-Jussef, continue les conquêtes de son père; mais il trouve un rude adversaire dans le roi d'Aragon, don Alonzo, surnommé le Batailleur, qui s'empare de Tarragone, de Calatayud, de Daroca & d'un grand nombre d'autres villes, sans que le nouveau roi maure, alors occupé en Afrique à comprimer une révolte de son lieutenant, pût y apporter aucun obstacle.

Cette circonstance, toute favorable aux chrétiens, tourne aussi à l'avantage des Maures, qui s'empressent de secouer le joug des Almoravides pour faire passer le sceptre dans la famille des Almohades. Cette nouvelle dynastie, aussi sortie de l'Afrique, ne fait que paraître dans l'histoire des Maures d'Espagne. Son influence, accueillie par les uns, repoussée par les autres, donne aux chrétiens le moyen de s'étendre de plus en plus à la faveur de cette division qui règne parmi les Arabes.

A la prise de Santarem par Juffef-Abu-Saïd, trois mille chrétiens font maffacrés; mais une défaite fur les flancs de la Sierra-Morena, dans la fameufe vallée de Las Navas de Tolofa, venge le fang répandu & fait perdre aux Maures deux cent mille hommes. Cette journée eft décifive pour la puiffance maurefque en Efpagne, dont deux héros chrétiens fe préparent à recueillir l'héritage : l'un eft don Fernand de Caftille, l'autre don Jayme d'Aragon, furnommé le Conquérant.

CHAPITRE XI.

Rois de Grenade.

LA division, toujours régnante parmi les princes maures, leur fait adopter la funeste politique de se partager les débris des conquêtes de leurs ancêtres, & c'est de ce partage que sortent plusieurs petits Etats, au nombre desquels est le royaume d'Aragon, qui subsiste glorieusement plus de deux siècles encore.

Mohamet-Alhamar, soldat de fortune, prend le titre de roi d'Aragon & fixe sa résidence à Grenade. Sa politique adroite le maintient dans cette position. Sachant profiter des circonstances favorables pour étendre son autorité, & sachant aussi fléchir quand le sort lui était contraire, il vient à bout, soit par des traités, soit par des alliances tributaires, d'asseoir sa puissance & de la transmettre à ses descendants. L'un d'entre eux, Mohamad-el-Emir-Alhamar, soutient la réputation de son père & a l'honneur de voir venir à sa cour des ambassadeurs des princes chrétiens le complimenter de son avénement au trône. Il profite des loisirs de la paix pour augmenter les bienfaits du règne de son père. Il fonde des écoles, crée des académies, encourage les arts & le commerce, &, sous son règne, s'élèvent plusieurs palais, au nombre desquels est le célèbre Alhambra, dont Châteaubriand fait une description si enchanteresse en parlant du dernier des Abencerrages.

Ce palais, qui réunit toute l'élégance, toute la richesse de l'art mauresque à sa plus belle époque, semble être plutôt l'œuvre de fées que le travail d'architectes. Tout s'y trouve pour charmer l'œil, pour flatter l'odorat, pour élever l'imagination. Les détails en sont tellement multipliés, tellement combinés, que le regard, que lasse l'uniformité, est partout émerveillé. L'or, le jaspe, l'azur s'y mêlent à la richesse du marbre, du porphyre & de l'agate. La délicatesse des colonnes, d'un module fort petit, eu égard à leur élévation & au poids qu'elles supportent, donne à l'architecture une légèreté, une grâce que n'ont point la mosquée de Cordoue ni les alcazars de Séville. La disposition des salles, la distribution des eaux, la combinaison des ombres, à tous les moments du jour, ne pouvaient être négligées par des architectes qui connaissaient toute la mollesse de leurs maîtres; aussi, des cours vastes, bordées de portiques & de plates-bandes couvertes de fleurs & d'arbustes dont l'odeur suave se mêle délicieusement à la fraîcheur des jets d'eau, qui s'élèvent du milieu de presque toutes les salles, répondent parfaitement aux besoins de princes vivant dans un pays où l'ardeur du soleil pouvait les leur faire désirer.

Sous le rapport de l'art, l'Alhambra est le chef-d'œuvre de l'architecture arabe ; sous celui des plaisirs, c'est le paradis de l'Alcoran : c'est plus que ne promet le Prophète.

Enfin, après bien des alternatives de succès & de revers, les héritiers légitimes ou spoliateurs de Mohamad, la plupart plus occupés de leurs plaisirs que de l'administration de leurs Etats, se maintiennent encore pendant près de deux cent cinquante ans sur le trône de Grenade, dernier asile des Maures en Espagne, & ce n'est que le 2 janvier 1496 que Boabdil succombe sous les armes de Ferdinand & d'Isabelle, qui prennent possession de Grenade & de l'Alhambra, qui ne doit plus retentir que des chants de l'inquisiteur Cisneros, chargé de venir à Grenade la purifier, par le fer & les bûchers, de la présence du culte de Mahomet.

Telle fut la fin des Maures en Espagne, après y avoir régné 782 ans depuis la conquête de Tarik.

Passons sous silence les moyens plus ou moins convenables que les chrétiens emploient pour étouffer dans les Maures restés en Espagne le culte du Prophète. Plus d'une fois, les décrets cruels des inquisiteurs risquèrent, par le désespoir auquel ils réduisirent les infidèles, d'arracher aux chrétiens le fruit de près de huit siècles de luttes & de faire retomber l'Espagne sous la puissance du Koran. Arrêtons-nous sur les détails plus intéressants de la civilisation que ces peuples asiatiques introduisent dans l'Occident, jusqu'alors plongé dans les ténèbres de l'ignorance des arts & des sciences.

CHAPITRE XII.

Civilisation des Arabes en Espagne.

LORSQUE les Arabes pénétrèrent en Espagne, le territoire était, sous la domination des Goths, assez bien cultivé, & l'abondance régnait partout. Les malheurs d'une nouvelle invasion arrêtèrent pendant cinquante ans les progrès de l'agriculture; mais, dès le moment de la scission du Califat de Cordoue avec celui de Damas, les travaux reprirent leur cours & donnèrent aux Espagnols de suffisants moyens d'alimentation, & aux souverains d'amples revenus par l'importation & l'exportation des produits des fabriques & de l'agriculture, &, tandis que le reste de l'Europe se traînait à pas lents dans l'obscurité, l'Espagne se montrait, sous ses nouveaux maîtres, à la hauteur de la Grèce & de l'Italie instruites & civilisées.

Gouvernement. — Pendant que l'Espagne est sous le pouvoir des Califes d'Orient, le gouvernement est électif; mais, en 746, Abdérame fonde une monarchie héréditaire en ligne directe, & cette constitution, quoique souvent violée, subsiste jusqu'à la fin de la domination des Maures. Le pouvoir des Califes de Cordoue & des rois de Grenade était très grand. Leurs richesses, qui surpassaient celles des plus grands monarques du monde, suffisaient amplement au luxe de leur cour, à la somptuosité de leurs palais & de leurs sérails.

Religion. — Les Arabes d'Espagne furent constamment fidèles à la foi de Mahomet jusqu'au moment où les chrétiens, maîtres de leur sort, les forcèrent à embrasser leur croyance.

Abdérame Ier, réunissant dans sa personne le titre de Calife & de prince, institua des solennités pour les fêtes du Beyram & fonda une mosquée qui devint la rivale de celle de la Mecque. Cependant, sous l'influence d'un climat si doux, le relâchement des règles de l'Alcoran ne tarda pas à altérer la foi de ces enfants du désert, &, l'amour adoucissant la férocité du caractère, la philosophie corrigeant la rudesse du fanatisme, la religion de Mahomet n'eut bientôt plus que l'extérieur.

Législation. — Les Arabes d'Espagne n'avaient d'autres lois que celles de l'Alcoran, que le Calife interprétait. L'administration de la justice était confiée aux mains des Cadis & des Muftis, mais les chrétiens, sous leur dépendance, étaient jugés par des comtes & des juges particuliers, & suivant les usages & les lois du pays.

Etat militaire. — La tactique militaire fit peu de progrès chez les Arabes d'Espagne. Leurs armées, composées d'infanterie & de cavalerie, ne se battaient guère en bataille rangée; mais, constamment en escarmouche, elles fatiguaient l'ennemi & attendaient le moment de l'écraser. Les chefs se faisaient remarquer par l'élégance de leur équipement & de leurs armes. On leur attribue l'invention de l'artillerie, que leur revendique l'Angleterre, malgré que les Arabes aient fait usage des canons au siége d'Algésiras, plus de quarante ans avant la bataille de Crécy. Les Arabes d'Espagne eurent d'abord une marine, même assez importante; mais, peu à peu négligée, elle fut totalement anéantie par leurs ennemis, surtout par Charlemagne & les rois d'Aragon & de Portugal.

Langue, poids, mesures & monnaies. — La langue des Arabes était celle dans laquelle était écrit le Koran. Elle rivalisait avec le grec & le latin par la propriété des termes, l'élégance des expressions, la richesse des mots & des caractères. Ils comptaient par hégires ou années lunaires. Leurs poids & mesures étaient infiniment subdivisés pour la facilité du commerce. Il serait difficile de préciser la forme, la valeur

& la matière des monnaies arabes d'Espagne, dont on trouve peu de traces. On sait seulement qu'elles portaient l'an de l'hégire &, au milieu, une sentence du Koran.

Agriculture. — Les Arabes firent en agriculture de grands progrès, en Espagne, par le système d'irrigation qu'ils établirent & par l'application d'un genre particulier de culture à chaque nature différente de terroir. Le riz, la canne à sucre, les dattes, & mille autres semences importées d'Asie & d'Afrique s'acclimatèrent par eux, se naturalisèrent même en Espagne, & en font aujourd'hui le principal produit.

Chimie. — Ce furent les Arabes qui, les premiers, employèrent des moyens chimiques en Espagne pour extraire l'eau des fleurs odoriférantes, dont la mollesse efféminée de ces serviteurs de Mahomet faisait grand usage.

Papier. — Le papier de lin suivit de près l'entrée des Arabes en Espagne. Ce produit industriel était même alors inconnu en Chine, où on n'en fabriquait qu'avec de la soie.

Sucre. — C'est aux Arabes que l'Espagne doit la culture de la canne à sucre & la raffinerie de ce comestible. Des écrits prouvent que, dès l'an 1611, le sucre était connu en Espagne, d'où peut-être cette culture fut importée en Amérique, sur les pas de l'immortel & trop malheureux Christophe Colomb.

Peinture. — On s'accorde généralement à admettre que la rareté des peintures que l'on trouve dans les monuments arabes d'Espagne provient plutôt de la défense que faisait le Koran de reproduire aucun être vivant que de l'ignorance de ce peuple dans cette partie de l'art. Les peintures qu'on remarque à l'Alhambra seraient un démenti à l'une & à l'autre de ces deux assertions, s'il était prouvé que ces peintures sont l'œuvre des Arabes.

La peinture est un art dans lequel on ne réussit qu'après bien des essais & des travaux, & celles qui ornent ce palais ne semblent pas, au dire des vrais connaisseurs, être le fruit de pinceaux timides & inexpérimentés.

Qu'on regarde ces chasses aux sangliers & aux lions, ce conseil de Musulmans, ces costumes mauresques, & on y trouvera assez de grâce, de précision & de fini pour leur donner une date bien postérieure à celle de l'occupation de ce palais par les rois maures. Evidemment, elles appartiennent à l'époque où Charles V fit faire à l'Alhambra des réparations & des travaux considérables qui, s'ils n'en ont pas augmenté la beauté & l'élégance, ont du moins contribué à sa conservation. D'ailleurs, si l'art de la peinture eût été cultivé à Grenade, au temps de Boabdil, on en trouverait ailleurs quelques preuves, & les monuments des Arabes, si riches en ornements de stuc, de briques émaillées, de pierres incrustées, sont partout très pauvres en peintures.

Enfin, il faudrait plusieurs volumes pour retracer tout ce que l'Europe doit aux Arabes d'Espagne dans l'éducation & le soin des chevaux, la préparation & l'emploi des laines, la teinture & l'apprêt des cuirs, l'art d'incruster & d'émailler; dans la minéralogie, la métallurgie, l'histoire naturelle, le commerce, la théologie, la jurisprudence, l'histoire, l'astronomie, la géométrie, l'arithmétique, l'algèbre, la botanique, la médecine, la poésie & l'architecture.

CHAPITRE XIII.

Origine & progrès de l'architecture chez les Arabes d'Espagne.

LORSQUE les Arabes pénétrèrent en Espagne, ils n'y trouvèrent aucun genre d'architecture assez bien précisé pour être classé à aucune époque de ce bel art. Les monuments qui existaient étaient un mélange bizarre d'architecture romaine & grecque, auquel les Goths n'avaient apporté aucune modification sensible ; car ce serait une grande erreur que d'attribuer à ces derniers l'ordre gothique, qui, depuis, a pris un rang si distingué parmi les ordres d'architecture, surtout pour les monuments religieux.

L'architecture arabe paraît former, en Espagne, trois époques distinctes & sortir de la même origine que celle appelée gothique. Byzance, cette nouvelle capitale du monde, primait encore, sinon par les lois, du moins par le goût & les sciences, & c'est de là que partit un genre nouveau de construction, composé de plusieurs ordres placés les uns sur les autres, présentant extérieurement un aspect de lourdeur, mais intérieurement une grande profusion d'ornements.

C'est cette école byzantine qui a produit, dans le Nord, l'architecture lombarde & saxonne, & dans le Midi l'architecture mauresque.

Les Thermes de Dioclétien à Rome, le palais de ce prince à Salone, les édifices de Justinien & de Théodose, présentent les défauts qui marquent l'architecture du moyen-âge, car on y voit les arceaux des voûtes reposer sur des chapiteaux sans entablement, comme dans les nefs des églises & des mosquées.

La justice se rendait communément, à cette époque, dans des constructions assez spacieuses & assez élégantes, appelées basiliques. Les chrétiens dédaignant, par esprit religieux, les temples des faux dieux pour la célébration de leurs mystères, leur préférèrent ces basiliques, qu'ils convertirent en églises, & c'est à l'imitation de ces basiliques que la plupart des temples chrétiens furent bâtis sous Constantin & ses successeurs.

L'invasion des barbares, au moyen-âge, avait fait négliger l'ornementation extérieure des monuments exposés à leurs mutilations ; on se contentait de masses de pierres superposées, flanquées de tours & de créneaux, & c'est sans doute là que l'on doit chercher l'idée de nos châteaux élevés sur des points abruptes, plus faciles à défendre.

Mais lorsque l'Europe, débarrassée des peuples du Nord, reprit, sous l'influence de l'Italie & de Byzance, fon goût pour les arts, on vit l'architecture maurefque & l'architecture gothique fe prêter de mutuels fecours & marcher de pair fur un même édifice, jufqu'à ce que l'une, fe féparant de l'autre, fe perfectionnât & acquît des beautés qui lui font particulières.

L'architecture religieufe adopta alors la voûte en ogive & devint fvelte, légère & gracieufe; mais ce n'eft point aux Arabes qu'on en doit attribuer l'application, car on ne retrouve, dans les monuments d'Efpagne ni d'Afrique attribués à ces peuples, aucune trace ni aucune idée de la voûte ogivale. Ce ne fut qu'au XIe fiècle que l'on vit paraître ce genre d'architecture, qui s'étendit rapidement en Afie & dans l'Inde, dans le XIVe & le XVe fiècle.

De ce que nous avons établi touchant les genres particuliers d'architecture dans le Nord, l'Occident & le Midi, il faut conclure que c'eft de Conftantinople qu'ils partirent; que c'eft dans la forme des bafiliques qu'il faut chercher le plan de nos églifes & des mofquées, comme c'eft dans la forme des citadelles du moyen-âge & des palais des empereurs grecs que l'on trouve l'origine des châteaux gothiques & des alcazars maurefques.

Le plus ancien monument arabe, en Efpagne, & celui qui marque la première époque de l'architecture maurefque, eft la mofquée de Cordoue, commencée par Abdérame, en 770, & terminée par fon fils Iffen. Ce monument, de fix cent vingt pieds de long, affecte la forme d'un carré oblong, entouré de murs très élevés, percés de créneaux & soutenus par des contreforts. Il paraît être élevé sur les ruines d'un temple de Janus ou de quelque basilique chrétienne du III⁰ ou du IV⁰ siècle. En entrant dans ce monument, on est frappé de voir une forêt de colonnes, au nombre de huit cent cinquante, toutes de marbre, formant les dix-neuf nefs qui composent l'intérieur de la mosquée. Les murs en sont couverts d'ornements en stuc de différentes couleurs & ornés de légendes en or, à l'imitation des églises du Bas-Empire. L'architecture de cette mosquée se ressent de son origine : on y remarque partout le caractère byzantin. Ses ornements, en effet, ses arcs, ses chapiteaux, sa coupole sphérique qui forme le *Mihrab*, les briques à dessins, tout cela vient de l'art grec, développé par le génie des Arabes, peuple si profondément civilisateur, & qui, au milieu de ses conquêtes rapides, de ses guerres continuelles pour se maintenir dans un pays si brusquement soumis à ses lois, trouvait encore le temps & le moyen de couvrir le sol d'édifices sans nombre. Au xe siècle, Cordoue renfermait, disent les historiens arabes, plus de six cents mosquées & neuf cents maisons de bains.

L'architecture de cette mosquée est le type de l'architecture arabe dans sa première période : les lignes en sont simples, la disposition en est hardie, & la façon bizarre dont les angles, en fer à cheval, s'élèvent au-dessus l'un de l'autre, prouve un art déjà habile & qui dispose de grandes ressources.

Après le départ des Maures de la Péninsule, des changements nombreux & bien regrettables ont eu lieu, pour approprier le monument à sa nouvelle destination; on a démoli pour élever le transsept; mais, malgré ces transformations, qui ôtent déjà trop au caractère primitif de l'édifice, il reste encore une des plus étonnantes & des plus fantastiques créations de l'art arabe en Espagne.

Le monument mauresque qui marque la seconde époque, la plus brillante de l'architecture arabe, est le fameux Alhambra de Grenade, à la fois palais & forteresse. On n'y trouve aucun vestige de l'architecture romaine. Les colonnes ne sont plus renflées; les chapiteaux, évasés à la manière des Arabes, ne portent aucune trace des ordres grecs.

Tout y est du style mauresque le plus pur. L'art arabe a totalement dépouillé les formes grecques & romaines; il vit désormais de lui-même. On en juge par la profusion des ornements qu'il emploie & qui n'ont de modèle dans aucun monument des époques précédentes. C'est le fruit de l'école de Cordoue & le développement naturel du génie de ces peuples si amateurs du beau. Les Almohades n'avaient été & ne pouvaient être qu'imitateurs; les Almoravides furent créateurs, & leur architecture, en prenant un caractère qui lui est propre, forme la seconde époque de l'art mauresque.

Des Arabes, ce genre d'architecture paſſa chez les Eſpagnols & s'y maintint juſqu'à l'époque de la renaiſſance des arts. Cependant, cette tranſition, lente & graduée, donna le temps de ſe former un mélange des deux architectures, & ce nouveau ſtyle produiſit des monuments d'une grande élégance & qui forment la troiſième époque de l'architecture arabe. Les principaux édifices de ce genre ſont les châteaux de Bénavente, de Pénafiel, de Tordéſillas, & les alcazars de Ségovie & de Séville.

Mais n'anticipons point. Le moment de parler de l'art arabe & des beautés nombreuſes qu'il a créées dans l'antique Ibérie, viendra après les détails des diverſes transformations que l'art a ſubies, ſous l'influence de la religion, de Rome & de Byzance, aux diverſes époques de l'hiſtoire de l'Eſpagne.

Reprenons, chez les chrétiens, le récit des événements politiques que nous avons ſuſpendu; nous parlerons après de l'art, qui, pour jeter moins d'éclat que chez les Arabes, n'en fait pas moins des progrès proportionnés aux reſſources que les ſouverains catholiques peuvent y conſacrer.

CHAPITRE XIV.

Monarchie chrétienne d'Espagne.

PREMIERE EPOQUE

TANDIS que la puissance des princes musulmans s'accroît ou diminue, selon la marche des événements, celle des princes chrétiens, leurs rivaux, marche en sens inverse.

Pélage, prince chrétien du sang des rois goths, avait fait, à la funeste bataille de Xérès, le dur apprentissage du métier des armes. Quoique vaincu, il n'en conserve pas moins l'espoir de garder, sur le sol de l'antique Ibérie, un asile à la religion de ses pères, & d'y former comme un avant-poste de cette armée chrétienne qui doit, plus de sept siècles après, expulser les enfants de Mahomet de la Péninsule, qui ne connaîtra plus d'autre culte que celui de la croix.

Pélage avait fecondé Athanagilde pour fonder le petit royaume des Afturies, &, à la mort de ce dernier, il eft proclamé roi par les chrétiens qui font reftés attachés à la fortune d'Athanagilde. Réfugié dans les montagnes, il réfifte aux généraux d'Abdérame, bat même, fous les murs de Léon, un lieutenant de Juffef qui commandait à Cordoue, & la Bifcaye, tout le pays des Afturies, une grande partie des Cantabres font le fruit de cette victoire, qui lui permet de fonder un petit royaume indépendant.

La mort, qui l'enlève deux ans après, en 757, appelle au trône chrétien Favila, fon fils, qui périt à la chaffe, tandis que fes ennemis font, dans les plaines de Tours, la dure expérience de la valeur des armes chrétiennes.

Alphonfe, fon beau-frère, appelé à lui fuccéder, fe montre digne du trône par fes qualités & par les conquêtes qu'il ajoute au royaume de Pélage.

Dans la Galice, les villes de Lugo, d'Orenfe, de Tuy, reçoivent fon autorité; dans le Portugal, Oporto, Vifeo & Chaves fe foumettent; dans le royaume de Léon, la capitale de ce nom, Aftorga, Zamora, Simancas, Salamanque le reconnaiffent, & toutes ces conquêtes, jointes à la Bifcaye & à la Navarre, où les Maures n'ont pas encore pénétré, forment le domaine de ce prince.

Alphonfe meurt en 770, & laiffe, pour lui fuccéder, Fruéla I*er*, qui serait, en tout point, digne de la réputation de son père, si l'histoire n'avait à lui reprocher quelques actes de cruauté contre son frère Vimaron & les auteurs de quelques révoltes dans la Navarre, la Biscaye & la Galice.

A la mort de Fruéla, le trône appartenait à son fils Alphonse; mais, trop jeune encore pour porter le sceptre, il est successivement remplacé par Aurélien, Silon & Mauregat, trois ambitieux, parents ou alliés du roi défunt. Sous le règne d'Aurélien, l'arrière-garde de Charlemagne est défaite à Roncevaux par les Navarrais, qui ne peuvent pardonner à ce prince de s'être allié au croissant contre la croix.

Après Aurélien, règne, pendant cinq ans, Silon, époux d'Adasinde, fille d'Alphonse I*er*. Cette princesse fait tous ses efforts pour faire passer la couronne sur la tête de son neveu, fils de Fruéla, alors capable de la porter; mais elle ne peut empêcher son frère Maurégat de l'usurper pendant quatre ans, après lesquels la mort la lui fait céder au pieux Bermude. Celui-ci abdique en faveur du valeureux Alphonse II, qui règne un demi-siècle. C'est pendant la durée de ce long règne qu'Oviédo reçoit les plus beaux monuments qui la décorent, ce qui n'empêche pas Alphonse de combattre, avec honneur & avec le plus grand avantage, les Califes de Cordoue, alors si puissants.

Après avoir ajouté aux titres de conquérant, de

législateur, de fondateur de villes, ceux plus glorieux encore de clément, de libéral & de chaste ; après avoir porté au loin la réputation de ses armes & la gloire de son règne, Alphonse, qui tenait la couronne de la générosité de Bermude, la transmet à Ramire Ier, descendant de son bienfaiteur. C'est au règne d'Alphonse que se rapporte l'érection du comté de Barcelonne, dont nous verrons plus tard les souverains jouer un rôle si important.

En arrivant au trône, Ramire le trouve entouré d'orages & de compétiteurs. Sa fermeté calme les premiers & le débarrasse des seconds. Sous son règne, les Normands font une descente sur les côtes de la Galice ; mais, ayant été repoussés, ils se jettent sur le Portugal & l'Andalousie, d'où ils sont expulsés par le roi de Cordoue.

Ramire, prince actif & guerrier, se signale par plusieurs victoires sur les Maures ; mais sa mort, arrivée après six ans de règne, transmet à son fils Ordonno le soin de compléter ses victoires & d'ajouter encore à l'extension de ses Etats. Le plus beau titre de gloire d'Ordonno est la défaite d'une armée arabe qui, sous la conduite d'un usurpateur du trône de Cordoue, avait pénétré en France & fait rançonner le faible Charles-le-Chauve pour la délivrance de ses provinces.

Après plusieurs autres exploits contre les Maures & contre une nouvelle horde de Normands, Ordonno laisse à son fils, Alphonse III, âgé de 14 ans, un trône bien affermi, mais dont il ne peut jouir qu'après que Fruéla, comte & gouverneur de Galice, est détrôné par les grands du royaume indignés de son orgueil. Ce prince, inquiété d'un côté par les Maures, de l'autre par les révoltes continuelles de plusieurs de ses provinces & surtout de la Navarre, a recours à un acte politique non moins sage qu'habile. Il donne la Navarre, à titre de fief, au comte de Bigorre, allié du roi de France. Cette combinaison a tout l'effet qu'il en attend, & une parfaite harmonie entre l'Espagne, la Navarre & la France en est le fruit. Dès ce moment, la Navarre s'érige en souveraineté indépendante, & Sancho Garcias, l'un de ses premiers rois, étendant ses domaines sur la Castille & l'Aragon, prouve plus d'une fois aux Maures que le roi des Asturies n'est pas le seul héros que compte l'Espagne chrétienne.

Alphonse, de son côté, ne perd pas de vue les ennemis implacables du nom chrétien. Il arme de plus en plus contre eux, & plusieurs victoires le rendent maître de la Castille, du pays de Léon, de l'Estramadure & du Portugal. Quatre armées successives que lui opposent Mohamad ou ses successeurs sont battues; leurs chefs sont tués ou faits prisonniers, & une autre trêve de trois ans que n'observe pas le roi maure, ce dont le ciel le punit par la destruction de la flotte qu'il envoie contre la Galice, permet au roi chrétien de préparer de nouveaux triomphes contre les Arabes, dont la fortune achève de se briser à Zamora. Cette journée célèbre semble devoir être le terme de la carrière militaire du héros chrétien, qui, abreuvé d'amertume par les intrigues de ses enfants & de sa femme, prend la résolution d'abdiquer sa couronne en faveur de Garcias. Celui-ci prend possession du trône, & Alphonse se retire dans un modeste village. Cependant, le trône chrétien est de nouveau menacé. Alphonse sent son courage se ranimer ; il demande, comme une faveur, de conduire encore une fois les chrétiens à la victoire, &, après avoir battu les Maures, il rentre dans l'obscure retraite qu'il s'est choisie. Cette action, unique dans l'histoire, suffirait pour immortaliser la mémoire de ce prince, dont aucun vice ne ternit la gloire, & qui mourut en 910, après 44 ans de règne, dans le village qu'il habita depuis son abdication.

Deux princes succèdent à Alphonse sur le trône des Asturies : Garcias & Ordonno II. Celui-ci soutient contre les Arabes la réputation des armes chrétiennes, & son règne, quoique non exempt de revers, est compté au nombre des plus glorieux de la monarchie espagnole.

Son fils, Fruéla II, qui n'a point laissé de traces dans l'histoire, a pour successeur Alphonse IV, indigne d'un si beau nom, & qui abdique, après cinq ans de règne, en faveur de son frère don Ramire.

Ramire, fidèle au devoir de la royauté chrétienne,

marche contre Madrid, qu'il prend d'assaut & dont tous les habitants sont passés au fil de l'épée. Cet acte de vigueur, suivi d'une victoire à Osma, le mène sous les murs de Sarragosse, dont le gouverneur, Abu-Saya, est contraint de se reconnaître son vassal. Cette soumission n'est qu'une ruse, mais elle sera l'occasion de nouveaux triomphes à Simancas, où plus de quatre-vingt mille Arabes resteront sur le champ de bataille. Cette victoire, suivie d'un long repos, donne à Ramire le temps de fortifier ses frontières & de réparer les malheurs de la guerre; puis il abdique en 950, au profit d'Ordonno III, qui emploie tout le temps de son règne à guerroyer, tantôt contre le roi de Navarre, son oncle, le comte de Castille, son beau-frère, tantôt contre les Galiciens & les Maures.

Son successeur, Sanche Ier, qui n'est que régent pour Bermude, fils d'Ordonno, trouve le moyen de s'assurer du trône au détriment de son pupille, & un traité d'alliance qu'il fait avec le roi de Cordoue, le met à même de se maintenir au pouvoir malgré les efforts de Bermude. Cette alliance fut le fruit des conseils de dona Elvira, sa sœur, religieuse célèbre, qui devient régente pour son neveu don Ramire III. Le gouvernement de la régente est heureux, mais il est marqué par une nouvelle apparition des Normands, en 968, sur la Galice, dont ils sont chassés pour toujours. Cet état de paix & de gloire finit au moment où Ramire III veut prendre les rênes du gouvernement. Méprifant les confeils de fa tante, il voit les trois provinces de Léon, de Caftille & de Galice, fe lever contre lui & fe foumettre à Bermude, fils de Fruéla II. Les Maures, profitant de cette divifion, reparaiffent; mais, effrayés par une tempête de neige plutôt que battus par Ramire, ils prennent la fuite, pour venir, l'année fuivante, prendre Zamora & la détruire de fond en comble, événement auquel ne furvécut guère l'infortuné Ramire.

C'eft à cette époque qu'on place le règne glorieux de Sanche II, roi de Navarre, qui mérita, par fes belles actions, le furnom de Grand & le titre d'empereur, qui n'avait encore été porté par aucun prince au-delà des Pyrénées.

La couronne de Ramire III tombe alors, fans obftacle, fur la tête de Bermude II, dont le règne malheureux eft, pour les Maures, l'occafion de nouveaux fuccès. Pendant douze ans, ils vont de triomphe en triomphe, & la monarchie de Pélage eft à deux doigts de fa perte.

Mais heureufement, Alphonfe V monte fur le trône de Léon, & ce prince, dont le nom feul eft pour les chrétiens ce que celui d'Abdérame eft pour les Sarrafins, un heureux préfage, rétablit la fortune des chrétiens en humiliant le fameux Almanzor, régent de Cordoue, qui va mourir à Médina-Cœli.

A cette époque, le royaume de Pélage était divisé en plusieurs petits Etats. On comptait les royaumes de Léon & de Castille, & cette division était peu propre à maintenir l'unité nécessaire pour résister aux Arabes.

Bermude III succède alors à Alphonse ; mais, il est bientôt inquiété par le roi de Navarre, qui entre dans ses Etats, d'où il ne sort qu'à la condition que dona Sancha, sœur de Bermude, épousera Fernand, fils du roi de Navarre, auquel celui-ci cèderait toutes les places conquises. La mort du roi de Navarre & celle de Bermude étant survenues, dona Sancha, héritière des couronnes de Léon & de Castille, les donne à son mari Fernand, qui prend alors le titre de roi de ces deux provinces & rétablit, par sa sagesse, ses vertus & son courage, la gloire des armes chrétiennes. Ce prince, aussi pieux que valeureux, voit venir sa fin avec humilité & résignation. Nouveau saint Louis, il se dépouille de ses habits royaux, se couvre de cendres, &, à genoux, en habit de pénitent, il rend sa belle âme à Dieu, entre les bras de ses fils & des évêques de sa cour.

A la mort de Fernand, la monarchie espagnole se morcèle encore en faveur des enfants du roi défunt. Sanche, son fils aîné, prend le royaume de Castille ; don Alonzo, les Asturies & le royaume de Léon ; Garcias, la Galice ; la province de Zamora échoit à dona Urraca, fille aînée de Fernand, & la province de Toro, à dona Elvira.

L'ambition de Sanche jette bientôt le trouble parmi ſes frères & ſes ſœurs, dont il veut envahir les poſſeſſions; mais, ayant trouvé la mort devant Zamora qu'il aſſiégeait, ſa ſœur Urraca en prévient auſſitôt ſon frère Alonzo, qui s'empare du royaume de Caſtille & de la Galice, en s'aſſurant de la perſonne de Garcias.

Alonzo, maître de la majeure partie des Etats de ſon père & ſûr de l'appui de ſes ſœurs, marche contre Tolède, qui, depuis trois cent ſoixante-quatorze ans, était au pouvoir des Maures; s'en rend maître & épouſe, bientôt après, la fille de Mahomed, roi de Séville. Ce fut cette alliance qui, mécontentant les autres princes ou chefs arabes, ou du moins leur ſervant de prétexte, attira en Eſpagne la dynaſtie des Almoravides, au détriment de celle des Ommiades, & c'eſt dans ces circonſtances que s'immortaliſa le Cid, à la défenſe de Valence aſſiégée par les Maures.

Alonzo termine ſa vie glorieuſe, emportant le titre d'empereur que lui ont donné les grands & les prélats du royaume.

C'eſt à cette époque qu'il faut placer l'origine du royaume de Portugal, qui fut porté en dot à don Enrique de Bourgogne, par dona Théréſa, fille naturelle de l'empereur Alonzo.

A la mort de ce dernier, ſon royaume eſt encore diviſé entre ſes deux fils don Sanche III & don Fernand. Mais, la diviſion qui s'en ſuivit & dont profitait déjà le roi de Navarre, aurait causé leur perte, si la nécessité de s'opposer aux progrès des Almohades, dont la dynastie avait promptement remplacé celle des Almoravides, n'eût mis fin à leurs discordes. La belle défense que fait alors contre les Arabes la ville de Calatrava, motive l'institution de l'ordre de ce nom, lequel est bientôt suivi de ceux de St-Jacques & d'Alcantara.

Sanche III a pour successeur don Alphonse, qui se distingue contre les Maures & châtie ceux qui ont troublé ses Etats pendant sa minorité. Dans ce moment, Raymond, comte de Barcelonne & roi d'Aragon, chasse les Mahométans de la Catalogne & rend le roi de Murcie tributaire. Son fils aîné Alphonse II hérite des Etats & des qualités de son père & devient le fondateur du royaume d'Aragon.

Pendant ce temps, le Portugal s'agrandit par des conquêtes & des alliances.

Une gloire réservée au royaume de Castille est de voir naître deux Infantes qui donnent au monde des souverains également remarquables par leur valeur & leur piété : Blanche, mère de saint Louis, en France, & Bérengère, mère de saint Ferdinand en Espagne, que nous verrons bientôt porter le dernier coup à la domination mauresque sur l'antique Ibérie.

Tous les princes chrétiens, sentant enfin la nécessité de s'unir pour chasser leurs ennemis de la Péninfule, réuniffent leurs forces. Ils rencontrent l'armée mufulmane dans la plaine de Tolofa & lui font éprouver une fi grande défaite qu'il eft impoffible aux rois maures de s'en relever. Celui de Séville paffe auffitôt en Afrique, laiffant fes collègues batailler encore contre les chrétiens, jufqu'au moment où Ferdinand, fils de Jean II, roi de Léon & de Caftille, aidé de fon époufe Ifabelle, met fin, en 1496, à la puiffance mahométane en Efpagne, par la prife de Grenade, dernier boulevard du croiffant.

Cette époque eft la plus glorieufe pour l'Efpagne, non feulement par l'expulfion des Maures, mais encore par d'autres faits d'armes non moins brillants opérés par Gonzalve de Cordoue fur le royaume de Naples, l'incorporation de la Navarre à la couronne, la réunion des trois maîtrifes des ordres militaires & la découverte de l'Amérique.

CHAPITRE XV.

Etat de l'Espagne catholique sous ses propres souverains jusqu'en 1496.

RELIGION. — L'Espagne, reconnaissant l'autorité des souverains descendants de Pélage, ne s'est jamais écartée de la fidélité que ce prince avait vouée au culte du Christ; &, malgré le voisinage des erreurs du culte de Mahomet, la foi des Espagnols s'est toujours conservée pure & inaltérable, grâce aux nombreux conciles provinciaux que les rois convoquaient & auxquels ils assistaient en personne.

Les théologiens espagnols se sont distingués au concile de Trente par leurs talents & leurs lumières, &, tandis que les autres parties de l'Europe ouvraient la porte aux hérésies, l'Espagne la leur fermait.

Le seul chef de l'Eglise d'Espagne a toujours été le Souverain Pontife romain, auquel cette partie du troupeau de saint Pierre a constamment offert un sincère hommage, sans toutefois lui reconnaître des droits & des prérogatives qu'une servile déférence lui a attribués, tels que l'infaillibilité hors des conciles, le droit de nommer les évêques & d'exercer une redevance sur les biens du clergé & des monastères.

Gouvernement. — Le gouvernement des rois chrétiens d'Espagne n'a jamais été monarchique absolu, dans le sens qu'on attribue à ce mot, surtout depuis l'invasion des Arabes ; les cortès des provinces y tempéraient l'autorité royale. Les institutions & les prérogatives que ces rois furent obligés d'accorder à la noblesse & surtout aux seigneurs qui se montraient les plus ardents à les seconder, dans les guerres contre les Musulmans, les forcèrent toujours à se tenir dans une réserve qui ne leur permettait de rien décider d'important sans la participation de ces mêmes seigneurs. Ceux-ci, profitant de leur influence, finirent par ériger en royaumes indépendants les provinces dont ils n'étaient d'abord que les simples gouverneurs.

La couronne catholique a été tour à tour héréditaire & élective, suivant que les circonstances l'exigeaient ; mais, jamais elle n'est passée sur la tête d'un prince étranger ou qui ne se soit signalé par quelque fait d'armes contre les Infidèles.

Justice. — Le code des lois chrétiennes était fort simple. Il se bornait à quelques ordonnances royales rendues conformément à la justice la plus ordinaire & la plus naturelle. Chez les Espagnols, il n'y avait ni avocats ni gens de robe ; chacun plaidait sa propre cause, & les femmes mêmes étaient admises à défendre leurs droits & leurs intérêts.

Industrie. — Les Espagnols ne furent pas moins remarquables que tous les autres peuples de l'Europe par leur industrie. On admirait leurs habits, leurs équipages & leurs meubles. On recherchait surtout leurs étoffes d'or & d'argent, leurs ouvrages de cristal & d'ivoire, leurs tissus de soie, de coton & de laine.

Lettres & Sciences. — Les lettres & les sciences étaient, chez les Ibériens, cultivées avec grand soin. La poésie, l'astronomie, l'histoire, la physique & la médecine brillaient d'un grand éclat dans l'antique royaume de Pélage, tandis que le reste de l'Europe n'en avait encore aucune notion.

La première université chrétienne en Espagne fut celle de Palencia, fondée par don Sanche-le-Grand, roi de Léon. Elle fut bientôt suivie de celles de Salamanque, de Valladolid & d'Alcala, & le monde savant connaît à quel degré de splendeur & de gloire ces sociétés élevèrent la réputation de leur pays.

Arts. — C'est ici le lieu de reprendre les détails de l'art en Espagne, que nous avons interrompus pour donner aux véritables habitants de l'Ibérie le loisir de reconquérir leur pays.

La monarchie asturienne eut son siége à Cavadonga avec Pélage &, bientôt après, à Oviédo avec Alphonse-le-Chaste.

La patrie, l'art national s'étaient réfugiés dans les sierras qui courent des bords de l'Atlantique & des frontières du Portugal aux montagnes de la France, avec lesquelles elles se confondent. Les traditions de la monarchie des Goths s'y perpétuèrent avec peu de modifications, & il est souvent arrivé aux historiens de confondre les deux périodes.

Cette monarchie, resserrée dans un coin écarté de l'Espagne envahie, ne disposait que de bien faibles ressources; aussi, les monuments qui se construisirent pendant sa durée, ne furent ni bien nombreux, ni comparables en grandeur à ceux dont les siècles suivants allaient couvrir la Péninsule, reconquise au christianisme & à la liberté.

Pélage & son fils fondèrent quelques églises : Sainte-Marie de Velamio, près de Congas, qui renfermait le tombeau du grand capitaine ; Sainte-Croix de Onis, assez vaste édifice, avec trois nefs & une crypte ; l'inscription seule en a été conservée. Après eux, Alphonse-le-Catholique, le roi Silo & Adelgastro élèvent l'abbaye de Cavadonga, les monastères de Saint-Jean de Pravia & de Osana. Au milieu des désastres infinis qui avaient écrasé l'Empire, l'art, ce chêne rudement déraciné & couché par terre, poussait néanmoins quelques rares, mais déjà vigoureux rejetons. Peu à peu, lorsqu'on commença à se remettre de la longue & terrible lutte qui avait tout brisé, une impulsion plus forte fut donnée. Alphonse avait fait d'Oviédo le siége du royaume.

Oviédo, monotone & triste village, pouvait, par sa position stratégique, satisfaire aux vues du choix de l'emplacement d'une capitale, mais il manquait de tout ce qu'il faut à une résidence de rois. Point de palais, point d'édifice qui répondît à sa nouvelle destination. Il fallut se mettre à l'œuvre. L'architecte Tioda, goth d'origine, jette les fondations de l'église San-Salvador; elle renfermait douze autels en l'honneur des douze apôtres. Une autre église, dédiée à Sainte-Marie, s'élève bientôt à côté de la première; elle devient en quelque sorte le Panthéon des premiers rois de la monarchie asturienne. Ce serait là, à coup sûr, un édifice des plus intéressants de l'époque à étudier, si le XVIII° siècle, peu soucieux des œuvres de ces vieux temps, ne l'eût froidement démoli. Ambroise de Moralès en a heureusement laissé une description très détaillée qu'on peut consulter.

Les églises de Saint-Cirso & de Saint-Julien furent élevées par les mêmes architectes & sous le même règne, & les chroniqueurs contemporains, surtout le moine d'Albéda, ont écrit des pages pleines d'intérêt & d'une naïveté précieuse, sur les monuments dont la monarchie asturienne enrichit la province & surtout la capitale.

L'évêque don Sébastien, parlant de l'église de Naranco, construite en 848, sous Ramire Ier, par l'architecte Tioda, l'appelle : « *Una obra de maravillosa hermosura* (œuvre d'une merveilleuse beauté). »

Le moine d'Albéda est aussi enthousiaste à la vue de l'église de San-Miguel de Lino. A la vue de ce monument, il s'écrie : « *In loco Lino dicto, ecclesiam & palatia arte formiceâ mirè construxit.* »

Sous Alphonse-le-Grand, plusieurs travaux s'achèvent : la forteresse d'Oviédo, le palais de cette même ville, un autre près de la mer, à Gigon, un château-fort à Tolède. En 892, on construit le monastère de Valvedios, avec son église à trois nefs qui existe encore & que plusieurs archéologues espagnols ont décrite avec soin.

La monarchie asturienne avait déjà pris quelques forces ; elle avait pu franchir ses frontières. Ses pas en avant sont partout marqués par des constructions dont la munificence royale fait les frais. Zamora s'enrichit de bains ; la cathédrale de Santiago s'élève spacieuse & riche sur les fondations mêmes de celle que le temps avait à demi ruinée. On creuse les fondements du riche & remarquable monastère de Saint-Jean de Sahagun.

Avec les idées civilisatrices, les notions architecturales, jusqu'ici confuses & étouffées, paraissent & se précisent. Une sorte de crépuscule se fait au milieu des ténèbres épaisses qui ont enveloppé l'Espagne. L'art, au IXe & au Xe siècle, présente toujours les mêmes caractères, mais, il est plus répandu & on l'étudie avec ferveur. Il est appuyé, vivement encouragé; il est devenu nécessaire. Les églises de Picesca, de Sariégo, de Villardovégo, de San-Miguel de Escalapa, qui portent quelques signes du goût arabe, de Saint-Pierre de Montis (Léon), de Compludo (Galice), de Peñalva & de Saint-Pierre de Las Rosas, appartiennent à l'art du IXe siècle, & on peut lire sur leurs murailles le point où en était arrivée la civilisation.

On doit ranger parmi les édifices qui appartiennent au siècle suivant les églises de Santa-Maria de Campomanès, la chapelle fondée par saint Froilan, au monastère de Cellanova, l'église de l'évêque d'Astorga, auprès de Peñalva (Aragon), Saint-Julien, à Olmédo (Vieille-Castille), Saint-Paul, de Salamanque, & quelques autres encore. Au reste les différences qui existent dans les édifices de ces deux époques sont peu sensibles. En général, les premiers ont des dimensions moins grandes, les églises n'ont qu'une seule nef; les autres en ont au moins trois. Les premiers accusent partout, dans leur dimension comme dans leur ornementation, le peu de ressources que possédaient alors les architectes. Un type du IXe siècle est Sainte-Marie de Naranco, auprès d'Oviédo. On y remarque la nudité des murs, la sobriété des ornements, la simplicité des lignes. San-Salvador de Valvedios, dont Alphonse III jeta les fondements, appartient au xe siècle & peut servir également à faire apprécier les changements qui s'étaient introduits dans l'architecture, le goût dominant alors & les principes que l'on suivait invariablement. L'artiste, fidèle à l'architecture latine, a élevé trois nefs. L'église a cependant encore des dimensions assez réduites, & la mesquinerie de l'ornementation y est notable. Mais il est à remarquer que les mêmes règles ont été suivies par tous les architectes & que, sous la nouvelle monarchie, qui a succédé à celle des Goths, on suit, avec un profond respect, les enseignements professés jadis à Tolède.

En effet, en ces temps de luttes violentes, il ne pouvait être permis aux populations du nord de l'Espagne de songer à créer une architecture nouvelle, œuvre immense que de longues années de paix & de hautes ressources peuvent seules enfanter. Entre les monuments romains du temps de l'Empire & les édifices élevés par la dynastie des Goths, ils avaient à choisir : ils s'arrêtèrent aux derniers : cela devait être, car ils répondaient, beaucoup mieux que les autres, aux sentiments religieux de l'époque ; ils étaient l'expression véritable du christianisme ; leur symbolisme mystérieux était compris par toutes les intelligences.

Entre les basiliques romaines & les églises construites par les architectes asturiens, la ressemblance est presque complète. La crypte, la position du sanctuaire, la situation du chœur, l'autel isolé au milieu de l'abside, la séparation du sanctuaire du corps de l'église, l'orientation de l'édifice, partout les mêmes principes sont suivis exactement; tout annonce une origine commune.

Si de l'ensemble & du plan général on descend aux détails, les mêmes analogies se montrent encore. Les voûtes sont construites par le même procédé; on emploie des pierres légères & poreuses que le ciment doit unir plus aisément, en donnant aux voûtes l'apparence d'un seul bloc de pierre, en même temps qu'elles leur en conservent la solidité. Les pierres n'ont guère que deux pieds & demi de long, sur un pied de large; elles sont placées dans un ordre régulier & toujours le même. L'emploi de la brique s'y fait rarement remarquer; cependant à San-Salvador de Priesca, les arcs en sont construits & ont acquis une dureté prodigieuse. Voilà tout l'art architectural que les Goths ont transmis aux chrétiens d'Espagne, art simple, dégagé de tout ornement, mais grandiose & d'une solidité qui nous permettrait d'en juger encore, si le marteau démolisseur n'avait exercé, sur les monuments de cette époque, des ravages à jamais regrettables, & qui nous privent, dit M. de Laborde, d'apprécier leurs talents en architecture.

Du reste, bien des historiens archéologues sont en opposition au sujet de l'art chez les Goths. Les uns, Bossi, Pons & Depping sont de ce nombre, refusent à ces peuples le goût de l'architecture en fait de constructions d'ornement, ne les faisant s'occuper que des choses d'une utilité générale, telles que les ponts, les routes, les aqueducs. D'autres en font de grands constructeurs & leur attribuent l'édification de quelques églises sombres, sans grandeur ni élégance; mais, Sainte-Léocadie de Tolède, restaurée ou plutôt relevée par les rois goths, n'est-elle pas là pour donner de ce peuple une idée plus avantageuse sous le rapport de l'art? Les cathédrales de Séville, de Sarragosse, de Mérida & d'autres villes, construites ou restaurées par des rois chrétiens sous le modèle & les plans d'artistes goths, ne sont-elles pas d'assez beaux monuments pour mériter l'attention?

Quand l'histoire assure que les Arabes, en entrant dans les villes, étaient émerveillés de la magnificence des palais & des temples, il faut bien admettre que ces monuments n'étaient pas de si chétive apparence, & que, pour n'avoir pas la hardiesse, l'élégance que les siècles postérieurs ont amenées, ils ne méritaient pas moins de se trouver à côté des constructions romaines que les Goths avaient soin de conserver, & surtout d'imiter.

Terminons ici la première phase de l'art architectural dans la Péninsule. Nous allons le voir entrer dans un nouvel horizon avec les causes inattendues qui l'y ont amené.

CHAPITRE XVI.

L'architecture byzantine en Espagne.

UN élément nouveau s'introduit à la fin du x⁕ siècle dans l'art architectural. Le genre oriental avait grandi à Constantinople, encouragé par les empereurs grecs. Les communications fréquentes entre le Nord & l'Orient ne pouvaient que faciliter l'union du luxe usité sur les bords du Bosphore, à la sévère simplicité de l'architecture des peuples de l'Europe. Les artistes byzantins, arrivant à la suite des armées conquérantes, mêlaient leurs idées à celles qui, jusqu'à leur venue, avaient servi de base fondamentale. C'est ici seulement une époque de transition; mais bientôt l'art byzantin prendra le dessus.

Le royaume des Asturies était peut-être la seule contrée de l'Espagne qui pût résister aux idées nouvelles qui s'étaient promptement répandues sur les côtes de la Méditerranée. Mais tout semblait se prêter à l'adoption du genre nouveau venu. C'était l'époque du concile d'Oviédo, de la puissance de Charlemagne sur les rives de l'Ebre, & ce grand capitaine, en faisant sortir les édifices de terre, favorisait, sans s'en douter, l'art byzantin nouvellement apparu, au détriment de celui généralement adopté.

Les grandes évolutions de races qui avaient souvent mêlé les hommes du Nord à ceux du Midi, avaient cessé; on sortait du cahos. Empressé de jouir, on accueille la civilisation orientale, qui étonne par son éclat & sa grâce. Le progrès de l'art est sensible; on avance à grands pas dans la nouvelle voie qui vient d'être frayée. Ces progrès, vers la fin du x⋅ siècle, sont dus aux grands faits historiques qui se sont accomplis, aux développements de la puissance asturienne, à partir d'Ordonno Ier, à l'action puissante exercée par les Carlovingiens, & à l'établissement de la monarchie d'Aragon.

Pendant que les couvents se transforment en écoles où les germes de l'art se développent librement & avec éclat, le droit civil, les municipalités commencent à se montrer & à grandir insensiblement. De ces efforts qui donnaient naissance à la civilisation moderne, il était impossible que l'architecture ne profitât pas la première. On agrandit Léon; on construit son église de Saint-Isidore; Avila s'entoure de nouveaux murs; à Barcelonne, Saint-Paul-del-Campo, qui avait eu à souffrir, se redresse & se rajeunit. En 1032, s'élève le monastère de Coria; Lérida bâtit Saint-Laurent; Girone, sa cathédrale; Valladolid, le couvent de Sainte-Marie-l'Ancienne. Dans la seconde moitié du XIe siècle, la cathédrale de Jaca s'élève par les ordres de Ramire Ier. A Ségovie, des églises se dressent de toutes parts; Saint-Paul, Saint-André, Saint-Martin sont fondées. En 1082, de nombreux ouvriers s'occupent de la cathédrale de Santiago, & les abbayes, selon la volonté de don Ramire, s'érigent, s'agrandissent & s'ouvrent de toutes parts.

L'architecture romano-byzantine, avec de légères altérations produites par mille causes, dure pendant deux siècles & demi, depuis les dernières années du Xe siècle, jusque vers le milieu du XIIIe. D'abord, obéissant aux traditions, elle ne s'écarte guère des idées qui ont régné avant elle; l'architecture latine lui sert de modèle; mais, peu à peu, elle se laisse séduire par les systèmes étrangers, elle s'y abandonne, &, oubliant les règles austères qui l'ont guidée jusqu'à ce moment, elle adopte les éblouissants caprices & la riche ornementation de l'Orient. La profusion des ornements, le luxe & l'éclat, telles sont, en effet, les frappantes différences qui séparent l'art du Xe siècle de l'art des trois siècles qui suivent. Les moyens employés sont plus étendus, les édifices élevés alors sont plus vastes. Pour en juger, qu'on jette un coup d'œil sur les églises du Xe siècle, San-Zaornin, bâtie en 968, San-Froïlan, en 977, l'église de Barcena, en 973, celle de San-Millan, en 983, & on remarquera leur mesquinerie, leur petitesse & l'inhabileté des architectes & des ouvriers, si on les compare aux édifices qui s'élèvent partout, au nord comme au midi, soixante ans après.

Symbolique & mystérieux, l'art a toujours un caractère profondément religieux, malgré le souvenir qu'il conserve de l'Orient. C'est principalement l'architecture des monastères, ces asiles de paix & de silence. Solides & massifs, ils pouvaient, au besoin, soutenir un siége; sous leurs murs viennent mourir les bruits du monde, s'arrêter les guerres civiles, & se grouper les modestes villages qui s'abritent sous leur protection.

Tout le XI^r siècle s'écoule sans que l'architecture, malgré l'invasion de doctrines plus séduisantes, varie ses formes & altère sensiblement les principes sur lesquels elle s'est appuyée. Un parallélogramme formé d'une seule nef ou de trois nefs, ainsi que les anciennes basiliques, est toujours le type en usage. Presque toujours le transsept n'existe pas. Les absides sont circulaires ou polygonales; une voûte semi-sphérique les forme; des arcades simulées, posées sur des colonnes, ornent l'intérieur. Quant aux portes des édifices de cette époque, celle de l'église de la Sainte-Trinité, à Ségovie, celle de Santa-Maria de Cervera, celle, enfin, de la cathédrale de Jaca, peuvent être regardées comme de sérieux modèles.

Le XIIe siècle seulement voit apparaître les premières figures symboliques & les fantasques allégories. A Saint-Isidore de Léon, l'ouvrier représente, avec un inhabile mais naïf ciseau, les signes du zodiaque; à Santiago de Carion, plus hardi, il s'essaie à reproduire les apôtres & les évangélistes. Ailleurs il écrit avec un étrange cynisme, la satire de son temps, satire brutale qu'on expose sans pudeur à tous les yeux, & qui, sans effaroucher le regard ou l'esprit, se perpétue jusqu'au XVIe siècle, passant du livre de pierre dans le livre écrit, & traversant les moralités pour jeter un dernier & prodigieux éclat sous la plume capricieuse & implacable de Rabelais. L'artiste, relégué dans la foule, parmi les manœuvres, se vengeait à sa façon des dédains de ses protecteurs & des vices de ses maîtres, qu'il signalait ainsi à la multitude. Un archéologue éminent, M. Mérimée, a rencontré en Corse, à l'église Saint-Michel, de ces sculptures obscènes dont on a peine parfois à s'expliquer le sens, & que l'on comprendrait seulement à Pompéi, dans la demeure de ces voluptueux épuisés de plaisirs, dans une société qui tombe en ruines. En Espagne, on retrouve, dans les édifices du XIIe siècle, des exemples de ces inexplicables caprices des artistes. Dans quelques-uns des chapiteaux de l'église de Cervatos, dans ceux de la porte de Sainte-Marie de Villaviciosa, le ciseau du sculpteur inconnu s'est accordé toute liberté, & n'a reculé devant aucun détail.

Pour orner l'édifice, l'artiste emprunte alternativement à l'architecture latine & à l'art byzantin. Il y a dans les moulures quelque chose de l'ancienne mofaïque romaine : les chapiteaux fe chargeut tous les jours davantage. C'eft là furtout, c'eft dans cette partie de la conftruction que le génie nouveau fe fait jour. La difpofition des chapiteaux varie; ils fe tranfforment; l'art oriental y refpire, tout en gardant l'empreinte encore ineffacée de l'antique. La plupart des monuments de la Vieille-Caftille juftifient pleinement cette obfervation. Une étude fructueufe ferait celle des chapiteaux du xie & du xiie fiècle; les exemples en font nombreux.

La nef de Saint-Ifidore de Léon, la chapelle fouterraine de Santiago, le cloître de la cathédrale de Girone où font reproduits les principaux chapitres de la Genèfe, la cathédrale de Jaca, l'églife de Santillane, la plupart, enfin, des édifices de Ségovie & de Salamanque, offriraient à l'obfervateur attentif un champ inépuifable où il pourrait moiffonner abondamment. Il eft évident que le ftyle romano-byzantin n'a pas dû fe préfenter en Efpagne, à la même époque, dans toutes les provinces à la fois, fous les mêmes traits & avec des formes invariables. On peut noter des différences fenfibles entre les conftructions élevées dans les royaumes de Léon & de Caftille & celles qui fe fondent en Catalogne où règnent des influences étrangères. Mais, dans les unes comme dans les autres, au moment où s'ouvre le xiie fiècle, un fait demeure conftant, c'eft que l'art architectural a gagné en légèreté & qu'il s'eft dépouillé de fa rudeffe primitive : moins de monotonie dans l'ornementation, plus de finesse dans l'exécution ; une certaine richesse a envahi les temples, si nus jusqu'alors. C'est à la marche progressive de la civilisation qu'est dû ce résultat ; la science manquait à l'artiste : il a vu, il a étudié, il a compris, enfin il a appris son art. Saint-Paul de Barcelonne, avec son cloître si remarquable, date de 1117 ; l'église de Tardajos, dont l'abside est singulièrement ornée, & Saint-Isidore de Léon indiquent quel pas l'art avait déjà fait.

A partir des premières années du XIIe siècle, les relations que la Catalogne établit au-delà des mers, ont pour principal objet de rendre l'architecture plus riche. Est-il question d'élever un monument ? Du Nord & du Midi arrivent des architectes étrangers. Plusieurs partent de la Normandie, surtout lorsqu'il s'agit de fonder ou de restaurer les édifices religieux de Tarragone & de Salamanque. L'activité est immense, & le mouvement qu'on a remarqué durant la monarchie des Goths, se reproduit encore : l'évêque Gaufredo, don Diégo Gelmirez, don Pédro Ier d'Aragon, Pédro de Alfarès, don Alphonse VII, Ferdinand Ier & tant d'autres rivalisent entre eux & poussent l'art architectural dans la route qui vient de lui être si heureusement ouverte.

On ne se borne pas à construire, on restaure, ou plutôt on agrandit les édifices du XIe siècle. En 1073, l'évêque don Pélage parlait de la cathédrale de Léon comme d'une merveille, & voilà qu'on la démolit pour mettre à sa place l'édifice plus riche & plus vaste qu'on admire aujourd'hui. C'est le moment où l'architecture byzantine va jeter le plus vif éclat en Espagne. Elle semble grandir avec la civilisation, qui rejette ses langes trop étroits. Les sculptures se multiplient; les scènes du Nouveau & de l'Ancien Testament se reproduisent plus fréquemment; des ornements nombreux se montrent sur les murs. C'est à l'influence de l'Orient qu'il faut attribuer les animaux fantastiques & les bizarres créations que l'artiste introduit dans son œuvre. Des personnages, peu en relief d'abord, se détachent insensiblement de la muraille; la disposition des vêtements ne manque pas d'une certaine habileté, de même que l'agencement des scènes. C'est en étudiant le cloître de Saint-Jean-de-la-Péna, la façade du monastère de la Véruéla, de celui de Las Huelgas de Burgos, enfin les cathédrales de Zamora, de Salamanque & de Lérida, qu'on peut comprendre quelles sont les richesses de la Péninsule sous ce rapport, & combien elle a peu à envier aux autres contrées de l'Europe. Des dispositions heureuses deviennent plus générales. Le *cimborium*, très rare auparavant, se retrouve dès lors souvent & se présente avec un luxe singulier. Les dômes de Salamanque & de Zamora transportent la pensée à Constantinople & aux mosquées des rives du Bosphore. Une remarque qui n'échappera point à l'archéologue, car c'est un des points sur lesquels l'architecture en Espagne diffère essentiellement de celle des autres contrées, c'est que l'arc ogival y est déjà employé. Quoi de plus simple, après tout, puisque les Arabes l'y avaient apporté de si bonne heure! La porte de Tolède & la magnifique mosquée de Cordoue en font foi. Mais, au xie siècle, ce n'est qu'un pur caprice de l'architecte, qu'il jette en passant. Nous sommes encore loin du système ogival qui, plus tard, se déroulera avec ses éblouissantes créations. Mais, quand s'ouvre le xiiie siècle, & même pendant les dernières années du xiie, les choses se présentent sous un tout autre aspect. L'ogive n'est encore qu'indiquée : les deux arcs de cercle, au lieu de se fondre l'un dans l'autre, décrivent, au sommet, un angle à peine sensible; peu de temps s'écoule, & l'angle devient plus aigu; les deux arcs s'allongent & montent. L'ogive s'empare des fenêtres, des portes & de la nef principale. L'architecture romano-byzantine, est détrônée; l'architecture ogivale va régner en souveraine & sans partage. Des colonnes plus sveltes & plus minces se groupent autour des lourdes colonnes. Cette époque de transition offre un très vif intérêt; ce passage d'une architecture à l'autre présente un spectacle singulier. Quelques monuments dans la Péninsule portent l'empreinte bien marquée de cette époque où deux idées sont en lutte, où l'art va quitter la route qu'il vient de suivre, pour se jeter dans une autre où il jalonnera son chemin avec des créations merveilleuses. Les églises de Sainte-Marie de Villaviciosa (Asturies), de la Vraie-Croix à Ségovie, de Frias, de Villamoriel aux portes de Palencia, sont des édifices de cette époque que l'archéologue & l'artiste ne doivent pas négliger d'étudier.

Mais voici venir un art nouveau dans la Péninsule, apporté par un peuple conquérant, avec une religion nouvelle. Deux croyances ennemies, deux architectures distinctes & n'ayant que des rapports très éloignés l'une avec l'autre, viennent vivre & se développer côte à côte. Auprès du catholicisme, qui a jeté dans les cœurs des germes indestructibles, l'islamisme déploie ses bannières; auprès de l'église des évêques sera la mosquée des Califes. C'est, à coup sûr, un des plus curieux phénomènes qui se soient produits & une des plus grandes singularités que présente l'étude de l'art dans la Péninsule.

CHAPITRE XVII.

Architecture arabe.

EN prenant possession de l'Espagne, les Arabes y apportèrent une architecture qui leur était propre. Races intelligentes & aimant l'art, elles prenaient, chemin faisant, partout où elles passaient, des idées qu'elles coordonnaient ensuite pour les mettre en œuvre.

Sous les Ommiades, les Maures trouvèrent, dans les ruines de Mérida & d'Italica, des matériaux tout prêts pour leurs édifices; ils conservèrent, pour le moment, les formes de l'architecture latine qu'ils avaient sous les yeux & qu'ils pouvaient étudier. C'est à peine s'ils les altérèrent pour les faire servir à leurs croyances & à leurs mœurs toutes diverses. Mais, si le plan des édifices de l'époque est presque toujours suivi par eux, quel luxe, quelle richesse de sculpture, quelle exquise délicatesse, quelle légèreté ils déploient à l'intérieur de leurs constructions lorsque, les murs élevés, il s'agit d'orner le monument! C'est la civilisation de l'Orient tout entière, avec ses caprices & ses rêves enchantés, qui fait irruption avec eux dans l'art européen. Ils s'inspirent d'abord de l'architecture byzantine, mais bientôt ils la transforment. C'est quelque chose d'étrange, de charmant & de nouveau. Au lieu de l'arc semi-circulaire qui s'allongeait déjà vers le milieu & allait former l'ogive, ils emploient l'arc en fer-à-cheval & couvrent les murs de sculptures délicates, entremêlées de fleurs épanouies & de versets du Koran. Les yeux sont éblouis, & l'on croit respirer les parfums de l'Orient.

Ils sont nombreux en Espagne les édifices qui datent de cette époque, où s'épanouit un art étranger, qui s'en ira avec le peuple qui l'a produit. Le temps & d'autres causes en ont détruit plusieurs, mais c'est assez de la célèbre & fameuse mosquée de Cordoue, pour nous donner une idée, par son étendue, sa conservation parfaite, son imposante architecture, de ce que pouvait & savait dans l'art ce peuple du désert, à la première phase de sa puissance en Espagne. C'est en étudiant ce monument qu'on comprend les inspirations de l'art arabe, tout en y remarquant la continuation de l'art byzantin.

On chercherait en vain, ailleurs qu'en Espagne, des monuments de cette architecture qui n'a point eu de modèle, qui est née & morte avec le peuple qui l'a créée. Il semble qu'Abdérame, en fondant un empire séparé de celui des Abassides, ait voulu couper court à toutes les traditions du passé. Il a créé un genre d'architecture nouveau, comme il créait un nouveau royaume. Il voulait construire un temple qui ne le cédât en magnificence ni aux plus belles églises de la chrétienté, ni aux mosquées élevées par les Califes de Bagdad. Cependant, l'art de suspendre dans l'espace ces voûtes immenses, qui donnent à nos basiliques tant de grandeur & tant de majesté, n'a jamais été connu des Maures Pour donner à leurs constructions une certaine étendue, il leur fallait multiplier les points d'appui, & les mille colonnes qui soutiennent les absides de la mosquée de Cordoue, trouvent leur raison d'être.

L'introduction de la lumière dans l'édifice était un autre problème : on l'a résolu en le couvrant d'une foule de petites coupoles qui ont, il est vrai, le mérite de donner à la mosquée un air de famille avec les temples d'Asie.

Comme nous l'avons déjà dit, la mosquée de Cordoue forme le premier type de l'architecture arabe; elle en a tous les défauts, elle en révèle toutes les beautés. Ce qu'on peut lui reprocher, c'est cette lourdeur dans l'ensemble, que ne rachètent point la légèreté des colonnes, l'élégance des chapiteaux du style corinthien, la délicatesse des ornements, d'une grâce exquise.

Du temps des Arabes, cette mosquée formait un carré long, couvert d'un toit plat qui ne dépassait guère trente-cinq pieds de hauteur. Elle était soutenue par mille colonnes des marbres les plus beaux & les plus rares, disposées en quinconce, de manière à former trente-huit nefs en long & dix-neuf en large. On y entrait par dix-neuf portes, dont neuf à l'orient, neuf au couchant, toutes couvertes de plaques de bronze ornées d'arabesques d'un travail & d'une délicatesse infinis. La dix-neuvième, la porte principale, était revêtue de lames d'or sur lesquelles étaient inscrits les plus beaux passages du Koran. La plus élevée des coupoles portait trois boules d'or surmontées chacune d'une grenade du même métal. Quatre mille sept cents lampes brillaient toutes les nuits dans cette mosquée, où on brûlait tous les ans soixante livres de bois d'aloès & autant d'ambre gris pour les parfums.

Rien ne peut causer plus de surprise que le premier coup d'œil jeté dans l'intérieur de ce temple. C'est un immense labyrinthe de colonnes de toutes les couleurs que les Arabes ont enlevées aux monuments romains. Malheureusement, elles n'étaient pas toutes de la même longueur : aux plus courtes, il a fallu donner des chapiteaux d'une hauteur démesurée, lesquels gâtent la régularité & annoncent la mesquinerie, quand l'ensemble de l'édifice réveille l'idée de la plus grande somptuosité. Le sommet des colonnes, toutes à peu près du même module, sert de base à une rangée d'arcades à plein cintre qui supportent le toit. Entre les jambages de ces arcades font inférés des arceaux découpés à jour, quelquefois tréflés, mais le plus souvent circulaires.

La chapelle appelée *Zancarron*, endroit où était dépofé le Koran, eft ornée de colonnes de marbre vert & d'autres de marbre rouge veiné de blanc. N'effayons pas de dire fa difpofition, d'expliquer comment fes élégants arceaux font jetés, comment ils s'entrecoupent : il eft des chofes qu'il ferait plus facile de préfenter à l'œil par le deffin que de peindre à l'efprit par la defcription.

Au milieu de cet édifice maurefque, on a conftruit un chœur remarquable par la hauteur de fon dôme, l'élégance & le fini des arcades ; mais, il n'eft plus du même ftyle, &, malgré toutes fes beautés, on ne peut ne pas reconnaître qu'il s'harmonife mal avec le refte du monument.

On peut dire que les Maures d'Efpagne fe font montrés, dans ce premier effai comme dans tous, médiocres architectes, mais excellents décorateurs. Les murs extérieurs de leurs monuments font entièrement plats. Rien ne vient interrompre la monotonie de la ligne droite; on n'y voit aucun relief, aucune corniche. Ils ne favent deffiner aucun profil. On en juge par l'extérieur de cette mofquée, par la tour de Comarès, par l'entrée de l'Alhambra, la porte de la falle du Jugement, le portail du Généraliffe & la Giralda elle-même, jufqu'au couronnement ajouté par les chrétiens; tout y est plat. Aussi, lorsque le temps ou la main de l'homme a fait disparaitre ces revêtements de stuc aux brillantes couleurs, cette broderie de légères arabesques dont les murs sont incrustés, leurs constructions ne présentent plus à l'œil qu'un lourd amas de murailles composées de pierres de taille ou de moëllons, le plus souvent de béton formé de ciment & de gros cailloux, qu'ils employaient par les mêmes procédés que nous employons le pisé.

Dès le milieu du VIIIe siècle (766), Jussef-al-Fahry créait de grandes lignes de communication à travers l'Andalousie, la Nouvelle-Castille & les provinces voisines, réunissant ainsi les grandes villes brillantes & commerçantes de Tolède, de Mérida & de Tarragone. Cordoue était le centre : là régnaient le luxe & l'activité. Au milieu de la ville & près du pont hardi jeté sur le Guadalquivir par Al-Zamah, au commencement du VIIIe siècle, s'élevait la mosquée, digne, sous tous les rapports, de figurer à côté des constructions nombreuses qui ornaient cette capitale du croissant.

Pendant deux siècles & demi, jusqu'en l'an 1000, date qui jeta la terreur en Europe, la façon de construire des architectes arabes varia très peu. On ne trouve pas de différences vraiment sensibles à noter entre l'alcazar de Cordoue ou le pont reconstruit par Haxem au xe siècle, & les bains de Murcie, dont Ibrahim Iscandori jetait les fondements en 731.

Abdérame était tout puissant, ses trésors étaient immenses. Les grandes fabriques de ses villes faisaient affluer l'or dans ses coffres, aussi ne faut-il pas s'étonner si lui & ses successeurs ont fait germer du sol de l'Espagne ces délicates & luxueuses constructions dont nous admirons la grâce, la légèreté & la solidité. Il réparait les murailles de Séville en 843, fondait des mosquées dans toutes les villes. De 880 à 890, Haxem-ben-Abdo-y-Agiz & Suvar-ben-Hamdun, marchèrent sur ses traces. Grenade, Ubéda, Jaën & Cadix s'embellirent, & l'art faisait chaque jour de nouveaux pas. Abdérame II & son fils Al-Haquem donnent à l'architecture une impulsion plus grande encore.

En 960, ce dernier bâtit à Valence, à Grenade & à Murcie, ces aqueducs & ces canaux précieux d'arrosement, qui faisaient, de ces villes brûlées par le soleil de l'Andalousie, de frais jardins, & des végas qui les entourent, des terres d'une fécondité sans exemple. Les mosquées s'élevaient aussi nombreuses que les palais & les maisons. Que ne pouvons-nous décrire celles de Tolède & celle, plus admirable encore, des environs de Cordoue, à laquelle le souverain donnait le nom de son esclave favorite, Az-Zahra, c'est-à-dire fleur! Si l'exagération des chroniqueurs & des poètes arabes n'est pas allée trop loin dans les descriptions qu'ils ont laissées de ces œuvres de caprice, rien n'égalerait aujourd'hui en magnificence ce palais & cette mosquée, œuvre d'Abdullah-ben-Yunas, sous la direction duquel travaillait toute une colonie d'ouvriers, appelés, à grands frais, de Bagdad & de Constantinople. Les colonnes, les portes de bronze venaient d'Afrique & de Rome.

Malheureusement les luttes qui survinrent bientôt entre les races arabes ennemies, furent impitoyables pour les merveilles de l'art. On brûla d'abord, on rasa ensuite au niveau du sol. Moins d'un siècle avait vu s'élever & crouler ces éblouissants édifices. En changeant de maîtres, Cordoue avait perdu la plupart de ses monuments, & on chercherait vainement aujourd'hui la place & les vestiges du somptueux Az-Zahra.

Les Ommiades sont remplacés par les Almoravides; ceux-ci cèdent leur place aux Almohades, qui se concilient l'affection de leurs coréligionnaires par leur humeur pacifique & par leur amour de l'art.

Sous ces derniers, l'architecture arabe se dépouille tout-à-fait des traditions byzantines qu'elle a conservées, bien qu'altérées considérablement. Elle s'abandonne de plus en plus au luxe oriental qu'elle va étaler sur les rives du Jénil & du Douro, à l'Alhambra & au Généraliffe. C'est le développement naturel de l'architecture de l'école de Cordoue; c'est l'architecture arabe pure. Les Ommiades n'avaient été &

n'avaient pu être qu'imitateurs; les Almohades ont été créateurs. Sous eux, l'art arabe acquiert une réelle originalité; les monuments qu'ils élèvent, ont un caractère qui leur est propre. Les ornements sont plus compliqués qu'à l'époque antérieure. On trouve déjà les stucs mis en œuvre, dans le splendide Alhambra de Grenade. Les chapiteaux, tout en gardant leur ancienne forme, sont bien plus élégants & d'une exécution plus parfaite. Qu'on jette les yeux sur les colonnes qui ornent les fenêtres de la Giralda, & on jugera du chemin que l'art a parcouru. Les briques émaillées de diverses couleurs, produisent une sorte de mosaïque semblable aux ornements usités en Perse. Le stuc se moule en relief; les inscriptions arabes courent le long des murs & des arcades, & se mêlent aux figures capricieuses.

Aux arcs affectant la forme d'un fer-à-cheval, se joignent les ogives prolongées à leurs extrémités, comme on le voit à la porte du Soleil à Tolède. Cet usage de l'ogive devient général; la variété s'en accroît.

La principale, la grande innovation d'alors, c'est la construction des voûtes imitant les stalactites. C'est, à partir de ce moment, un des caractères distinctifs du style arabe.

L'architecte de l'alcazar de Séville en donne le premier l'exemple; mais, ces stalactites sont moins en relief que celles de l'Alhambra. Il faut rapporter à cette période la chapelle de Villaviciofa à Cordoue, la porte du Soleil à Tolède, les reftes de l'antique mofquée à la cathédrale de Séville, & la cour des Orangers, *Patio de los Naranjos*, promenade embaumée que protégent de leur ombre les hautes murailles de la fplendide cathédrale.

Nous ne fommes encore qu'à la fin du XI° fiècle. De cette époque datent l'églife du *Corpus Chrifti* de Ségovie, de Santiago à Tolède, les bains de la Cava, l'arc d'entrée de Sainte-Marie à Burgos, & la Giralda.

Cette Giralda, qu'on aperçoit de loin en remontant le finueux Guadalquivir, fut élevée, au XII° fiècle, par Al-Gever. Elle était primitivement couronnée de quatre grands globes de bronze. L'architecte Fernand Ruiz y ajouta plufieurs parties en 1568. La pierre & la brique entrent dans fa conftruction; de véritables & délicates dentelles couvrent les murailles percées de fenêtres dans le ftyle arabe. On peut monter à cheval jufqu'au fommet, au moyen de trente-cinq rampes difpofées avec art & fupportées par des voûtes maffives. Une plate-forme, où fe balancent de nombreufes cloches, jetant leur appel au vent, termine cette tour étrange, dont l'élévation eft de cent foixante-quatre pieds.

A la même époque, Grenade rivalifait d'opulence avec Séville & Cordoue, & Tolède, foumife à Alphonfe VI, s'embelliffait à fon tour. Parmi les principaux monuments de ce temps, on doit placer le palais bâti, en 1136, par Mohamed-ben-Saïd ; la chapelle qui s'érigeait à Séville, en 1172, sous Yusuf, & la mosquée qu'éleva en 1196 Yacub-al-Mansor. Amiro-y-Muménin bâtissait les murs & le château de Talavéra-de-la-Reina. Tolède pouvait aussi montrer sa mosquée.

Arrive le XIIIe siècle, & le progrès se fait sentir davantage. L'architecture arabe apparait dans toute sa beauté : élégance exquise des formes, fini précieux des détails. Rien de charmant comme ces constructions, divins caprices qu'un souffle semble devoir détruire & qui ont résisté aux siècles & aux efforts des hommes. Les broderies des murs se colorent; l'or, le bleu & le vermillon éblouissent & enchantent le regard. Les carreaux de faïence couvrent le sol & les murs jusqu'à une certaine hauteur. Les colonnes de marbre blanc sont d'une incomparable légèreté. Les arcs, les archivoltes, les murailles, tout est couvert de capricieux dessins creusés dans le stuc.

Les arcs ne reposent pas toujours sur les chapiteaux des colonnes, & dans les édifices où l'on a élevé deux étages d'arcades, les colonnes supérieures ne s'appuient pas sur les colonnes correspondantes inférieures.

Les voûtes arabes, au XIIIe siècle, sont de deux espèces : ou hémisphériques, ou en forme de pommes de pin. Comme à l'époque précédente, elles représentent des stalactites & surprennent par l'étonnante habileté de l'exécution. Le falon des Ambaſſadeurs à l'alcazar de Séville, les galeries au fond de la cour des Lions, la falle des Abencerages, celle des Infantes & celle des Deux-Sœurs à l'Alhambra, dont on ne peut trop admirer la voûte, font de prodigieuſes créations. Quelquefois les voûtes, comme on le remarque dans les deux galeries du nord & du fud qui communiquent avec la cour du baſſin, à l'Alhambra, font remplacées par des lambris. Dans ce genre, rien de plus éclatant que l'alcazar de Ségovie & de Saint-Antoine-le-Royal, dans la même ville.

Les monuments arabes de cette époque fi brillante font nombreux & célèbres. A ceux dont nous venons de parler & qui portent l'empreinte d'une fi rare perfection, ajoutons la fynagogue de Tolède de 1364; la porte du Soleil, un arc du palais de don Pèdre, l'églife de Sainte-Léocadie, le temple de Saint-Michel de Guadalajarra, les chapelles de Saint-Sauveur, de Saint-Jacques dans le monaſtère de Las Huelgas de Burgos, enfin la maiſon de la Monnaie & le Généraliffe à Grenade. Mentionnons encore, comme dignes de l'attention de l'archéologue & de l'amateur de l'art maureſque, les reſtes de la Aljaféria à Sarragoffe, l'églife de l'Hôpital du Roi à Burgos, la tour de Sainte-Marie de Illeſcas, la maiſon de Pilate à Séville. Les reſtes précieux qui couvrent en quelque forte le fol hiſpanique prouvent que les monuments que le temps nous a conservés, ne sont qu'une faible partie de ceux dont l'opulence des princes maures avait inondé la Péninsule.

Une réflexion qui se présente à l'esprit en visitant les œuvres de l'art mauresque, c'est l'absence, chez les architectes, de toute idée élevée. L'art arabe sollicite les sens; il est créé tout exprès pour satisfaire les jouissances matérielles, pour aider même à la propagation d'une religion qui admet comme légitimes les passions de l'homme, au lieu de tenter de les dompter; mais, il ne dit rien à l'âme. L'art gothique fait élever les regards pour chercher la divinité; il fait songer à une autre demeure meilleure. L'art mauresque rabaisse l'esprit & le fixe ici-bas; il ne dresse pas dans les airs ces flèches aiguës qui semblent, comme l'a dit un poète, montrer le ciel du doigt; il ne pose pas sur le sol ces masses énormes qui épouvantent; il ne s'occupe pas de la grandeur de l'œuvre; il cherche avant tout la grâce, la beauté, l'élégance des détails.

L'artiste chrétien du moyen-âge, dit M. Montlaur, à qui nous empruntons la plupart de nos observations, entasse les blocs de pierre les uns sur les autres, pour placer ensuite sur ces assises, inébranlables comme les flancs de la montagne d'où il les a tirées, les voûtes hardies de sa cathédrale. L'artiste musulman, lui, a des procédés étranges; il emploie des matériaux qui semblent devoir refuser la durée à son travail. Les murs des édifices mauresques ne sont, en effet, qu'un mélange de terre, de briques & de petites pierres; leur excessive épaisseur & la bonté du ciment ont pu seules leur donner la solidité qui les a maintenues debout à travers les onze siècles de leur existence.

L'architecture arabe avait atteint tout son éclat; elle déclina bientôt avec la puissance des émirs. Elle avait cependant parcouru sept siècles, laissé dans le monde des traces ineffaçables & couvert l'Espagne de monuments qui, encore aujourd'hui, bien que mutilés, font l'admiration de l'artiste & éclairent l'esprit de l'archéologue & de l'historien. L'art arabe a vécu, il a brillé, il est tombé; c'est le sort des choses de ce monde : l'une finit, l'autre commence.

CHAPITRE XVIII.

Architecture ogivale.

LA période architecturale que l'on désigne sous le nom d'architecture ogivale, a produit en Europe d'étonnants chefs-d'œuvre. On admire & on admirera toujours les grandioses cathédrales d'Allemagne, de France, élevées d'après les principes du nouveau genre d'architecture. En Espagne, quatre grands monuments, pour la monographie desquels il faudrait plusieurs volumes, montrent quel développement prodigieux cette architecture avait atteint dans la Péninsule. Ce sont les cathédrales de Tolède, de Séville, de Léon & de Burgos.

L'architecture ogivale régnait déjà en Allemagne & en France, lorsqu'elle pénétra en Espagne. La croisade prêchée par le pape Innocent III contre les Maures aida beaucoup à cette conquête artistique. Un grand nombre de chevaliers français & allemands conduits par le comte Robert à Tarragone, par Jaime d'Aragon à Valence, étaient suivis par des artistes qui s'étaient attachés à ces nobles & chevaleresques aventuriers; ils avaient hâte d'appliquer les nouvelles doctrines. Auſſi les cathédrales d'Avila & de Cuença, commencées, la première en 1091, la ſeconde ſous Alphonſe VIII, dans le goût byzantin, ſont terminées ſuivant les règles de l'architecture ogivale au commencement du XIIIe ſiècle.

Déjà, nous l'avons fait remarquer, vers la fin du XIIe ſiècle, l'ogive commençait à remplacer l'arc circulaire. Cette modification ſe remarque dans la collégiale de Toro, dans les cathédrales de Salamanque & de Zamora; le progrès dans l'art ſe fait ſentir partout, à cette époque. Il n'y a pas que le goût chrétien qui ſe transforme : le ſtyle arabe ſuit le même exemple. Ainſi, pendant que les cathédrales de Burgos, de Tolède & de Séville ſe dépouillent des règles des doctrines byzantines, dans les moſquées & les alcazars de Séville & de Grenade, on oubliait la ſévérité architecturale du temps des Ommiades, les formes importées de Conſtantinople, pour adopter les merveilleuſes broderies, les légères galeries & les ſtalactites. L'eſprit du ſiècle, eſprit de rénovation & de recherches, qui opérait cette transformation ſimultanée dans deux écoles oppoſées, avait fait accueillir avec empreſſement le ſtyle venu de l'autre côté des Pyrénées. A Tolède & à Burgos ſe déroule dans toute ſa grandeur le nouveau ſyſtème de conſtruction. L'arc ogival, qui n'entrait auparavant dans les édifices que comme ſimple accident, eſt déſormais l'élément fondamental de la nouvelle école.

C'est le principe générateur auquel sont subordonnées toutes les parties : les arcades, les fenêtres, l'édifice entier. Les piliers grandissent; les nefs s'élèvent; tous les membres du monument montent & s'allongent. Le système des lignes horizontales est remplacé par celui des lignes verticales; il ne reste rien des anciennes traditions. On remplace les murs pleins par des piliers, sur lesquels se placent les points d'appui; mais, pour obéir aux lois de l'équilibre, on est forcé de recourir aux contreforts & aux arcs-boutants, qui, lourds & massifs d'abord, se convertissent ensuite en un majestueux ornement. Dans cette architecture, qui partout remplace l'architecture du xe & du xie siècle, le point d'appui principal est hors de l'édifice. Les voûtes paraissent comme suspendues en l'air; mais, quelle magique légèreté! quelle grandiose élégance! Grâce à cet étonnant système de résistance, soutenus de distance en distance par des contreforts qui naissent & qui montent avec le pilier qu'ils étaient & dont ils semblent ne point faire partie, les murs ne supportent aucun poids; on peut, sans crainte, les percer de larges & hautes fenêtres, & amener des flots de lumière dans les nefs, étonnées d'être couvertes d'un ciel de pierre & fixées par des murailles sans rien perdre de l'éclat du grand jour.

Le règne de l'art ogival comprend une période de trois siècles. Pendant le premier siècle, le XIIIe, il se montre très sobre d'ornements; il les repousse même : il est sévère & simple; on peut cependant encore noter çà & là quelques restes du goût byzantin. Au XIVe siècle, son élégance augmente; mais il perd de sa pureté. A l'époque suivante, surtout dans la seconde moitié du XVe siècle, abusant de ses ressources infinies, il altère son type primitif : sa décadence a déjà commencé, c'est en vain qu'il s'efforce de la cacher par le luxe & l'éclat de son ornementation.

Au début du XIIIe siècle, il n'est pas rare de rencontrer les deux styles, ogival & byzantin, dans les mêmes édifices. On les trouve à Saint-Jean-d'Avila, élevé sous Alphonse-le-Sage, à la façade de la cathédrale de Tarragone, au monastère de Véruéla, à la cathédrale de Badajos, à l'église de Sainte-Marie de Cervera, qui sortirent des mains des artistes au moment où la nouvelle architecture commençait à être appliquée dans la Péninsule. Le plan est toujours le même : la croix latine, l'abside semi-circulaire ou polygonale, les trois nefs & le transsept souvent couronné d'une coupole, les balcons au-dessus des galeries latérales, la façade avec trois portails répondant aux trois nefs, de lourds arcs-boutants, de larges & splendides rosaces, de nombreuses statues aux flancs des portes : tel est ordinairement l'ensemble des cathédrales. Les proportions sont néanmoins mieux conservées; les édifices font devenus des maffes prodigieufes, mais avec des règles juftes & convenables. La cathédrale de Cuença a plus de trois cents pieds de long & cent quatre-vingts de large; celle de Léon en a trois cent huit; celle de Burgos, à peu près autant; celle de Tolède a quatre cent quatre pieds de long fur deux cent quatre de large. Mais, toutes ces dimenfions coloffales ne nuifent point à l'enfemble de l'édifice; au contraire, elles lui donnent un afpect de grandeur que n'avaient jamais eu les œuvres de l'art byzantin.

Indiquons, pour l'étude des artiftes, les monuments dans lefquels fe rencontrent les fignes de l'architecture ogivale pendant fa première phafe: les parties anciennes de la cathédrale de Léon, commencée en 1199; la cathédrale de Burgos, dont faint Ferdinand & l'évêque don Mauricio jetèrent les fondations en 1221; la façade del Nino à la cathédrale de Tolède, commencée en 1226, par l'architecte don Rodrigue; la plus grande partie de la cathédrale d'Avila, prefque entièrement élevée au XIIIe fiècle; la cathédrale de Cuença, fondée par Alphonfe VIII; la façade principale de la cathédrale de Tarragone, avec fa grande porte d'entrée & fa belle roface; l'arc de Sainte-Marie à Burgos; l'églife du couvent de Sainte-Claire, dans la même ville, probablement bâtie en 1218, & compofée de trois nefs; la cathédrale de Ségorbe, d'une févère phyfionomie, malgré de fâcheufes transformations; la cathédrale de Coria, celle de Badajos, fondée fous le règne d'Alphonfe X; l'églife de Notre-Dame-del-Carmen, à Barcelonne, qui date de 1287; plufieurs portions de la cathédrale de Valence, commencée en 1262, mais qui appartiennent principalement aux deux fiècles fuivants; enfin, l'églife de Sainte-Marie de Cervera. Voilà les principales œuvres de l'art ogival dans le XIIIe fiècle.

Mais, pendant cette période, l'infpiration & la foi avaient fait prendre à cet art tout fon effor en Allemagne & en France. Le XIVe fiècle arrive, & l'art ogival eft dans tout fon éclat & dans fon heure la plus brillante. En France, on élève la cathédrale de Reims; à Rouen, celle de Saint-Ouen; & les nefs des cathédrales d'Auxerre, de Toul & de Saint-Jacques de Dieppe s'élèvent en même temps. L'écho de conftructions pareilles ne pouvait refter fans retentiffement en Efpagne; la ferveur artiftique continue & s'augmente encore; chacun veut y contribuer d'une partie de fes biens, & les reffources particulières fe joignent aux libéralités royales.

Dans les cathédrales, on ajoute des chapelles le long des nefs latérales; les abfides font plus vaftes; l'exécution eft toujours plus favante; les contreforts fe diffimulent habilement fous les ornements qui leur font donnés; les colonnes font minces, fveltes, élancées, & fe groupent avec art. Les chapiteaux portent deux rangs de feuilles imitant la vigne, le figuier, les diverses plantes du pays. On y ajoute la représentation d'animaux étrangers. Les rosaces s'élargissent & sont dessinées avec une grâce exquise. Voilà les caractères qui marquent, qui précisent la seconde époque de l'art ogival & qui indiquent un progrès réel. Les édifices qui appartiennent à cette période brillante sont les cathédrales de Pampelune, de Sarragosse, de Valence, la tour de Saint-Félix, l'église du monastère de Valdebrun, fondée par Violante d'Aragon, en 1398; la cathédrale de Tortose, avec ses nefs élégantes, commencée en 1347; le cloître de celle de Vich, construit de 1318 à 1340; la cathédrale de Pampelune, bâtie en 1390, qui est, malgré sa simplicité, une des meilleures œuvres de don Ventura Rodriguez; celle de Palencia, commencée en 1321; celle de Murcie, finie en 1462. N'oublions pas la Seu de Sarragosse, presque finie en 1350, la cathédrale d'Oviédo, de 1388, avec un portique revêtu de remarquables sculptures, & sa tour, à laquelle les ouvriers mettaient la dernière main dans les premières années du XVIe siècle : peu d'églises en Espagne ont un plus beau caractère ; enfin, celle de Saint-Barthélemy de Logrono, que désigne à l'attention son curieux portail.

Dès le début du XVe siècle, grâce aux progrès de la civilisation, le goût de l'architecture se répand de plus en plus, & il serait facile de dresser une longue liste des rois, des princes & des *ricosomes* qui fondent des églises, des monastères & des palais. En 1405, Henri III bâtit le palais de Murcie; peu après, don Juan II relève l'alcazar de Ségovie; on lui doit aussi le château de Mirafloès & la restauration du couvent de Santa-Clara, à Toro. Dans le même temps, don Carlos III de Navarre (1419) bâtissait le fameux palais de Tafalla. Par ses ordres, Lopez-y-Andreo exécutait d'autres constructions à Tudéla; Alphonse V d'Aragon donnait à Sarragosse sa mairie (*casa de diputacion*), commencée en 1437, puis le couvent de Saint-Dominique à Valence. La reine dona Maria, sa femme, faisait élever la collégiale de Daroca. Aucun souverain espagnol ne protégea autant les arts que Ferdinand & Isabelle : on leur doit l'hôpital de Santiago, le couvent de Santa-Crux de Ségovie, celui de Saint-Thomas d'Avila, celui de Saint-Jean-des-Rois à Tolède, & le couvent de Santa-Engracia à Sarragosse.

Tous les grands veulent imiter les princes : Diégo Urtado de Mendoza, archevêque de Séville, don Alonzo de Zuniga, Inigo Lopez de Mendoza; ce dernier jette les premières assises de l'hôpital de Buitrago; don Juan Pacheco, marquis de Villana, construit à ses dépens, en 1472, le monastère del Perral; l'infant don Martin d'Aragon élève la chartreuse de Ségorbe; le connétable de Valesco construit la somptueuse chapelle, à Burgos, devant laquelle le voyageur s'arrête longtemps & admire; don Luis de Acuna, évêque de cette Eglise, fait bâtir la chapelle de la Conception.

L'art architectural est alors dans tout son éclat; mais cette pompe, ce luxe écrasant de détails cachent un germe de mort; bientôt arrive la décadence du style ogival. La forme pure, le caractère primitif se perdent noyés dans les flots d'ornements. Les principes qui ont donné naissance à l'art ogival & qui l'ont soutenu & développé, sont complètement oubliés & méconnus. Cet oubli des règles premières, ces nouvelles tendances qui seront une cause de décadence, sont surtout visibles à l'église du monastère de Saint-Jean à Burgos, dans la salle capitulaire du couvent de Saint-Dominique à Valence.

L'unité se perd insensiblement, & l'on fait, bizarre amalgame, éclectisme funeste, un emploi simultané des divers systèmes qui ont tour à tour prévalu aux époques précédentes. Cependant, quelle grâce, quelle aérienne légèreté, & comment ne pas admirer la hardiesse de l'artiste qui a découpé à jour les deux tours de la cathédrale de Burgos! On conserve encore les piliers en forme de faisceau du XIVe siècle, mais à côté s'en élèvent de toutes formes. Les chapiteaux, admirablement travaillés, se composent de feuilles de chêne, de vigne & de chardon sauvage. Les rosaces sont très délicates & très compliquées, bien qu'elles s'éloignent peu de celles de l'époque précédente, comme on peut s'en rendre compte dans la cathédrale d'Oviédo, dans Saint-Paul de Valladolid. C'est le règne du style flamboyant ; l'architecture gothique se meurt, mais, en mourant, elle laisse aux siècles à venir d'impérissables souvenirs, recommandés à l'admiration & à l'imitation de tous les artistes. Elle va faire place à un nouveau style, celui de la Renaissance, qui, apporté d'Italie, ce grand foyer de l'art, se répand dans toute l'Europe. Quelques hommes luttent cependant encore au nom de la tradition & des anciennes croyances qui ont enfanté les œuvres de trois siècles, mais leurs efforts sont vains. Alonzo Rodriguez & Antoine Egas, en élevant la cathédrale de Salamanque, en 1513 ; Juan Gil de Hontanon, en traçant le plan de celle de Ségovie, en 1522, s'efforcent de demeurer fidèles aux principes de l'art ogival. A Séville, on persiste, pendant le premier tiers du XVIe siècle, à suivre le plan primitif, mais ce sont là des protestations inutiles de la tradition contre l'esprit d'examen, de la foi contre l'incrédulité, & les dernières pulsations d'un style qui se meurt étouffé par la licence. Les novateurs sont à l'œuvre ; de toutes parts les idées nouvelles se font jour, &, du mélange des diverses écoles qui existaient alors, devait sortir la Renaissance. Elle paraît, & ses premiers pas, quoique timides encore, sont marqués dans plusieurs monuments du XVIe siècle, où les deux caractères d'architecture sont confondus, produisant des phénomènes qui n'existent pas ailleurs. La riche cathédrale de Léon présente ce singulier contraste : il choque les règles de l'art, mais il plait par sa singularité même & par ses piquants effets.

Arrêtons-nous un moment en face de cette grande époque, devant la Renaissance, qui a changé la face du monde, qui a fait dans l'art une révolution complète. Jusqu'ici, nous n'avons vu en Espagne que des architectes. Il y a cependant longtemps que l'influence du croissant a disparu, & nous venons de voir la statuaire prêter son utile concours à l'architecture pour embellir, pour orner, pour achever même les façades des cathédrales, produire les ornements délicats des rétables, des stalles, des chaires épiscopales, creuser les chapiteaux des colonnes. La statuaire était donc alors, dans la Péninsule, au niveau de l'architecture, &, au dire de plusieurs auteurs, les sculpteurs espagnols comptaient parmi eux de grands artistes, adoptant le fini & l'extrême détail, drapant avec exactitude & dessinant avec correction.

Dans un tel mouvement de l'art, la peinture ne pouvait rester en arrière; elle devait marcher de pair avec la statuaire & l'architecture. Tout porte à croire qu'elle n'était pas inconnue en Espagne dès les premières années du XIII° siècle. En 1291, Esteban Rodrigue est porté sur la liste civile du roi Sanche IV, à titre de peintre de la cour, &, quoique les œuvres de cet artiste ne soient pas arrivées jusqu'à nous, il est à présumer qu'elles étaient dignes de la faveur dont jouissait leur auteur. En 1382, au mois de mars, Césiles (Jean) s'engageait à peindre l'histoire des douze apôtres & quelques ornements, pour la somme de trois cents florins d'Aragon; Ferran Gonzalès, habile graveur sur bois, mourait en 1399. De 1446 à 1501, Rincon (Antonio), qu'on regarde comme le fondateur de l'école espagnole, recevait les bienfaits de Ferdinand-le-Catholique; il est le premier peintre espagnol qui ait abandonné le caractère gothique & qui ait donné de la rondeur & de la grâce au dessin. Vers la fin du xve siècle, Gallegos (Ferdinand), que l'on croit élève de Berruguète, imitait si bien le genre & le fini de son maître, qu'on ne pouvait discerner les œuvres de l'un de celles de l'autre. Salamanque possède, de ce peintre, une Sainte Vierge avec l'Enfant Jésus, entourés de saint André & de saint Christophe, véritable chef-d'œuvre; un Saint Michel, un Saint Antoine, une Epiphanie. Imitateur habile d'Albert Durer, ses œuvres se font remarquer par un dessin correct, une composition sage, un beau coloris & des figures bien posées.

Mais n'anticipons pas; nous voici arrivés à la deuxième époque de l'histoire politique d'Espagne, au règne de Ferdinand & d'Isabelle. Nous reprendrons, à peu près règne par règne, l'hiftoire des beaux-arts, car ils n'ont marché, dans la Péninfule comme ailleurs, qu'à mefure que les princes & les événements politiques leur ouvraient une route large & facile.

Avant de quitter le ftyle ogival, pour nous occuper bientôt de la Renaiffance, qu'il nous foit permis de préfenter une obfervation qui n'a échappé à aucun archéologue, & que nous fuggère le judicieux coup d'œil de l'abbé Pafcal fur l'art chrétien.

L'art architectural, qu'on eft convenu d'appeler gothique, a étendu fon influence prefque en même temps fur toute l'Europe. L'état de fplendeur & d'opulence où fe trouvait alors le chriftianifme, lui permit de donner à fes temples plus de grandeur & plus de majefté. Auffi, ce ftyle, que favorifait l'élan religieux, a-t-il fait des progrès rapides dans tout le domaine de la chrétienté.

Cependant, il eft à remarquer qu'il ne s'eft pas développé partout avec les mêmes caractères, & qu'il eft facile de diftinguer le gothique français du gothique allemand, efpagnol ou anglais. En Allemagne, & dans toutes les régions qui approchent du Nord, il eft plus chargé d'ornements qu'en France & en Angleterre, où la pureté & la fimplicité des lignes font fa plus grande beauté. En Efpagne, il tient du gigantefque, & il y eft tellement chargé d'ornements & de détails, que le fpectateur, ébloui, ne songe plus au caractère du monument, se figurant voir un nouvel ordre d'architecture propre à l'Espagne seule. La Péninsule, du reste, avait tout pour cela. L'architecture arabe l'avait dotée d'ornements d'un fini achevé; il ne s'agissait donc plus que de faire passer dans la pierre les détails d'ornementation que portait le stuc. Aussi, les architectes péninsulaires n'ont-ils pas manqué d'ajouter à leur œuvre ces délicates découpures, ces pyramides dentelées, ces clochetons percés à jour, qui font de leurs cathédrales de véritables objets dignes d'admiration, & l'on peut dire que leurs ornements de cette époque seraient le *nec plus ultrà* de l'art, si le bon goût résidait dans la multiplicité des ornements & des détails. Nous ne le pensons pas; nous croyons, au contraire, qu'un monument qui ne porte que le caractère que lui imprime son style, est bien plus beau, bien plus élégant que celui qui emprunte à des ordres étrangers des décorations qu'il ne comporte pas. Les architectes espagnols ont donc montré beaucoup de science & d'habileté en élevant les tours de leurs cathédrales, mais ils ont manqué de goût; il n'y a, du reste, en cela, rien d'étonnant. Les Espagnols avaient sous les yeux les monuments mauresques, qui n'étaient riches qu'en ornements; ils ont marché d'après ce modèle, ne pensant pas dénaturer un style en cherchant à l'embellir. Que de fois, depuis, on est tombé ailleurs dans la même erreur!

CHAPITRE XIX.

Suite de la monarchie chrétienne.

DEUXIEME EPOQUE

LE règne de Ferdinand-le-Catholique, vainqueur des Maures, dont la puissance est à jamais anéantie par la prise de Grenade, sert de transition de la première à la deuxième époque de l'histoire de la monarchie chrétienne d'Espagne, & de base à la grandeur que va atteindre cette monarchie, sous quelques-uns des successeurs de l'époux d'Isabelle.

Ferdinand & Isabelle n'avaient eu pour fruit de leur union qu'une fille nommée Jeanne, qui fut donnée en mariage à l'archiduc Philippe, fils de l'empereur Maximilien d'Autriche. L'archiduc, surnommé le Beau, plus ambitieux qu'amoureux, abandonna bientôt l'infortunée Jeanne, dont la raison fut vivement altérée de ce délaissement.

Ferdinand & Isabelle, trompés dans leur affection, changent leurs dispositions & font tout ce qu'ils peuvent pour empêcher Philippe d'exercer la puissance royale. Les grands d'Espagne, irrités contre Ferdinand, qui avait restreint leurs droits & leurs priviléges, se rangent du parti de Philippe, le déclarent régent pendant la démence de Jeanne & jusqu'à la majorité de son fils don Carlos, qu'ils proclament prince des Asturies.

Philippe, maître du sort de l'Espagne, la traite en pays conquis, & il se livre lui-même aux plaisirs de la débauche avec un tel excès, que son tombeau s'ouvre avant la majorité de son fils.

A sa mort, la nation espagnole se divise en deux partis : l'un veut pour régent l'empereur d'Autriche, tuteur du jeune prince, l'autre veut Ferdinand-le-Catholique, son grand-père, encore vivant. Ce dernier parti l'emporte, grâce aux efforts du cardinal Ximénès, & le libérateur de l'Espagne est de nouveau mis à la tête de ses destinées.

Ferdinand se hâte de réparer les maux que l'inconduite de son gendre avait occasionnés, &, aidé de son fidèle ministre, qu'on peut surnommer le Richelieu de l'Espagne, il ajoute à ses Etats Oran, en Afrique, & la Navarre, qu'Albret, son souverain, ne sait ni défendre ni reconquérir. Tant de grandeur & de puissance en Europe, à laquelle ajoutait encore la découverte du Nouveau-Monde, plongeaient Ferdinand dans la tristesse, quand il pensait que tout cela serait l'héritage d'un petit-fils qu'il avait pris en aversion. La pensée de l'en déshériter lui fit appeler dans son lit Germaine de Foix, à la place d'Isabelle, morte depuis le mariage de Jeanne; mais ce second hyménée accéléra sa fin, & son petit-fils don Carlos hérita, sans obstacle, de ses Etats & de ceux d'Isabelle.

Le règne de Ferdinand compterait au nombre des plus beaux d'Espagne, si les cruautés de l'Inquisition, la persécution des Juifs, l'expulsion des Maures, l'ingratitude dont il paya Gonzalve de Cordoue, qui lui avait donné la couronne de Naples, & le mépris qu'il témoigna à Christophe Colomb, qui avait mis l'Amérique à ses pieds, & à sa disposition des trésors immenses, ne faisaient retomber sur ce prince un blâme que ne peut effacer le souvenir de ses grandes & belles actions.

Nous avons déjà fait remarquer que Ferdinand & Isabelle aimèrent les arts & les protégèrent. Les monuments que l'Espagne doit à leur générosité & les faveurs dont fut comblé Rincon, gentilhomme & peintre de la chambre du roi, déposent du cas que faisaient ce prince castillan & sa noble épouse, des artistes & des beaux-arts, au développement desquels les empêchèrent sans doute de contribuer les chagrins domestiques qui empoisonnèrent les dernières années de leur existence. Il est présumable que, débarrassé désormais de la présence des Maures dans la Péninsule, & avec les ressources qu'allait produire à la caisse royale la possession du Nouveau-Monde, l'art aurait reçu de Ferdinand une impulsion proportionnée aux besoins de l'époque. Son titre de Catholique lui faisait un devoir de ne rien négliger pour élever en l'honneur de son Dieu des temples dignes de rivaliser avec ceux que les Arabes avaient laissés en l'honneur de Mahomet, & qu'on se contenta d'approprier aux besoins du culte du Christ.

CHAPITRE XX.

Croquis historique.

MAISON D'AUTRICHE.

CHARLES Ier, CHARLES-QUINT.

A la mort de Ferdinand, sa fille Jeanne vivait encore, & l'héritier du trône étant en Allemagne, une régence, composée du cardinal Ximénès & de l'archevêque de Sarragosse, avait été formée par le régent décédé.

A la nouvelle de la mort de son grand-père, Charles veut prendre en main les rênes de l'Etat. Il commence par arracher à Ximénès le titre de premier ministre qu'il donne à Adrien d'Utrecht. Ce changement de souverain amène le changement du personnel des premiers emplois, qui sont confiés à des Flamands, & la jalousie des seigneurs espagnols les porte bientôt à exprimer tout haut leur mécontentement. Le roi n'en tient aucun compte. Il se hâte de faire son entrée en Espagne & débarque à Villaviciosa, un des ports des Asturies. A son entrée, il trouve les cortès du royaume peu disposés en sa faveur. Ce qui met le comble à leur mécontentement, c'est l'acceptation que fait Charles du titre d'empereur d'Allemagne, que vient de lui donner la diète de l'Empire.

Cependant, le nouvel empereur n'est pas sans inquiétude. D'un côté, la rivalité de François Ier, les progrès du luthéranisme en Allemagne; de l'autre, la crainte d'une guerre avec la Turquie & la guerre civile qui désolait ses provinces d'Espagne, étaient de suffisants motifs d'insomnie. Son génie aplanit néanmoins tous les obstacles, & Charles se voit bientôt à la tête du plus puissant empire auquel une tête couronnée ait jamais commandé depuis les plus beaux jours de l'empire romain.

Après avoir vu ses armes triompher en Allemagne & en Italie contre ses rivaux, en Espagne contre ses propres sujets; après avoir eu en son pouvoir François Ier prisonnier à Madrid & l'empereur Montézume captif à Mexico, Charles se trouve un moment au plus haut point de gloire où puisse aspirer un souverain, &, pour comble de bonheur, la fortune veut encore l'unir à Isabelle, sœur de Jean III, roi de

Portugal, laquelle lui apporte en dot une beauté éclatante & des richesses considérables.

Enfin, après divers événements qui s'éloignent de notre but, dont le récit fatiguerait l'esprit sans l'éclairer, lesquels se trouvent, d'ailleurs, liés à l'histoire de François Ier & des princes contemporains de Charles, celui-ci, qui avait vu ses armes triompher en Afrique, en Allemagne, en Italie, en France & en Amérique, prend tout à coup la résolution de se démettre de la couronne de roi d'Espagne en faveur de son fils Philippe, & de celle d'empereur, qu'il cède à son frère Ferdinand, & de se retirer dans un monastère pour y attendre le sommeil de la mort. Le couvent de Saint-Just, près de Palencia, en Estramadure, est le lieu de sa retraite, & c'est là qu'il donne une dernière preuve de son caractère exalté, en voulant assister vivant aux cérémonies qui devaient avoir lieu à ses obsèques.

L'histoire a porté sur ce prince, le plus grand de l'Espagne, dont on a dit que le soleil ne cessait jamais d'éclairer les Etats, un jugement sévère qui, faisant ressortir les nobles qualités de son cœur, quand il s'y abandonnait, & les vices de son caractère orgueilleux, le montre néanmoins comme l'ami des arts & des sciences & comme le protecteur des talents qui florissaient sous son règne.

La Maison d'Autriche, dont Charles-Quint est le chef, occupe le trône d'Espagne pendant près de deux siècles, par cinq princes, dont nous allons exposer à grands traits le récit historique, pour nous étendre davantage ensuite sur les artistes qui ont fleuri en Espagne dans cette période.

PHILIPPE II.

A la mort de Charles-Quint, son fils Philippe réunit sous son sceptre l'Espagne, le royaume de Naples, la Sicile, Milan, les Pays-Bas, Oran, Tunis, le Mexique & le Pérou. Il était allié de Ferdinand, son oncle, empereur d'Allemagne, & il disposait des forces de l'Angleterre par l'influence de son épouse, la reine Marie.

Avec de tels éléments de force & de puissance, il aurait pu éclipser la gloire de son père & inscrire son nom à côté de celui des grands rois de l'Europe, s'il ne s'était pas trop attaché à extirper l'hérésie de Luther, & s'il avait su, en mettant des bornes à son ambition, commander à la fortune qui s'est montrée pour lui plus souvent nuisible que favorable.

Après plusieurs démêlés avec Henri II, roi de France, dans lesquels les armes de Philippe ne furent pas toujours heureuses, lesquels se terminèrent par le traité de Cateau-Cambrésis & le mariage du roi des Espagnes avec Isabelle, fille de Henri, Philippe vit s'accroître sa puissance par la victoire que remporta à Malte don Alvare de Sando sur l'armée turque, la bataille navale gagnée dans le golfe de Lépante par don Juan d'Autriche, la découverte, par Valesco, des îles Philippines, & la conquête du Portugal sur lequel il fit valoir ses droits à la mort du roi Sébastien. Que de richesses furent alors mises aux pieds de Philippe, fruit du sang de ses valeureux soldats & qui furent employées à répandre celui de ses sujets tombés dans les erreurs de l'hérésie! Les fleuves d'Espagne furent rougis du sang des Maures qu'on ne trouvait pas assez bigots, & la Flandre, la Hollande & tous les Pays-Bas se rappellent encore les horreurs que le duc d'Albe y commit, au nom d'un Dieu de paix, pour opérer la conversion des protestants.

Le retour de Henri IV à la religion catholique, en ouvrant à ce prince les portes de Paris, déjoua les projets ambitieux de Philippe qui s'était déclaré chef de la Ligue & qui tourna ses vues sur le trône d'Ecosse, dont le pape l'avait investi à la mort de l'infortunée Marie Stuart, & à la conquête duquel il fit marcher l'Invincible Armada, qui vint se briser, par une tempête, sur les côtes de France, où périrent cent vaisseaux, quarante millions & trente mille hommes. Cette catastrophe marqua le commencement de la décadence de la marine espagnole & la prééminence de celle d'Angleterre, qui se vengea par le pillage de Cadix.

Ce revers n'empêcha pas Philippe de bâtir de nouvelles villes, d'en embellir quelques-unes & d'élever des palais somptueux à Madrid, où se transporta la cour, de fonder des universités & des monastères, au nombre desquels se trouve celui de l'Escurial, la merveille de l'Espagne & du règne de ce prince, sous lequel brillèrent par leurs talents Herrera, dans l'architecture, Vélasquez, dans la peinture, Lopez de Véga, dans la poésie, Molina, dans la jurisprudence, Moralès, dans l'histoire, Antonio Augustin, dans les antiquités, & l'époque de Philippe éclipserait celle de Louis XIV, sans les horreurs de l'Inquisition qui faisait détester & le prince, qui la favorisait, & la Religion, au nom de laquelle on versait tant de sang. C'est à la fin de ce règne qu'il faut assigner la décadence de l'Espagne, aux possessions de laquelle l'Angleterre portait déjà des coups terribles en Amérique, tandis que la France se préparait à se venger, la Hollande à s'affranchir, & le Portugal à reprendre son indépendance.

PHILIPPE III.

Ce prince arrive au pouvoir avec un caractère faible, un tempérament indolent, indices trop certains de l'ascendant que va prendre l'Inquisition & de la chute de la puissance royale. Ce roi veut cependant aspirer à la gloire militaire, &, par son ordre, deux expéditions sont dirigées, l'une contre Alger, commandée par André Doria, l'autre contre l'Irlande, sous les ordres de don Juan d'Aguilar; mais, le ciel se charge de s'opposer aux succès de la première, par une tempête qui disperse la flotte; le manque d'appui des habitants de l'Irlande fait échouer la seconde, & les efforts que fait le généreux & vaillant Ambroise Spinola, ne peuvent retenir les Pays-Bas, qui avaient été donnés en dot à l'Infante Isabelle, épouse de l'archiduc Albert.

De tous côtés la monarchie espagnole croule, & les alliances qu'elle contracte avec la France ne peuvent arrêter la force des événements, que précipitent encore l'incapacité des ministres & la mort du roi, qui laisse à sa place un prince de seize ans.

PHILIPPE IV.

Le commencement du règne de ce prince semble démentir les funestes présages qu'avait fait naître le règne de son père. Son ministre Olivarès, après avoir perdu tous ceux qui avaient occupé sa place sous le règne précédent, s'attache à faire briller la Maison d'Autriche, dans la pensée d'écraser ainsi les ennemis de l'Espagne & de trouver, dans leur abaissement, le moyen de reprendre son ascendant & son influence. Les premiers pas de cette politique ont quelques succès. Les armes impériales volent victorieuses depuis la Haute-Saxe jusqu'aux montagnes de la Savoie & jusqu'aux bords du Rhin. L'Angleterre est humiliée par la défaite de son escadre devant Cadix, la Hollande intimidée par la prise de Bréda. La France voit le Languedoc dévasté & le prince de Condé repoussé sous les murs de Fontarabie. Les Grisons demandent le secours des Espagnols, & le duc de Parme grossit le nombre de leurs alliés. En Afrique, Cardena & Ménesès détruisent deux armées de Maures qui veulent s'emparer d'Oran & de Magazan, tandis que, en Amérique, l'escadre espagnole reprend le Brésil sur les Hollandais, & conquiert Guayaquil & Porto-Rico. Mais, tous ces succès éphémères, dus à un changement de ministère, cachent des vices dans l'administration & une pénurie des finances qui ne tardent pas à montrer la faiblesse du pouvoir. De tous côtés la nation se soulève. La Catalogne s'insurge, le Portugal s'affranchit, & cette couronne tombe sur la tête du duc de Bragance par les soins de sa femme, Louise de Gusman.

Le roi d'Espagne, voyant la Catalogne soumise à la France & la fausseté de la politique de son ministre, le remplace par don Luis de Haro, homme de plus de talent, mais qui ne peut s'opposer à la défaite de l'armée espagnole, à Rocroi, par le prince de Condé, ni à la destruction de sa flotte, devant

Carthagène, ni à la prise de plusieurs places, dans l'Estramadure, par les Portugais.

Les troubles d'Angleterre & ceux de la minorité de Louis XIV sont une occasion dont l'Espagne profite pour relever son influence au dehors & assurer la tranquillité au dedans. Après avoir guerroyé quelque temps encore, la France & l'Espagne s'unissent par le traité des Pyrénées & par le mariage de l'Infante Marie-Thérèse avec Louis XIV.

Pour obtenir cette paix, l'Espagne cède à la France le Roussillon, Conflans & une partie du comté d'Artois ; à l'Angleterre, Dunkerque & la Jamaïque. Elle tourne ensuite ses armes, libres au dehors, contre le Portugal, mais une défaite dans les plaines de Villaviciosa la fait renoncer à l'espoir de reprendre cette monarchie.

CHARLES II.

Le règne de ce prince, qui commence par une régence entraînant après elle tous les maux d'un gouvernement vilipendé, marche péniblement pendant toute sa durée, donnant parfois quelques signes d'énergie, mais laissant ses possessions extérieures se distraire de la couronne, tandis que la guerre civile ou l'esprit d'indépendance lui arrachent des concessions qui resserrent de plus en plus ses frontières.

Sous l'administration de la régence de la reine, le Portugal lance ses troupes sur l'Estramadure, la France sur les provinces de Flandre; les grands se soulèvent sous la protection de Juan d'Autriche; la Sicile s'insurge; l'isthme de Panama est pillé par des flibustiers; la bibliothèque de l'Escurial périt par un incendie.

Le gouvernement passe dans les mains du jeune prince. Il relègue sa mère dans un couvent de Tolède, envoie son ministre en exil aux Philippines, & le remplace par don Juan d'Autriche, qui, malgré ses efforts, ne peut réparer tant de désordres, qui s'augmentent encore par les concessions qu'exige Louis XIV à la paix de Riswick, malgré la générosité dont il use envers l'Espagne.

La mauvaise santé de Charles II, annonçant sa fin prochaine sans aucun héritier direct, avait déjà fait naître, chez plusieurs princes, la prétention de joindre les Espagnes à leur couronne, lorsque le roi, cédant aux sollicitations de l'archevêque de Tolède & des grands du royaume, signa un testament en faveur du duc d'Anjou, petit-fils de Louis XIV, faisant ainsi passer la couronne des Pélage dans la famille des Bourbons, qui la possèdent encore.

CHAPITRE XXI.

De l'art sous la Maison d'Autriche.

ARRETONS-NOUS ici, au moment où la Maison d'Autriche cède sa place à celle des Bourbons sur le trône des Espagnes, & jetons un regard en arrière pour voir ce que sont devenus les arts pendant cette période.

Les événements politiques nous ont conduits au XVIIe siècle, &, depuis plus de cent ans avant l'époque où nous en sommes, la Renaissance a fait son apparition dans le monde, modifiant, changeant, bouleversant & les idées & les systèmes.

A l'esprit religieux du moyen-âge succède l'esprit de libre examen; la foi profonde qui accepte sans discussion, est remplacée par le doute qui veut savoir & qui pèse dans sa main les vérités acceptées jusqu'alors. L'art gothique était l'expression des siècles d'ardeur & d'enthousiasme religieux; l'art de la Renaissance sera la traduction de la révolution profonde accomplie dans les mœurs & dans les idées.

Nous avons déjà indiqué quelques peintres qui se sont distingués en Espagne avant le règne de

Charles-Quint. Il nous refte à parler des artiftes qui se sont montrés sous ce prince & jusqu'au XVIIe siècle, au nombre de plus de quatre cents, appartenant aux diverses écoles de la Péninsule, nous réservant de ne parler que des plus remarquables, & de ceux dont les œuvres existent encore, ou qui ont eu une certaine célébrité.

Le XVe siècle voit une série d'artistes plus éminents les uns que les autres, mais tous d'un mérite réel, car le genre italien, qui plus tard forma la plus belle période des beaux-arts, n'avait pas encore pénétré dans la Péninsule; les artistes espagnols avaient donc encore à cette époque toute la gloire de leurs œuvres.

Le premier qui se présente sur la liste artistique, est Alfon (Jean), né à Tolède, où l'on conserve encore les reliquaires qu'il y peignit vers 1418. Viennent ensuite maître Louis, qui décora en grands tableaux d'histoire les galeries du monastère de Sainte-Marie de Naxéra; Annès (Jean), qui laissa quelques-unes de ses œuvres dans la cathédrale de Burgos; Ingles (maître Georges), qui peignit le grand maître-autel de Grenade, par l'ordre du marquis de Santillana; Sanchez, qui fit à Séville plusieurs grands tableaux pour les autels de ses églises; Gomez & Rodriguez, dont les œuvres ont péri;

Martel, qui peignit dans la cathédrale de Tolède ; Lopez, artiste distingué dans le genre gothique ; Comontez (Inigo), qui fit au pinceau l'histoire de Pilate, mais le temps ne l'a pas respectée ; Cruz, grand peintre d'histoire, émule & collaborateur de Pierre Berruguète ; Bécerril (Gonzalès), peintre d'histoire, élève & gendre de Berruguète, avec lequel il peignit divers tableaux pour le cloître de la cathédrale de Tolède ; Jean de Tolède, peintre d'histoire, un des plus renommés de son temps, dont on conserve avec respect les fragments des grands tableaux qu'il fit avec Jean de Bourgogne, son maître, pour l'église de Tolède ; Pérez de Villoldo, qui participa aux travaux de Jean de Tolède, son compagnon ; Diaz, peintre d'histoire, qui peignit les statues qui décorent la vieille porte du Pardon de la cathédrale de Séville, & les tableaux de la Madeleine, dans lesquels on remarque un dessin correct & un beau coloris ; Garcia & Jean-Rodrigue del Barco, deux frères qui donnèrent des preuves de leur talent en peignant à fresque les corridors du palais du duc d'Albe ; Berruguète (Pierre), sur les œuvres duquel les auteurs se taisent tous en le donnant pour peintre à Philippe Ier ; Carillo, que les biographies artistiques ne font que nommer, mais dont Berlin conserve une des œuvres signée de lui. La liste des peintres espagnols du xve siècle se termine par Espana (Jean), dit *l'Espagnol*, élève du

Pérugin & condisciple de Raphaël d'Urbin. Ce peintre est moins connu en Espagne qu'à Spolète, en Italie, où il laissa toutes ses œuvres marquées du cachet du plus grand mérite, & qu'on attribue souvent aux contemporains de Raphaël, au détriment de notre artiste espagnol.

Neuf peintres célèbres ouvrent la série du XVIe siècle des artistes espagnols.

Le premier en date de naissance, Louis de Vargas, natif de Séville, étudia en Italie & revint dans son pays, où il eut d'abord peu de succès; mais, étant retourné en Italie, il ne tarda pas à être rappelé dans sa patrie, où il exécuta beaucoup de fresques qu'on a laissées dépérir.

Paris possède de Vargas une Vierge & l'Enfant Jésus dans une gloire, & une Sainte Famille. On y remarque l'excellente entente des raccourcis, le dessin savant.

Quoique doué d'une grande gaîté de caractère, ce peintre ne s'en livrait pas moins à toute l'austérité de la pénitence, se couchant dans une bière & se couvrant de cilices.

Les meilleures œuvres de ce peintre sont restées dans la cathédrale de Séville. On y remarque principalement le tableau mystique de la Génération temporelle de Jésus, auquel on a donné le nom italien de *la Gamba*, à cause de l'admiration qu'éprouva un peintre fameux à cette époque, Mattéo Pérez d'Alésio, qui venait d'exposer un Saint Christophe, à la vue de la jambe d'Adam agenouillé au premier plan du tableau de Vargas, & qui lui dit avec enthousiasme : « *Più vale la tua gamba che tutto il mio San Cristoforo.* »

On raconte de ce peintre la réponse spirituelle pleine de finesse & d'à-propos qu'il fit à un méchant peintre qui lui demandait son opinion sur un Christ en croix qu'il venait d'achever : « C'est bien cela, dit Vargas, il semble s'écrier : Pardonnez-leur, mon Dieu, car ils ne savent ce qu'ils font. »

Pour achever de faire apprécier le talent de ce vieux maître, transcrivons ici l'opinion d'un juge compétent, éclairé, Cean Bermudez :

« Il n'y a rien de plus exact que ses contours, de plus grandiose que ses formes, ni de mieux entendu que ses raccourcis ; en cela, il a surpassé tout ce qu'ont fait depuis ses compatriotes. Si les tableaux sur bois de Vargas avaient autant d'air ambiant, autant de dégradation dans les lumières & les teintes qu'ils ont d'éclat dans le coloris, de beau plissé dans les étoffes, de noblesse dans les expressions & les attitudes, de grâce dans les têtes & les figures, de ponctuelle imitation de la nature dans les objets accessoires, il eût été le meilleur peintre de l'Espagne ; car les défauts qu'on lui reproche étaient très communs à son époque, & les plus grands artistes n'en ont pas été exempts. »

Le deuxième, Campana (Pédro), fut élève de Michel-Ange, travailla longtemps à Rome & à Séville, & vint mourir à Bruxelles.

Séville possède de lui une Purification & une Descente de croix; Berlin, une Vierge allaitant; Paris, la Vierge au pied de la Croix & une Madeleine.

Tous ces tableaux, peints sur bois, sont admirables de composition, de correction & de clair-obscur.

Son chef-d'œuvre est cette Descente de croix que l'on voit à l'église de Santa-Cruz de Séville, comparable à tout ce que l'Italie renferme de plus beau, & devant laquelle Murillo restait souvent en contemplation au point de s'y oublier. Un jour qu'il l'admirait encore après l'heure de la fermeture de l'église, un sacristain lui demanda quand il lui plairait de sortir. « J'attends, dit Murillo, sortant de son extase, que ces saints personnages aient achevé de descendre le corps de Notre-Seigneur. »

Le troisième artiste, Louis de Moralès, dit *el Divino*, né à Badajos, étudia à Valladolid & à Tolède. Appelé à la cour de Philippe II, Moralès s'y rendit en déployant un grand faste. Desservi par des envieux, le peintre reçut en même temps ses frais de voyage & l'ordre de retourner dans son pays.

Dès ce moment, la fortune abandonna ce grand homme, & le manque d'occupation le jeta dans une profonde misère. Le roi, paffant à Badajos en 1581, vit le malheureux artifte & lui dit : « — Tu es bien vieux, Moralès. — Oui, Sire, & très pauvre. » A cette réponfe, le roi lui accorda une penfion de trois cents ducats, dont l'artifte ne jouit que cinq ans.

Drefde possède de Moralès une Tête de Chrift; Paris, Jéfus-Chrift portant fa Croix, & plufieurs autres œuvres; Madrid, fon chef-d'œuvre, une Vierge des Douleurs, un double *Ecce homo*, une Circoncifion, une Tête de Chrift, la Vierge & l'Enfant Jéfus; Saint-Pétersbourg, une Tête de femme.

Rien ne manque aux œuvres de Moralès : deffin de la plus auftère correction, anatomie favante, dégradation parfaite des teintes, fini inimitable dans les barbes & les cheveux, qui ne font pas moins du plus bel effet; beaucoup d'énergie. Il excellait furtout à repréfenter fur les traits les paffions de l'âme. On peut dire que Moralès, qu'on a juftement furnommé *le Divin*, était le peintre du fentiment, de l'expreffion & du fini le plus parfait.

Les tableaux de ce maître, tous peints fur cuivre ou fur bois, font généralement très petits & très fimples; ils ne dépaffent guère, pour la dimenfion, une tête ou un bufte à mi-corps. Cependant, il a laiffé quelques compofitions plus vaftes; de ce nombre font les fix tableaux de la Paffion qui ornent l'église d'un bourg de l'Estramadure, Higuéra de Frégenal, & dont les personnages sont de corps entier; plusieurs autres que l'on conserve à Badajos. Le peu de tableaux de ce peintre que possède le musée de Madrid prouve leur rareté, quand on les veut authentiques.

Le quatrième par rang de date de naissance, quoique avec moins de mérite que son précédent & son suivant, est Vergara (Nicolas), dit *le Vieux*. On croit que cet artiste ne quitta jamais son pays, quoique ses œuvres se rapprochent des meilleures écoles d'Italie. Nommé peintre & sculpteur de la cathédrale de Tolède en 1542, il en peignit les vitraux avec l'aide de ses deux fils, Nicolas & Jean.

On admire son dessin plein de goût, ses accessoires délicats & ses belles formes.

Le cinquième de nos artistes est Coëllo (Alonzo-Sanchez), élève de Raphaël à Rome, & d'Antoine Moro, Hollandais établi en Espagne. Coëllo ne connut que les faveurs de la fortune. S'étant rendu en Portugal, il s'attacha au service de don Juan; à la mort de ce prince, il rentra en Espagne & passa aux ordres de dona Juana, sœur de Philippe II, & ensuite à ceux de ce dernier. En grande faveur à la cour d'Espagne, honoré de la bienveillance de plusieurs papes, des ducs de Florence, de Savoie, du cardinal Farnèse & de plusieurs autres grands personnages, il mourut à Madrid, après avoir fondé un hospice, & eut l'honneur d'être célébré par Lopez de Véga, qui fit son épitaphe.

Paris possède de Coëllo plusieurs tableaux; Vienne, un portrait de femme; Madrid, le portrait de don Carlos, le portrait d'Isabelle-Claire-Eugénie, plusieurs autres portraits & le Mariage de sainte Catherine.

On remarque, sur toutes ses œuvres, une belle expression, beaucoup de relief, un coloris dans le genre de celui du Titien. Ses portraits sont pleins de ressemblance & de vérité.

Le sixième est Pierre de Villégas Marmolejo, un des plus célèbres artistes de l'Andalousie.

Paris conserve de lui une Nativité, un Saint François, un Saint Sébastien, une Vierge & Jésus, & plusieurs autres œuvres qui se font remarquer par la correction du dessin, la noblesse de la composition, la majesté des attitudes, la beauté des raccourcis & de l'expression.

A son tour paraît sur la scène artistique Factor (Nicolas), à la fois religieux franciscain & peintre, qui, après avoir mérité de grands éloges sur la terre par ses vertus & ses talents, a obtenu, après sa mort, l'honneur de la béatification.

Les Vierges du pinceau de Factor se font remarquer par l'excellent deffin, mais on regrette qu'elles manquent de couleur.

Vient enfuite Bécerra (Gafpard), qu'on croit élève de Michel-Ange, qui travailla avec Vafari & qui rentra en Efpagne pour être aux gages de Philippe II, à titre de fculpteur & de peintre. Bécerra, après avoir travaillé à Grenade & dans plufieurs villes des Caftilles, s'appliqua à réformer le goût de fes compatriotes, furtout pour la fculpture, remplit les églifes de belles ftatues & mourut à Madrid.

Bécerra, à la fois peintre, fculpteur & architecte, fe faifait remarquer par le relief, le bon goût, la perfection du deffin & l'expreffion des têtes.

On conferve encore la cédule par laquelle Philippe II éleva Bécerra à la dignité de peintre de la cour, en vertu de laquelle & moyennant les appointements de fix cents ducats par an, ce peintre couvrit de frefques les grandes falles de l'alcazar de Madrid, du palais du Prado, où l'on peut encore en juger dans une pièce où l'artifte repréfente l'hiftoire de Médufe, Perfée & Andromède, & qui atteftent à quel degré de perfection il avait atteint.

Toutefois, Bécerra, comme Berruguète, fut plus grand fculpteur que grand peintre. Cean Bermudez n'héfite point à dire qu'il furpaffa en ce genre tous les artiftes efpagnols qui l'avaient précédé, & qu'il ne fut égalé par aucun de ceux qui le fuivirent.

C'est ici le moment de parler d'un des plus célèbres artistes de la Péninsule, de Berruguète (Alphonse), fils de Pierre, aussi peintre, sculpteur & architecte. Après avoir longtemps travaillé à Rome, à Florence, Berruguète revint dans son pays en 1520, & y exécuta de grands travaux que Charles-Quint ne crut pas trop payer par le titre de gentilhomme de la chambre, par les richesses dont il le combla pendant sa vie, & par les pompeuses funérailles qu'il lui fit faire après sa mort.

Ce peintre, d'une grande réputation, eut la gloire d'avoir, le premier, répandu dans son pays les grandes notions de l'art moderne qu'il avait puisées en Italie. Son dessin est plein de fierté, & sa manière de peindre était savante.

Cependant, il fut loin d'acquérir, dans cette dernière branche des beaux-arts, la célébrité qu'il mérita dans la sculpture. Il n'exerçait guère son talent de peintre que sur les rétables qu'il sculptait; aussi, son coup de pinceau était-il froid & sec, mais terminé & expressif. Du reste, la savante correction de son dessin, & la connaissance approfondie des procédés de la peinture à l'huile, encore, de son temps, peu répandue en Espagne, lui donnèrent une influence considérable & le placent, dans son pays, au premier rang des maîtres de l'art. Mais, c'est surtout dans la sculpture que Berruguète mérita les éloges de ses contemporains & l'admiration de la postérité. Les soixante siéges du chœur de la cathédrale de Tolède, & surtout celui de l'archevêque-primat, qu'il fit tout de marbre, & sur lequel il sculpta la Transfiguration de Notre-Seigneur, sont le chef-d'œuvre qui transmettra son nom aux siècles à venir, comme l'a imprimé à son siècle son architecture, qui portait, du reste, les beautés & les défauts de son époque : petitesse & confusion dans l'ensemble, grâce & délicatesse dans les détails.

Joanès (Vincent), dit *Juan de Joanès*, égala en mérite ses plus célèbres contemporains, fut chef de l'école de Valence, d'où sortirent des artistes renommés. Les œuvres de Joanès attestent qu'il vit l'Italie & que, sans avoir été élève du divin Raphaël, il en étudia sérieusement les chefs-d'œuvre & les imita. De retour de Rome, Joanès se fixa à Valence, & sa maison devint une véritable académie.

Valence conserve de cet artiste une Tête de Christ; Paris, plusieurs tableaux; Madrid, une Visitation, le Martyre de sainte Agnès, le Couronnement de Notre-Seigneur, le Divin Sauveur, un *Ecce homo*, Jésus-Christ sur la croix, le portrait de don Louis de Castelvy, Saint Etienne conduit au martyre, le Martyre de ce saint & son Enterrement, la Cène, véritable chef-d'œuvre, Jésus-Christ au Jardin des Oliviers, une Descente de croix, l'Institution de l'Eucharistie, Melchisédech, Aaron, Saint Etienne annonçant l'Evangile, & un sujet mystique, sans doute, sa *Puris-sima Concepcion*, qu'il exécuta, dit-on, d'après une vision de la Sainte Vierge par le jésuite Martin Alberro, confesseur de l'artiste. Cette œuvre, dans laquelle Marie est peinte avec une tunique blanche, un manteau d'azur, le croissant sous ses pieds, &, au-dessus de sa tête, les trois personnages de la sainte Trinité s'unissant pour orner son front immaculé du céleste diadème, est peut-être une des compositions, en ce genre, qui méritent le plus d'éloges & qui échappent à ces critiques bien fondées que méritent une foule de Conceptions immaculées si mal conçues dans la tête de leurs auteurs.

Toutes ces œuvres accusent un pinceau réservé, d'une énergie tempérée par un dessin pur & sévère, des raccourcis savants, des draperies larges, un style noble, un beau coloris, mais une exécution timide. Les figures, les cheveux & les barbes en sont terminés avec soin; ses Têtes de Christ sont d'une douceur entraînante.

Navarette (Jean-Fernandez), dit *el Mudo* (le Muet), est un de ces hommes que la nature se plaît à disgracier, mais qu'elle dédommage par des qualités éminentes. A peine âgé de trois ans, une maladie priva Navarette de la parole & de l'ouïe; mais son grand talent de peintre se révéla bientôt. Envoyé en Italie, il visita Rome, Naples, Florence,

Milan, Venise, fréquenta les ateliers des maîtres les plus renommés, & devint élève assidu du Titien. Revenu en Espagne après vingt ans d'absence, il fut appelé par Philippe II, qui le nomma son peintre, & il exécuta des travaux remarquables. Malgré son infirmité, Navarette apprit à lire, à écrire, à jouer aux cartes, & posséda une instruction peu commune en histoire & en mythologie.

Paris conserve de ce peintre une Flagellation; Madrid, un Baptême de Jésus-Christ, un Saint Paul, un Saint Pierre apôtre, une Assomption, le Martyre de saint Jacques, un Saint Jérôme au désert, une Nativité de Jésus-Christ.

Navarette excellait dans le dessin & le coloris; son ordonnance est belle & grandiose, son expression est remarquable. Il imita toujours & si bien la manière de son maître, qu'il mérita, à tous égards, le surnom de Titien espagnol.

Il est infiniment regrettable pour l'art que la plupart des œuvres de ce peintre soient presque inconnues au public. Philippe II, l'ayant fait venir d'Italie expressément pour lui & pour orner son palais de l'Escurial, toutes les plus belles pages du Mudo sont renfermées dans ce palais, & on ne peut en avoir une idée que par l'admiration qu'elles provoquent aux heureux visiteurs auxquels il est permis de les contempler, dans ce Versailles monacal des souverains des Espagnes. Le musée de Madrid n'a pu obtenir que le petit tableau du Baptême du Chrift, qu'il apporta d'Italie comme un fpécimen de fon talent. Il eft donc bien difficile d'apprécier le mérite de ce peintre par cette feule toile; mais, à défaut de fes œuvres, on peut en juger par l'éloge qu'a fait de l'auteur le grand Lopez de Véga:

>No quifo el cielo que hablafe,
>Porque con mi entendimiento
>Diefe mayor fentimiento
>A las cofas que pintafe;
>Y tanta vida les di
>Con el pincel fingular,
>Che como no pude hablar,
>Hice que hablafen por mi.

Voici un peintre qui n'a pas garni les mufées de fes œuvres, mais qui n'en mérite pas moins une mention particulière par les rares connaiffances qu'il poffédait en peinture & en architecture; nous parlons de Philippe II, roi d'Efpagne, qui, s'il ne cultiva pas les arts, du moins les protégea, les encouragea & contribua puiffamment à l'éclat qu'ils jetèrent fous fon règne, malgré les horreurs de l'Inquifition.

Paul de Cefpédès, peintre, fculpteur, architecte & érudit, un des noms illuftres de l'Efpagne, fut guidé dans la peinture par un des élèves de Michel-Ange dont le nom eft refté inconnu, & il alla deux fois à Rome, où il fe perfectionna dans fon art. De retour à Cordoue, il y reçut le furnom de Raphaël efpagnol, & fut nommé chanoine du chapitre de la cathédrale. Cefpédès mourut dans un âge avancé.

Cordoue poffède de ce peintre une Cène; Madrid, une Affomption; Paris, fon portrait; mais, par une fatalité déplorable, la plupart des œuvres de Cefpédès ont difparu, fans que l'on fache comment.

Ce peintre était grand imitateur du Corrége & un des meilleurs coloriftes de l'Efpagne. Son deffin était ferme & élégant; il avait une grande intelligence de l'anatomie, une expreffion vraie, & une excellente entente du clair-obfcur. Cefpédès a laiffé de très bons ouvrages fur la peinture, fur les antiquités & fur d'autres matières.

Si la majeure partie des œuvres en peinture de Cefpédès ont difparu, fa réputation d'artifte eft reftée à fon pays, & le cas que font de lui fes biographes, nous le donne comme un peintre de premier ordre, qui eût même furpaffé les plus grands maitres, fi, au lieu d'être lié d'amitié avec Frédérico Zucchéri, il eût pu l'être avec Raphaël.

La Cène que l'on voit de lui à Cordoue, digne de foutenir le parallèle avec celle de Léonard de Vinci, eft remarquable furtout par la belle ordonnance du fujet, par la puiffante expreffion des têtes, la fainte affection des apôtres, la beauté tout angélique du Chrift, la fordide perfidie de Judas. On rapporte que lorfqu'elle fut expofée, pour la première fois, aux regards du public, dans l'atelier du peintre, l'admiration de la foule se porta tout d'abord sur un vase à rafraîchir le vin, qui se trouve au premier plan. Piqué d'une attention si puérile, Cespédès appela son valet & lui ordonna d'effacer ce vase, afin qu'on portât l'attention sur tant de personnages, tant de figures, tant de poses qu'il avait exécutés avec tant de soin & d'étude, au lieu de s'attacher à de si faibles détails.

Théotocopuli (Dominique), dit *el Greco*, fut élève ou condisciple du Titien, en Italie, où il reçut son surnom. Etabli d'abord à Tolède, Théotocopuli fut bientôt appelé à Madrid par Philippe II, pour travailler à l'Escurial : il y soutint dignement l'honneur de l'art, protégea tous les jeunes artistes & forma des élèves qui lui furent supérieurs. Cet artiste, à la fois peintre, sculpteur & architecte, mourut dans un âge avancé.

Paris possède de lui plusieurs tableaux; Vienne, un portrait d'homme signé; Madrid, Jésus-Christ mort, Don Rodrigue Vasquez, président de Castille, plusieurs portraits, un Saint Bernard & une Assomption; l'Angleterre, le portrait de sa fille & celui du grand sculpteur Pompeyo Léoni, provenant tous deux de l'ancien musée espagnol formé par le roi Louis-Philippe.

Le premier tableau que ce peintre fit en Espagne,

le Partage des vêtements de Jésus, est tout à fait dans la belle manière du Titien; mais il adopta ensuite un style fantastique, un coloris grisâtre, blafard, qui métamorphose les personnages en fantômes; il lui reste néanmoins toujours un pinceau ferme, un empâtement plein de science & de vigueur.

Ribalta (François) étudia d'abord à Valence, &, de même que Quentin Metzys, l'amour en fit un grand artiste. Il travailla plusieurs années en Italie pour mériter la main de la fille de son maître de Valence, où il vint s'établir & où il composa ses beaux tableaux.

Paris possède de lui plusieurs œuvres; Saint-Pétersbourg, Sainte Catherine délivrée par un Ange, la Rencontre d'Anne & de Joachim.

Tous ces tableaux, qu'on attribue aux Ribalta, sans spécifier s'ils sont du père ou du fils, accusent un dessin sévère, des figures nobles & grandioses, une composition facile, une grande science anatomique, un coloris parfois un peu rude, mais le plus souvent bien empâté & sans manière.

En même temps que Ribalta, paraît Jean de la Cruz, dit *Pantoja de la Cruz*, élève de Sanchez Coëllo. La vocation de peintre se révéla de bonne heure dans Jean de la Cruz. Persuadé que l'Italie seule pouvait lui communiquer le talent auquel il aspirait, notre artiste partit pour Rome, où il se perfectionna; mais il fut bientôt appelé à la cour de Philippe II, qui le protégea.

Munich conserve de ce peintre le portrait de l'archiduc Albert d'Autriche & celui de l'Infante Isabelle; Madrid, le portrait de dona Maria, première femme de Philippe IV, la Naissance de la Vierge, la Naissance de Jésus-Christ, le portrait de Marguerite d'Autriche, femme de Philippe II, celui de ce prince, ceux de Charles Ier, de dona Juana, Infante de Castille, de l'empereur Charles-Quint; Paris possède aussi plusieurs portraits de ce peintre, qui se fait remarquer par la pureté du dessin, la grâce & l'expression des figures, la vérité dans les chairs.

Jean de la Cruz égala son maître dans toutes ses qualités, le surpassa même pour la délicatesse du fini.

Jean de Las Roelas, dit *le clerc Roelas*, étudia en Italie d'après les meilleurs maîtres, séjourna à la cour de Madrid, revint à Séville & fut nommé chanoine à Olivarès, où il mourut emportant la réputation d'un des plus grands peintres de l'Espagne.

Paris possède de lui plusieurs tableaux; Madrid, Moïse faisant sortir l'eau du rocher, Saint Jacques secourant les chrétiens à la bataille de Clavijo, & la Mort de saint Isidore.

Les œuvres de ce peintre se font remarquer par un dessin sévère, une composition bien entendue, une expression douce, des formes & des caractères grandioses, une nature majestueuse, de beaux raccourcis, une vérité entrainante, & elles peuvent sans crainte soutenir la comparaison avec les beaux ouvrages du Titien & du Tintoret.

Mais l'œuvre capitale de Roelas est, sans contredit, le tableau qu'il fit pour le maître-autel de San-Isidoro de Séville, qui représente la mort de cet ancien archevêque de cette ville. Cette vaste composition, qui couvre le rétable tout entier, se divise en deux parties bien distinctes. L'une, dans le ciel, occupe le haut du tableau : Jésus & sa Mère apparaissent sur des trônes de nuages, portant des couronnes à la main, & entourés d'un cortége d'anges & de chérubins, dont les uns exécutent un chœur céleste, tandis que les autres répandent des fleurs sur la scène qui se passe au-dessous d'eux & qui forme la seconde partie. Là, au centre du temple & sur le pavé de marbre, gît le saint évêque, la tête penchée, les mains jointes, les yeux élevés au ciel, prêt à rendre son âme au Créateur ; des diacres le soutiennent avec respect, & le clergé l'entoure plein d'une religieuse tristesse. Ce tableau, dont la composition a été tant de fois imitée par l'école de Séville, n'est pas seulement remarquable dans toutes ses parties, le beau caractère des têtes, les expressions puissantes, le coloris vigoureux, austère & parfaitement approprié au sujet ; il l'est surtout dans son ensemble plein de grandeur & où règne une majestueuse simplicité.

Herrera (François), *le Vieux*, fut élève de Louis Fernandez, de Séville. Il était d'une telle rudesse de caractère, qu'aucun de ses élèves ne put rester chez lui. Ses enfants mêmes ne purent habiter avec lui. L'un d'eux, lui ayant enlevé son argent, s'enfuit à Rome, & sa fille se fit religieuse.

S'exerçant à graver sur le bronze, Herrera fut accusé du crime de faux-monnayeur & dut se réfugier dans un couvent de Séville. Philippe IV, ayant reçu de lui un ouvrage admirable, lui accorda sa grâce & l'appela à Madrid, où il jouit d'un grand crédit.

Séville possède de lui une Consécration; Paris, plusieurs tableaux; l'Angleterre, un Saint Pierre qui faisait autrefois partie du musée espagnol formé par Louis-Philippe.

Ce peintre avait une manière large, un style original, une anatomie savante, un dessin très correct, une composition remarquable, des figures habilement contrastées, des teintes harmonieuses, un coloris magique, une expression profondément philosophique & parfaitement belle.

La seule toile que l'on ait de Herrera, par laquelle il mérite le nom d'artiste, est sa vaste composition du Jugement dernier, qu'il fit pour San-Bernardo de

Séville. Tous les talents du grand maître s'y trouvent : connaissance de l'anatomie & du corps humain, correction du dessin, vigueur du coloris, science d'arrangement, symétrie des groupes, contraste des figures, accord des tons, harmonie des demi-teintes, rien ne manque à cette composition magnifique, où l'on admire la *gloire* que forme le souverain Juge entouré des apôtres, la beauté mâle & svelte de l'archange saint Michel, enfin l'heureuse opposition entre les réprouvés qui, vus par derrière, cachent leur tourment & leur confusion, & les élus, dont les visages radieux expriment la reconnaissance, l'amour & le bonheur.

Caxès, Caxési ou Caxète (Eugène), fils de Patrice, fut élève de son père. Le roi l'appela à l'honneur d'être son peintre en 1612, & il est considéré par l'école espagnole comme un de ses meilleurs professeurs.

Paris conserve de lui un Saint Ildefonse; Madrid, un Débarquement des Anglais à Cadix, le Jugement de Salomon, la Vie d'Agamemnon, une Madone.

Son dessin est plein de pureté, de grâce & de correction; son coloris est harmonieux.

Nous pourrions nous arrêter aux détails que nous venons de fournir sur les sommités artistiques du XVIe siècle, mais nous avons pris à tâche de recueillir tous les documents qui fe préfenteront fur ce fujet, & nous allons expofer quelques-uns des peintres efpagnols qui, pour n'être qu'au fecond rang, n'en méritent pas moins une place diftinguée.

Le premier eft Campo (Jean), élève de François de Comontès, mort en Amérique en 1557.

Viennent enfuite, en fuivant leur ordre de naiffance :

Borras (le Père Nicolas), peintre & prêtre, qui laiffa, en mourant, le cloître de Gandie, comme preuve de fon talent, littéralement rempli de fes plus beaux tableaux. Elève de Vincent Joanès, il peignit exactement à la manière de fon maître.

Carbajal ou Carabajal (Louis de), élève de Jean de Villoldo, fut peintre de Philippe II & exécuta pour ce prince d'importants travaux.
Madrid poffède de lui une Madeleine pénitente; Saint-Péterfbourg, une Circoncifion.
Son deffin était pur, fes têtes étaient expreffives, mais on lui reproche un peu de timidité dans la compofition & dans le coloris.

Onate (Michel), élève de Moro, peintre hollandais qui habitait alors Madrid, fuivit fon maître en Portugal & l'accompagna de nouveau à Madrid.

Ce peintre acquit une fortune confidérable. Sa manière était exacte & finie; il était très célèbre dans fon genre.

Borrofo (Michel), élève de Bécerra, nommé peintre de Philippe II en 1589, était un des hommes les plus inftruits de fon temps.

Plufieurs tableaux de ce peintre, qui fut grand imitateur du ftyle du Corrége, ornent le palais de l'Efcurial. On lui reproche le manque de vigueur & une fauffe entente du clair-obfcur.

Nicolas de Vergara remplaça fon père comme peintre & fculpteur de la cathédrale de Tolède, & travailla pendant quarante ans aux vitraux de ce monument. Ami intime de Navarette-el-Mudo, qui mourut dans fes bras, Vergara fe diftingua dans la peinture fur verre, la fculpture & l'architecture.

Jordan (Etienne), que les uns font élève de Berruguète, à Valladolid, & que d'autres fuppofent avoir étudié en Italie, fut un bon peintre, un célèbre fculpteur & architecte.

Galindez, ou le Père Martin, élève du Frère Vincent de Santo-Domingo, religieux qui avait quelque réputation, fe fit chartreux & continua de cultiver les arts.

On lui accorde une manière correcte & naturelle, beaucoup de connaissances en mécanisme & de grands talents dans la sculpture.

Jean de Iciar fut un amateur distingué des beaux-arts.

On a de lui un ouvrage très rare & très estimé, *Ortografia practica ú arte de escribir.*

Mingot (Théodose) alla se perfectionner en Italie, travailla ensuite au palais du Prado, à Madrid, & manifesta son talent par un dessin correct, une anatomie savante & un bel empâtement.

Vasco (Fernandez), dit *grand Vasco*, est cité comme le plus grand peintre du Portugal, où il laissa la majeure partie de ses tableaux, mais on s'accorde à dire qu'on lui en attribue plus qu'il n'en a peint.

Gaudin (le Père Louis-Pascal) entra d'abord dans l'ordre des Chartreux, parcourut l'Espagne, & il était sur le point de se rendre à Rome, où le pape l'avait appelé, lorsqu'il mourut.

On prête à ce peintre une manière correcte & intelligente, une bonne composition, une perspective satisfaisante, des caractères nobles, mais on blâme la dureté de son style.

Paul de Las Roelas, élève du Titien, était considéré comme un excellent peintre, que l'on confond quelquefois avec son homonyme, dont nous avons précédemment parlé.

Polo (Jacques), *le Vieux*, fut élève de Patrice Caxès, à Madrid.

On lui accorde un bon coloris.

Mohédano (Antoine), élève de Paul de Cespédès, travailla à Séville, à Cordoue, se retira à Lucéna vers la fin de sa vie, & y mourut. Pachéco, son ami intime, fait de Mohédano un des plus grands fresquistes de l'Andalousie.

Séville & Cordoue possèdent de ses œuvres.

On lui attribue une composition heureuse, un dessin correct, des groupes habilement contrastés, de beaux caractères de têtes & des formes grandioses.

Sanchez Cotan (le Frère Jean), élève de Blas del Prado, à Tolède, se fit chartreux, séjourna à Grenade, où il mourut, laissant des regrets pour ses vertus & ses talents.

Il avait un dessin pur, un coloris doux & harmonieux, & des poses tranquilles. Ses plus belles œuvres sont des tableaux de fleurs & de fruits.

Rodrigue de Espinosa apprit les éléments de son art à Valladolid, s'établit à Valence & y mourut.

Cette dernière ville conserve de lui un Saint Sébastien, un Saint Roch, un Saint Laurent & un Saint Hippolyte.

On lui donne la réputation d'un peintre de mérite.

Coëllo (dona Isabelle), fille de Sanchez, fut élève de son père & citée comme une femme accomplie pour son esprit, ses talents en musique & ses connaissances variées. Elle acquit dans le portrait une réputation méritée.

Jean de Chirinos fut élève du Gréco & un bon professeur.

Gonzalès (Barthélemy), élève de Patrice Caxès, fut protégé par Philippe III, pour lequel il voyagea en Espagne, & qui le nomma son peintre en 1617.

Ce peintre, qui réussissait très bien dans le portrait, avait un dessin correct, un coloris agréable, une composition simple & bien ordonnée. Tous ses accessoires sont parfaitement traités.

Augustin del Castillo (Frère Jean), élève de Louis Fernandez, s'établit à Cordoue. Le temps a détruit la plupart des ouvrages de cet artiste éminent, &

d'ignorantes retouches permettent à peine de juger de ce qui refte.

Cordoue poffède de Caftillo une Conception & des frefques; Paris, un Saint François en extafe, & Cadix, une Adoration des Mages.

Cet artifte peignait le plus fouvent à frefque.

Jauregui d'Aguilar, né à Tolède, était chevalier de Calatrava & écuyer de la reine Elifabeth de Bourbon, femme de Philippe IV. Cet artifte vifita Rome, fit le portrait de Cervantès & compofa fur fon art un ouvrage en vers qui lui fit beaucoup d'honneur.

Madrid poffède de lui un Narciffe & une Vénus fortant du bain.

Ces œuvres accufent un deffin correct, une compofition favante, un génie plein de goût, un ftyle florentin; il excellait principalement dans le portrait.

Pierre de Las Cuevas, né à Madrid, forma de nombreux & bons artiftes; mais le chagrin de n'avoir pas été nommé peintre du roi à la mort de Barthélemy Gonzalès, le conduifit au tombeau.

Saint-Péterfbourg poffède de lui une Adoration de Jéfus-Chrift, qui fe fait remarquer par la fermeté du deffin.

Mayno (le Père Jean-Baptifte), élève du Gréco, jouiffait d'un grand crédit à Tolède; il fe fit dominicain & fut choisi pour donner des leçons de son art à Philippe IV, qui, devenu roi, le nomma directeur de toutes les œuvres d'art de l'Espagne.

Madrid possède du Père Mayno une Allégorie & un portrait d'homme ; Saint-Pétersbourg, une Adoration des Bergers.

La manière de ce peintre était vénitienne ; ses figures étaient gracieuses & ses attitudes aimables.

Péreyra (Diégo), né en Portugal, est un des peintres les plus distingués en son genre, mais aussi un des plus malheureux, qui serait mort de misère si un seigneur ne l'eût recueilli. Après sa mort, ses ouvrages furent tellement recherchés qu'on s'en disputait la possession.

Il excellait principalement à représenter des incendies, des tours brûlées, des purgatoires, des enfers. Ses paysages étaient peints avec esprit, & ornés de petites figures d'un excellent goût : plusieurs d'entre eux sont dans le genre de ceux de Téniers.

Pachéco (François), que nous mettons au nombre des peintres du second ordre, mériterait cependant le premier rang. Ce peintre, élève de Fernandez-le-Vieux, se rendit à Madrid en 1611, revint à Séville & y ouvrit une école d'où sortirent Alonzo Cano & Vélasquez : c'est en peu de mots faire l'éloge de

Pachéco. Sa maison était le rendez-vous de toutes les célébrités de son pays. On a de lui un grand nombre de portraits & un ouvrage fort remarquable sur la peinture & sur ceux qui l'ont exercée.

Paris a de Pachéco plusieurs œuvres; Madrid, un Saint Jean-Baptiste, une Sainte Catherine & une Sainte Inès.

Le dessin de ce peintre est correct, son style est pur & noble, ses attitudes sont naturelles, sa perspective & son clair-obscur sont savants, son coloris est médiocre, & son exécution peu facile. A l'honneur d'être surnommé le peintre de la science & de l'enseignement, Pachéco réunit celui d'être poète de quelque talent.

Lopez Madéra (don Grégoire) remplit un grand nombre de charges importantes; il ne figure donc ici que comme amateur éclairé des arts, qu'il cultiva avec succès.

Philippe de Liano, élève d'Alonzo-Sanchez Coëllo, ami du célèbre Lopez de Véga, visita l'Italie & mérita, par son beau coloris, le surnom de *petit Titien*.

Son dessin était exact; la ressemblance de ses personnages était parfaite.

Véra (le Père Christophe de), fut élève de Paul de Cespédès; il se fit hiéronymite en 1602, & mourut d'excès de travail.

Philippe III, roi d'Espagne, imita son père dans son goût pour les arts; il s'y donna avec zèle, & y réussit assez bien.

On conserve avec soin plusieurs dessins de ce prince.

Alphonse de Herrera exécuta des travaux remarquables pour l'église de Villa-Castin.

Son dessin & son coloris ne laissaient rien à désirer.

Léonardo (le Père Augustin) embrassa l'état religieux dans l'ordre de la Merci, étudia la peinture avec ardeur, décora le couvent de Notre-Dame del Puig, se rendit à Séville en 1623, fut appelé à Madrid par le supérieur de son ordre, & y exécuta plusieurs ouvrages remarquables.

On admire sa variété d'expression, la correction de son dessin, sa composition savante; on lui prête des connaissances étendues en perspective, mais on lui reproche la dureté & la sécheresse de son coloris; cependant ses portraits étaient estimés.

Fernandez (Louis), né à Séville, eut pour élèves Herrera-le-Vieux, Jean & Augustin del Castillo, & François Pachéco. On a souvent confondu ses œuvres avec celles de Zambrano.

Ses contemporains lui prêtent une grande réputation.

Leyva (le Père Jacques de) eut la réputation d'un grand artiste. On croit qu'il étudia à Rome, vint se fixer à Burgos, y devint veuf & entra dans l'ordre des Chartreux.

On lui accorde un bon dessin, une composition & un coloris recommandables, quoique son style fût un peu mesquin.

Jean de Peñalosa, élève de Cespédès, imita son maître avec bonheur pour le coloris & le dessin.

Vidal (Jacques), *le Vieux*, né à Valmoséda, étudia à Rome, revint dans sa patrie, se fixa à Séville & y exécuta des ouvrages remarquables. Malheureusement une mort prématurée l'enleva, privant ainsi la cathédrale de Séville d'un chanoine & d'un peintre distingué, qui a laissé dans cette église un Christ & une Vierge dont on vante la correction du dessin & la beauté du coloris.

Jean del Castillo, frère d'Augustin, né à Séville, élève de Fernandez, séjourna longtemps à Grenade. Son plus beau titre à la célébrité est d'avoir été le premier maître des trois grands artistes Moya, Alonzo Cano & Murillo.

Une Assomption que l'on voit de lui à Séville, un David à Paris, ainsi qu'un Saint Jérôme, un Saint Paul terrassé par la grâce, & plusieurs autres œuvres, attestent qu'il était capable de former de grands artistes, car ses œuvres accusent un excellent dessin.

Lancharès (Antoine) fut un peintre renommé, élève de Patrice Caxès, fort habile imitateur de la nature, quoique sous une exécution simple, ainsi que le prouvent ses œuvres que possède Madrid : une Ascension, une Descente du Saint-Esprit, la Chartreuse de Paular, une Vie de Saint Pierre de Vélasquez.

Tristan (Louis) fut élève du Gréco, dont il sut imiter les bonnes qualités & éviter les défauts. De bonne heure son beau talent fut apprécié, & les commandes arrivèrent en foule. Si ses œuvres ne suffisaient pas à sa célébrité, le titre glorieux de maître de Vélasquez rendrait sa gloire assez belle.
Paris, Tolède & le bourg de Yépès possèdent plusieurs de ses tableaux ; Saint-Pétersbourg, le portrait de Lopez de Véga.
Toutes les œuvres de Tristan accusent un dessin correct & pur, des teintes gracieuses, une composition vive & savante. Tous ses accessoires sont parfaitement traités.

Antoine de Contreras, né à Cordoue, fut élève de Paul de Cespédès, s'établit & se perfectionna à Grenade, puis vint travailler à Buxalance, ville du royaume de Cordoue.

On prête à ce peintre beaucoup de fraîcheur, un pinceau correct & une grande reſſemblance.

Jean de Soto, né à Madrid, élève diſtingué de Barthélemy Carducho, mourut à la fleur de l'âge, ne laiſſant pour preuve de ſon talent que les freſques qu'il peignit dans le cabinet de toilette de la reine, au Prado, & qui promettaient un des meilleurs peintres de ſon pays.

Fernandez (Louis), élève d'Eugène Caxès, fut un excellent coloriſte.

Arnau (Jean), né à Barcelonne, élève d'Eugène Caxès, a laiſſé un grand nombre de tableaux, ſurtout dans ſa ville natale, leſquels annoncent un deſſin correct, quoique un peu dur, & un bon coloris.

Rizi (le Frère Jean), frère de François, né à Madrid, fut élève de Jean-Baptiſte Mayno. En 1626, Rizi embraſſa la vie religieuſe; il travailla dans les principales villes d'Eſpagne, viſita Rome, où ſes vertus le firent remarquer par le pape.

Madrid poſſède de lui Saint François recevant les ſtigmates.

Ses œuvres annoncent peu de fini, mais un clair-obſcur vigoureux, des poſes heureuſes & naturelles, une bonne compoſition & un deſſin pur.

Baufa (Grégoire), né dans l'île Majorque, fut élève de Jean Ribalta, à Valence, où il alla fort jeune & où il mourut.

Les cloîtres de cette ville possèdent plusieurs de fes œuvres.

Roman (Barthélemy), né à Madrid, fut l'élève le plus diftingué de Vincent Carducho; il étudia auffi fous Vélafquez.

D'un caractère timide, ce peintre vécut fans gloire & fans fortune, & pourtant fes œuvres font remarquables par un excellent coloris & des difpofitions heureufes.

Don Jean de Vanderhamen de Léon, fils d'un peintre hollandais, eut l'honneur d'être célébré par Lopez de Véga.

Madrid poffède de lui un tableau de nature morte. Ses tableaux d'hiftoire font fecs & âpres, quoique fes portraits foient d'un pinceau fort doux.

Ce peintre excella principalement dans les fleurs, les fruits & autres tableaux de genre.

Horfelin (Antoine) reçut de fon père, peintre médiocre, d'affez faibles leçons. Etant allé fe perfectionner à Rome, il en revint avec un talent fatisfaifant.

Son deffin était bon, fon coloris remarquable, & il réuffiffait dans le portrait.

Jean de Ribalta, fils de François, fut élève de son père, auquel il survécut peu. A dix-huit ans, Jean de Ribalta avait déjà composé un tableau digne d'un grand maître. Malgré une vie fort courte, il produisit une assez grande quantité d'œuvres remarquables, dont on assure qu'il alla puiser le génie en Italie.

Madrid possède de ce peintre une Tête de trépassé entourée de flammes, une Tête d'âme bienheureuse, Jésus-Christ mort, Saint François d'Assise, Saint Marc & Saint Luc, le buste d'un chanteur; Paris, une Messe.

Toutes ces œuvres annoncent une belle composition, un coloris brillant & plein d'effet.

Pierre de Obrégon, né à Madrid, fut un des meilleurs élèves de Vincent Carducho, dont il imita très bien le dessin & le clair-obscur.

Il travailla aussi sur la gravure.

Jean de la Corte, aussi né à Madrid, élève de Vélasquez, fut chargé, jeune encore, de plusieurs ouvrages importants, & s'en acquitta à la satisfaction de tous, ce qui lui valut l'honneur d'être peintre du roi.

Cet artiste a laissé peu de grandes compositions, mais celles qui en restent annoncent une grande facilité, un goût sûr, un pinceau gracieux, une touche fraîche. Ses tableaux de batailles & de paysages sont les plus recherchés.

Don Jean Galvan étudia d'abord à Saragoffe, & alla fe perfectionner en Italie.

Ses œuvres accufent de belles études, des carnations pures.

Gaffen (François), né en Catalogne, travailla avec Pierre Criquet.

On lui attribue une compofition heureufe & un coloris harmonieux.

Caro (François-Lopez), né à Séville, fe rendit à Madrid en 1660. Il y travailla longtemps, &, malgré fon ftyle maniéré, il acquit une certaine réputation de célébrité.

Ximénès (François), né à Tarragone, paffa plufieurs années à Rome & vint enfuite travailler à Téruel.

Ce peintre paraît être mort fort riche, car il fit des legs en faveur des jeunes élèves fils de peintres & aux orphelines filles d'artiftes. Sa manière de faire était large; il avait un bon coloris, mais fon deffin manquait de correction.

Véla (Chriftophe) fut élève de Cefpédès à Cordoue, puis de Vincent Carducho à Madrid.

On lui attribue du talent, un deffin correct, mais un mauvais coloris.

Le XVIe siècle a été pour l'Espagne plus fécond encore en artistes ; à ceux que nous venons de faire connaître, nous avons à ajouter un grand nombre d'autres, que Siret mentionne comme ayant fleuri dans ce siècle. Parmi ces peintres, sculpteurs & architectes, au nombre de plus de cent vingt, il en est quelques-uns d'un mérite réel, qui sont dignes d'une mention particulière. Quant à ceux d'un talent inférieur, nous ne ferons que les nommer. Parmi les premiers se trouvent :

Cordoba (Pierre), peintre mystique d'un bon dessin & d'un grand fini. Cordoue possède de lui une Annonciation sur bois; Paris, Jésus-Christ à la colonne, & la Mort de saint Jérôme.

Aregio (Paul), qu'on croit élève de Léonard de Vinci, peignit, avec François de Néapoli, les portes du grand maître-autel de la cathédrale de Valence, représentant six traits historiques de la Vierge, dont on admire la correction du dessin, le grandiose des formes, la noblesse des caractères & de l'expression.

Jean de Villoldo, élève & neveu d'Alvar.

Pérez de Villoldo s'établit à Tolède, y travailla avec Ambérès & Jean de Bourgogne.

La réputation d'un des plus grands artistes espagnols qu'on lui prête est soutenue par plusieurs fresques qu'il peignit à Madrid, & par plusieurs tableaux sur bois que cette ville conserve.

Machuca (Pierre), sculpteur & architecte, visita, dit-on, l'Italie, où il fut élève de Raphaël, qu'il imita toujours.

Antoine de Arfian fut élève de Louis de Vargas. Dans le principe, cet artiste s'exerça à la peinture des serges en détrempe, ce qui était alors exigé pour faire des progrès. Il se distingua ensuite dans la peinture à fresque, & il est le premier, dit Pachéco, qui peignit au trait en couleur sur des fonds blancs.

Des tableaux que Séville conserve de cet artiste révèlent un bon dessin, un pinceau léger.

Pachéco (Christophe), protégé par le duc d'Albe pour lequel il fit plusieurs beaux ouvrages, fit aussi les portraits des principaux personnages de son temps.

Toutes ses œuvres annoncent une manière excellente, une belle couleur & des soins minutieux dans les détails des vêtements.

Jacques de Urbina, né à Madrid, travailla avec Alonzo-Sanchez Coëllo, en 1570, aux arcs de triomphe élevés lors de l'entrée à Madrid d'Anne d'Autriche, femme de Philippe II. Il exécuta enfuite de beaux ouvrages à Burgos, de concert avec Gr. Martinez.

On accorde à ce peintre un deffin large, un coloris brillant, mais un peu fec.

Pérola (Jean & François). Ces deux frères, tous deux élèves de Bécerra, travaillèrent, avec Céfar Arbafia, au palais du miniftre de Santa-Cruz, comme peintres, fculpteurs & architectes.

On leur attribue une facilité extraordinaire, un coloris brillant, un deffin large, des caractères nobles & des attitudes majeftueufes.

Aguiléra (Jacques), né à Tolède. Le plus grand éloge qu'on puiffe faire de cet artifte, c'eft qu'il fut fouvent chargé par les grands d'Efpagne & par les chapitres d'apprécier les tableaux qu'ils achetaient aux artiftes.

Les œuvres de ce peintre, d'une grande réputation à Tolède, périrent malheureufement dans un incendie.

Chriftophe de Acévédo, né à Murcie, élève de Barthélemy Carducho.

Les ouvrages de ce peintre fe voyaient dans les divers convents de fa ville natale, & annonçaient un deffin pur & des caractères de figures très nobles.

Pierre de Raxis étudia, dit-on, en Italie, & fut en grande réputation à Grenade. Ses deux frères, aussi bons peintres, ne purent cependant pas l'égaler.

On accorde à Raxis beaucoup de délicatesse, surtout dans les grotesques.

Nunnez (Jean), élève de Jean-Sanchez de Castro, peut être placé au rang des meilleurs artistes espagnols de son siècle. Il avait des draperies heureuses, des détails d'un fini précieux, mais trop de sécheresse.

Parmi les peintres d'un mérite inférieur, ou du moins dont les biographes donnent peu de détails, se trouvent :

André de Ségura & Guillen (François), qui travaillèrent à Madrid & à Tolède; Florès Frutos, qui n'est connu que par quelques travaux qu'il fit à Tolède; François de Los Corralès, qui travailla à la cathédrale de Tolède; Péra (Fernandez), peintre des appartements de la reine; Antonio de Hollande, enlumineur, qui florissait du temps d'Emmanuel; Ferdinand de Rincon, fils d'Antoine, qui travailla à Tolède avec Jean de Bourgogne; Néapoli (François), qu'on croit élève de Léonard de Vinci, & qui travailla à Valence avec Paul Arégio; Louis de Médina, qui florissait à Tolède comme fresquiste très renommé;

François de Ambérès, peintre & sculpteur, dont Tolède conserve les œuvres; Figuérédo, qui travailla avec George-Alphonse au Tribunal de Lisbonne; George-Alphonse, beau-frère du peintre français Henriquez & peintre du roi; Gaspard de Palencia, qui travailla à Valladolid & à Astorga; Pierre-Fernandez de Guadalupe, qui travailla longtemps dans la cathédrale de Séville, & dont cette ville conserve les œuvres; Barthélemy de Mésa, qui travailla à Séville; Falco (Niçolas) & Antoine de Comontès, deux peintres très médiocres; Hernandez (Alexis), peintre de mérite, qui travailla à Séville & à Cordoue; Francione (Pierre), peintre d'un talent supérieur, qui vivait en Italie, & dont Naples possède les œuvres; Jacques de la Barréra, peintre médiocre, mais dont Séville conserve quelques tableaux; André de Mexia, qui peignit à Séville; Rodriguez (Christophe), neveu de François Henriquez, peintre du Cardinal; Alvarus, célèbre enlumineur dont le roi Emmanuel faisait beaucoup de cas; Delgado (Pierre), dont Orgaz possède une Notre-Dame signée; Ségarra (Jayme), qui travailla à Reus; Corte-Réal (Jérôme), poète & peintre dont les écrivains de l'époque font un grand éloge; Pierre de Egas & Fernandez (Jacques), peintres médiocres, quoique le dernier soit mentionné dans les comptes de la cathédrale de Séville; Frère Charles, peu connu; Fernandez (Garcia), gendre de Henriquez,

& qui termina les travaux de son beau-père; Ramirez (Jean), qui florissait à Séville, surtout pour le portrait; Vaz (Diégo), qui exécuta des travaux dans la sacristie d'Alcobaça; Lopez (Alphonse & Grégoire), artistes mentionnés dans les comptes de la maison du roi Emmanuel; Gallégo, sculpteur & peintre, qui exécuta plusieurs tableaux pour le monastère de Sainte-Marie de Naxéra; Pérez (Antoine), qui travailla longtemps à Séville; Gomez (Martin), employé par Philippe II au palais de l'Escurial; Frutet (François), peintre à la manière italienne; Corréa, qui visita l'Italie, imita l'école florentine, & dont Madrid & Paris conservent des œuvres; Jean de Urbina, élève d'Alonzo-Sanchez Coëllo; Séquo (Simon), indiqué, dans les comptes de la reine Catherine, comme ayant reçu une cruzade pour un tableau peint sur bois livré au couvent d'Abrantès; Fernandez (Dominique), connu par des détails semblables à ceux de Séquo; Ruiz (Antoine), élève de Louis de Vargas, & qui travailla à Séville avec Antoine d'Arfian; Christophe de Moraes, peintre de la reine, qui reçut vingt-six mille reis pour peintures exécutées à une litière; François de Hollande, qui fit le portrait de la reine Catherine pour huit cents reis, & qui a laissé des mémoires sur l'histoire de l'art à son époque; Pierre de Rubialès, artiste de mérite, qui aida, à Rome, son maître Salviati dans plusieurs de ses ouvrages;

le Frère Vincent de Santo-Domingo, peintre de belle couleur & qui a pour principal titre de gloire d'avoir donné des leçons à Navarette-el-Mudo; maître Emmanuel, peintre obscur; Chacon (Jean), qui peignit le monument de Séville; maître Olives (François), qui florissait à Tarragone & que son mérite fit nommer appréciateur des ouvrages de toute la province; Domenech (Antoine), élève du Père Nicolas Borras, qu'il aida dans plusieurs ouvrages & qu'il imita servilement; Sérafin (Pierre), qui résidait à Barcelonne, où il était connu sous le nom de *Grec;* Pablo (Pierre), qui travailla à Tarragone & auquel on prête une belle couleur & un dessin assez correct; Isaac del Helle, élève de Michel-Ange, peintre de beaucoup de mérite & qui imita son maître; Jean de Céa, qui peignit, en 1565, des tableaux dans la cathédrale de Burgos.

Pour terminer la série des artistes espagnols du XVIe siècle, nous avons réservé, au risque de commettre un anachronisme de dates, trois peintres qui méritent une mention particulière & dont les œuvres existent encore dans presque tous les musées d'Europe.

Le premier est Ribéra (Joseph), dit *l'Espagnolet,* dont la vie offre tant de ces contrastes que la fortune se plait souvent à produire. Ribéra fut d'abord élève de François Ribalta à Valence. S'étant rendu à Rome sans aucune ressource, il y fut accueilli par un cardinal qu'il quitta bientôt pour embrasser la carrière militaire, dont il fut dégoûté par cinq ans de captivité dans les bagnes d'Alger. Revenu à la liberté en 1606, il suivit assidûment les leçons de Michel-Ange de Caravage, puis se rendit à Parme pour étudier les œuvres du Corrége, & visita Naples. S'y étant marié avec la fille d'un riche marchand de tableaux, Ribéra se vit tout à coup élevé de la misère à l'opulence, à laquelle le maintint surtout son titre de peintre de la cour d'Espagne, à Naples, alors province espagnole. Protégé par Philippe IV & par tous les grands de sa cour, Ribéra ne tarda pas à être nommé membre de l'académie de Saint-Luc & chevalier de l'ordre du Christ. Tous les honneurs l'accablèrent; & son génie, ses richesses & ses relations en firent comme l'égal des rois & des princes, avec lesquels il agissait avec ce sans-gêne & ce sans-façon que donnent le talent & la fortune indépendante.

Dresde conserve de Ribéra un Saint François, une Sainte Marie-Egyptienne, un Diogène & sa lanterne; Londres, Duns-Scotus docteur écossais, Jacob gardant les troupeaux de Laban; Séville, des épisodes de la vie de saint Pierre; Grenade, plusieurs tableaux; Paris, le Martyre de saint Barthélemy & plusieurs autres œuvres; Florence, le Martyre de saint Barthélemy & Saint Jérôme en extase; Naples,

Saint Bruno, Saint Sébaſtien, Saint Jérôme, un Silène, Saint Janvier ſortant du four, une Deſcente de croix, chef-d'œuvre, la Communion des Apôtres, Douze Prophètes, Elie & Moïſe; Berlin, Saint Jérôme, le Martyre de ſaint Barthélemy; Munich, Saint Pierre pleurant, Sénèque mourant, la Décollation de ſaint Jean, un Archimède, Saint Jérôme, Saint André deſcendu de la croix, & pluſieurs autres; Vienne, Jéſus-Chriſt parmi les Docteurs, un Portement de croix, Saint Pierre repentant, un Philoſophe méditant, Archimède; Madrid, un Martyre de ſaint Barthélemy, chef-d'œuvre, Sainte Marie-Egyptienne, Saint Paul ermite, la Madeleine, Saint Jérôme en prières, l'Echelle de Jacob, Prométhée, Saint Sébaſtien, un Prêtre de Bacchus, une Tête de ſibylle, la Conception, la Sainte Trinité, le Sauveur, les douze Apôtres, un Saint anachorète, l'Aveugle de Gambaſo, ſculpteur, un Saint Roch, Saint François d'Aſſiſe en extaſe, Saint Chriſtophe, Saint Joſeph & l'Enfant Jéſus, Archimède, Ixion, la Bénédiction d'Iſaac, Saint Auguſtin, des Femmes combattant dans un cirque.

Toutes ces œuvres ſont pleines d'effets ſaiſiſſants, quoique les oppoſitions de clair-obſcur ſoient un peu outrées, & malgré les ſujets trop choiſis pour montrer ſes connaiſſances en anatomie ou pour porter l'horreur & l'effroi dans la penſée du ſpectateur. Du reſte, nul n'a ſurpaſſé Ribéra en fidélité de reſsemblance & de vérité, en énergie, en force, en audace, en vigueur, en grandeur & en éclat; ses ouvrages offrent cela de remarquable, que, de quelque côté ou à quelque distance qu'on les examine, ils produisent le même effet. L'Espagnolet suivait quelquefois la manière du Corrége, en imitant la douceur & la suavité de cet artiste, mais celle du Caravage convient mieux au genre de son génie.

Le deuxième est Zurbaran (François), né à Fuente-de-Cantos, en Estramadure, fils d'un laboureur. Ce peintre reçut d'abord les éléments de l'art de son père, mais son goût pour la peinture le fit bientôt envoyer à Madrid, dans l'atelier de Jean de Las Roelas. Dès lors, son talent naturel se manifesta. Marchant d'un pas rapide de progrès en progrès, il ne tarda pas à imiter les œuvres des plus grands maîtres qui lui tombaient sous les yeux, & il laissa loin de lui le maître auquel il devait ses premiers essais. Bientôt les commandes arrivèrent en foule, & presque toutes les villes d'Espagne voulurent avoir des œuvres de son pinceau, que le souverain n'avait pas dédaigné.

Dresde conserve de Zurbaran une Madeleine repentante; Cadix, un grand nombre de tableaux de genre, & Sainte Ursule; Séville, l'Apothéose de saint Thomas; Paris, le Père éternel, Judith, un Moine en prières, la Sainte à la flèche, & beaucoup d'autres œuvres; Berlin, Jésus-Christ à la colonne; Munich, Saint Jean accompagnant la Mère de Douleurs, Saint François en extase; Madrid, l'Apparition de saint Pierre apôtre à saint Pierre Nolasque, Saint Pierre Nolasque, les Travaux d'Hercule, l'Enfant Jésus endormi. L'exhibition de Manchester a révélé de Zurbaran des œuvres restées longtemps inconnues & que possède la Grande-Bretagne au détriment de la France, qui les a perdues; ce sont: une Sainte Catherine, de la collection du maréchal Soult; un Saint Suaire, du Musée espagnol; une Reine des Anges, de la galerie Standish, autrefois au Louvre.

Toutes ces œuvres accusent une manière pleine de grandeur, un effet brillant, des études solides; ce qui prouve que Zurbaran, qui étudia beaucoup d'après les tableaux de Michel-Ange de Caravage, mérita justement le surnom qu'il obtint de *Caravage espagnol*, quoique un peu plus froid, mais plus correct que son modèle, auquel il ne ressemble que par la science du clair-obscur & les teintes bleues de ses compositions. Zurbaran jetait des masses de lumière dans ses premiers plans, qu'il finissait avec soin, & il obtenait ainsi des effets merveilleux. Il avait toujours une inspiration sérieuse, même dans la grâce, & il rendait parfaitement les figures ascétiques & austères du cloître.

Mais voici le prince des artistes espagnols du xvie siècle. Vélasquez de Silva (don Diègue) n'a vu avant lui aucun artiste qui l'eût égalé, & il les a surpassés tous. C'est avec bonheur qu'il tombe sous notre plume pour lui faire terminer la série innombrable des artistes de cette période d'un siècle, qui a commencé par des sommités artistiques & qui finit par un des plus grands hommes que l'Espagne ait produits dans les arts.

De bonne heure Vélasquez manifesta son goût pour la peinture. Placé dans l'atelier de Herrera-le-Vieux, la rudesse de ce maître obligea l'élève à le quitter pour passer sous la direction de François Pachéco, dont il devint bientôt le disciple favori, & qui, cinq ans plus tard, lui donna la main de sa fille. Les tableaux de Louis Tristan, de Tolède, frappèrent Vélasquez & lui firent abandonner le style sec & raide auquel ses professeurs l'avaient habitué. C'est alors que notre artiste résolut d'aller à Madrid : il s'y rendit en 1622, y étudia d'après les chefs-d'œuvre que renfermait cette ville, & fut appelé à la cour l'année suivante.

Philippe IV l'attacha d'abord à son service &, lui ayant commandé son portrait, il fut si satisfait de cet ouvrage qu'il le nomma son peintre particulier, titre auquel il ajouta plus tard ceux d'huissier de sa chambre & de grand maréchal des logis. Admis dans l'intimité du roi, ses succès & sa faveur n'altérèrent pas fon caractère & ne portèrent point atteinte à l'auſtérité de ſa vertu. Rubens vit le jeune artiſte lors de ſon ſéjour à Madrid; il devina ſon génie, l'encouragea & lui conſeilla d'aborder les grands ſujets, mais de s'y préparer par des études devant les chefs-d'œuvre de l'Italie. Dès l'année ſuivante, Vélaſquez ſuivit les avis de l'illuſtre Flamand : il débarqua à Veniſe, de là ſe rendit à Rome où Urbain VIII le logea au Vatican, puis alla viſiter à Naples ſon compatriote Ribéra, & s'occupa partout à étudier avec l'ardeur la plus noble & le goût le plus éclairé. Auſſi, en 1631, lors de ſon retour en Eſpagne, il y fut reçu avec un redoublement de faveur & y occupa ſans partage le premier rang dans la peinture; il accompagna deux fois le roi en Aragon en 1642 & en 1644, & fut envoyé une ſeconde fois en Italie afin d'y faire des acquiſitions pour le muſée royal. Dans ce dernier voyage notre artiſte fit le portrait du pape Innocent X, & cet ouvrage reçut, comme les œuvres de Raphaël & du Titien, les honneurs de la proceſſion & du couronnement. Il revit encore ſon ami Ribéra & viſita ſucceſſivement Bologne, Florence, Parme & Gênes d'où il comptait ſe rendre à Paris; mais, la guerre ayant entravé ce projet, Vélaſquez s'embarqua pour Barcelonne & revint à Madrid où il travailla paiſiblement juſqu'en 1660. Pendant le cours de cette année il fit le voyage d'Irun, lorſque Philippe IV accompagna fa fille Marie-Thérèfe, devenue femme de Louis XIV; mais les fatigues du voyage altérèrent la fanté chancelante du grand peintre; il revint malade à Madrid & y mourut, après avoir fourni une carrière qui ne fut qu'une longue fuite de fuccès & d'honneurs bien mérités. Effayons d'indiquer, malgré leur grand nombre, les lieux où l'on peut trouver les œuvres de ce prince des peintres & juger de fon mérite.

Valenciennes conferve de lui la Difeufe de bonne aventure; Drefde, le Comte d'Olivarès; Londres, Philippe IV & fa femme Chriftine; La Haye, le portrait de Charles-Balthazar, fils de Philippe IV, à l'âge de douze ans; Bruxelles, le portrait de deux enfants; Rome, le portrait d'Innocent X & un portrait d'homme; Florence, le portrait de Philippe IV; Barcelonne, une Vierge allaitant; Paris, l'Infante Marguerite, fille de Philippe IV, & beaucoup d'autres; Nantes, un portrait d'enfant qu'on lui attribue; Naples, le portrait d'un Cardinal; Berlin, un portrait d'homme; Munich, le portrait du peintre lui-même, un Mendiant, le portrait du cardinal Refpigliofi, & plufieurs autres; Vienne, un Payfan tenant une fleur, la Famille du Peintre. Philippe IV roi d'Efpagne, l'Infant don Carlos, l'Infante Marie-Thérèfe, & plufieurs autres portraits; Madrid, Jéfus-Chrift crucifié, le Couronnement de la Vierge, le Bufte de Philippe IV jeune, le portrait d'Alonzo Cano, Saint Antoine abbé & Saint Paul premier ermite, des

Bosquets de jardin avec architecture & figures, le portrait de Philippe IV, celui de Marie-Anne d'Autriche, seconde femme de Philippe IV; le portrait de don Prosper, fils de ce prince; une Vue de l'arc de Titus & du Campo-Vaccino, à Rome; une Tête de vieille, étude; le portrait en buste d'Elisabeth de Bourbon, première femme de Philippe; une Réunion de Buveurs, tableau connu sous le nom d'*Ivrognes*, chef-d'œuvre; la Famille de Philippe IV: ce célèbre tableau, où le peintre s'est représenté lui-même la palette en main, valut à l'auteur la décoration de l'ordre de Saint-Jacques, que Philippe IV peignit lui-même, selon la tradition, sur la poitrine de Vélasquez; l'Adoration des Mages, le portrait équestre du comte d'Olivarès, la Forge de Vulcain, le portrait de Philippe III à cheval, celui d'un prétendant de la cour de Philippe IV, la Reddition de Bréda, chef-d'œuvre; le portrait de don Balthazar-Carlos, fils de Philippe IV, celui de Ferdinand d'Autriche jeune, Mercure & Argus, le portrait équestre de Philippe IV, les Fileuses, chef-d'œuvre; le portrait du poète Gongora, des Paysages, les portraits de Philippe IV, de la Famille de ce prince, de plusieurs personnages de sa cour, &c., &c.; une Vue du Prado, une Vue d'Aranjuez, deux Figures de Nains; Saint-Pétersbourg, la Mort de saint Joseph, le portrait d'Innocent X, ceux de Philippe IV, du duc d'Olivarès, & une Tête de jeune homme.

Mais l'exhibition de Manchester, de 1857, a révélé l'existence de bien d'autres chefs-d'œuvre tombés du pinceau de Vélasquez & qui ornent, à l'insu de Siret & de Louis Viardot, les galeries privées & les salons de particuliers en Angleterre. Au risque de tomber dans une redite, nous allons les indiquer; car, au dire & au jugement de Burger, ils méritent une attention particulière.

Vélasquez était représenté à cette exhibition par vingt-six tableaux, dont dix-huit portraits : celui de Henri de Halmale, provenant de la collection Purvis & appartenant à M. T.-P. Smyth; le portrait d'Adrian Pulido Paréja, avec l'inscription : *Capitan general de la armada y flota di Nueva-España*, appartenant au duc de Bedfort; un portrait de Philippe IV, tenant beaucoup du genre de Van-Dyck & qu'on voyait au Musée espagnol de Louis-Philippe, où, avec l'Homme au gros chien, de Murillo, aujourd'hui chez Thomas Baring, il soutenait l'honneur de cette collection. Près du portrait du roi est celui de sa femme, celui du comte-duc d'Olivarès, qui lui servait de pendant au Musée espagnol. Tous ces portraits sont en pied & de grandeur naturelle; mais il y a de ce même comte-duc un autre portrait bien plus fier & d'un genre bien supérieur : c'est son portrait équestre, une première esquisse, peut-être, du grand portrait équestre du musée de Madrid.

Viennent enfuite les portraits en pied de Philippe IV & de l'Infant don Ferdinand d'Autriche, tous deux en habit de chaffe, avec un fufil & un chien. De l'Infant don Balthazar-Carlos, fi fouvent reproduit par Vélafquez, l'exhibition offre trois portraits : un en bufte, grandeur naturelle, appartenant au colonel Hugh Baillie, propriétaire du grand portrait d'Olivarès, du Philippe & du Ferdinand d'Autriche en chaffeurs ; un autre, auffi de grandeur naturelle, mais en pied & tout vêtu de belle foie gris d'argent, provenant fans doute de la galerie Standish ; un troifième appartenant, avec le précédent, au marquis de Hertfort. Dans celui-ci, le prince, âgé de quatre ans, eft juché crânement & bien en équilibre fur un gros cheval noir qui caracole dans le Jeu de paume du palais.

Deux autres Vélafquez appartenant à lord Hertfort étaient encore à l'exhibition : un Boy, petit garçon inconnu, & une délicieufe Femme à l'éventail qui était le chef-d'œuvre de la galerie Aguado. C'eft une de ces œuvres qu'on ne peut oublier quand on les a une fois vues, car elle peint d'un feul trait & l'Efpagne & Vélafquez.

Après plufieurs autres portraits d'un ftyle moins remarquable, l'exhibition offrait encore de ce grand peintre un Saint Jean, de la galerie Standish, fans grand caractère de maître ; des Bergers couronnés conduifant un taureau ; puis une Vénus, qu'on prendrait pour une dormeufe, dans un état complet de nudité, fi l'artifte n'avait placé Cupidon dans les plis des rideaux ; une Payfannerie & deux Pochades d'une précieufe rareté.

Vélafquez ne fe contenta point de fuivre les leçons de fes maîtres ; il étudia la nature dans fes moindres détails ; depuis les plantes, les infectes, jufqu'à l'homme, il ne négligea rien ; fans craindre les difficultés, il étudia le corps humain dans toutes fes différentes fenfations, s'attacha enfuite à un examen profond des fentiments de l'âme, & parvint ainfi à cette furprenante vérité qu'on remarque dans tous fes ouvrages, & furtout dans fes portraits. Ses payfages font tracés largement, prefque efquiffés, auffi ne doit-on les voir qu'à quelque diftance ; mais on y admire alors une nature belle, fimple & fublime. Dans le portrait, il a vaincu tous les peintres de fon pays, & il n'eft furpaffé par aucun de fes rivaux étrangers ; rien n'eft comparable à la parfaite imitation de la nature que l'on y admire, fi ce n'eft la franchife & l'audace avec lefquelles fon pinceau en aborde les difficultés. Dans les tableaux d'hiftoire, Vélafquez évita toujours les fujets facrés, les fcènes d'imagination ; fon efprit obfervateur & pofitif, mathématique prefque, ne fe prêtait pas aux grandes conceptions qui demandent la chaleur du fentiment & l'exaltation de l'âme. Peintre de la vérité & de la nature, fous ce rapport Vélafquez eft sans égal ; son dessin est d'une pureté irréprochable ; il se joue des difficultés de la forme comme de celles de la lumière : tantôt il compose un tableau entièrement en clair-obscur, puis il en achève un autre sans un seul repoussoir, sans une ombre, & tous deux sont des chefs-d'œuvre : sa couleur est ferme, sûre, naturelle, sans éclat ; il pousse jusqu'à la perfection l'entente de la différence des plans, la distribution de la lumière, la perspective linéaire & aérienne ; on ne peut lui faire aucun reproche, car tout ce que l'étude peut faire acquérir, il le possède au plus haut degré, & ce qui lui manqua ne dépendait pas de lui : l'imagination, la force de conception, la profondeur de pensée, le sentiment, l'expression, sont des dons du ciel qu'aucune science humaine ne saurait enseigner.

« Vélasquez est, à mon sentiment, dit W. Burger dans son *Trésor de l'Art*, le plus peintre qui ait jamais existé, plus peintre que le Titien, que le Corrége, que Rubens, que Rembrandt, ces vrais peintres. » Le chevalier Mengs, qui n'était guère peintre, lui, a dit de Vélasquez un mot très juste : « Il semble peindre avec la volonté plutôt qu'avec la main. » Et, chose étonnante cependant, on sent mieux la touche dans la plupart de ses tableaux que dans ceux de n'importe quel maître. Sur quelques-unes de ses toiles, on pourrait en quelque sorte compter les coups de brosse & en suivre la direction dans tous les sens.

C'est ce que les Espagnols appellent à tout propos « peint du premier coup. »

Dans quelques autres œuvres de Vélasquez, au contraire, la touche ne se trahit plus; ce pinceau si brave produit, on ne sait comment, une dégradation insensible & prodigieuse de la lumière, & le peintre arrive au même résultat que Léonard dans la Joconde, obtenant le modelé le plus parfait & le relief le plus réel sans la ressource des contrastes au moyen d'ombres prononcées.

Terminons à Vélasquez la série brillante & nombreuse des peintres & artistes en tous genres que l'Espagne a produits dans le xvie siècle. Ce peintre appartient à cette période par sa naissance, arrivée en 1594; mais ses succès & son triomphe sont acquis au xviie siècle; de sorte qu'il est entre ces deux époques comme l'*alpha* & l'*oméga*. C'est, en effet, lui qui clôt la liste de ces peintres si favorisés des souverains des Espagnes & si dignes de l'être, & c'est par lui que les arts, dont il était facile de pressentir la décadence par l'affaiblissement du pouvoir, se sont soutenus encore pendant plusieurs années dans la Péninsule. C'est au feu sacré de son génie que se sont chauffés les Carducho, les Cano, les Castillo, les Espinosa, les Murillo, les Goya-y-Lucientes & tant d'autres qui ont paru après lui & qui, pour n'avoir pas eu le succès du petit nombre d'élus qui ont brillé sous les princes de la Maison d'Autriche, n'en ont pas moins rendu à l'art de grands services.

Pour qu'un grand homme se produise, dans un genre quelconque, il ne lui suffit pas d'avoir du génie, du talent, il lui faut l'occasion de manifester ses grandes qualités & le moyen de les soutenir dans une activité croissante. Vélasquez avait assurément tout ce qu'il faut pour faire un grand peintre : ardent amour du travail, jugement sain, perspicacité, volonté forte, santé robuste, génie créateur, discernement parfait entre le beau & le médiocre; mais que ferait-il devenu sans son Mécène, sans Philippe IV, sans l'appui constant de ce prince, sans les encouragements qu'il en reçut?

CHAPITRE XXII.

La Renaissance en Espagne.

NOUS avons laissé la Renaissance, venant d'Italie, aux portes de l'Espagne, au début du XVIe siècle. Elle y va remplacer le style dit *gothique*, le style mauresque & le style ogival, qui y ont régné pendant plus de huit siècles, & qui ont jeté partout des édifices qui portent avec eux des caractères que ces époques ne peuvent désavouer.

Les germes de cette renaissance des arts avaient poussé en Italie, pays qui a eu l'honneur d'imprimer le mouvement au reste de l'Europe; ils avaient été développés successivement, grâce au génie des grands artistes de l'école florentine, Arnolfo di Lapo, Gaddo Gaddi, Orcagna & Brunelleschi. En peu d'années ils avaient atteint toute leur croissance & se répandaient au dehors, en France & en Espagne. Cette dernière contrée exerçait en quelque sorte la suprématie en Europe; sa lutte de huit siècles contre les Maures était terminée; l'unité du pouvoir & la conquête du Nouveau-Monde avaient doublé ses forces & multiplié ses ressources; à l'intérieur, une transformation absolue s'accomplissait dans les habitudes; le culte des lettres s'était répandu; les grands avaient quitté leurs châteaux demi-ruinés par plusieurs siècles de guerres acharnées, pour se presser, à Madrid, autour du roi des Espagnes & des Indes. Aux forteresses devaient succéder les palais aux longues terrasses, aux riantes galeries. Le style de la Renaissance, bien mieux que tout autre, pouvait répondre aux besoins du temps; on allait l'employer surtout pour les édifices civils, car il n'avait conservé que bien peu de ce caractère religieux que les architectes de l'école précédente avaient donné à leurs monuments. En 1512 & en 1525 on suivait encore, il est vrai, les principes de l'architecture ogivale pour élever les cathédrales de Salamanque & de Ségovie, mais on adoptait définitivement le style de la Renaissance pour le collége de Saint-Grégoire de Valladolid, commencé en 1488, & pour celui de Santa-Cruz de la même ville, entrepris quelques années avant; pour l'Archevêché de Salamanque, qui date de 1521, & pour l'Hôpital des enfants-trouvés de Tolède, commencé au début du XVIe siècle (1504). Ces constructions étaient dirigées par des artistes espagnols, imbus cependant des règles de l'art gothique, mais que le goût de l'art nouveau avait entraînés.

Le style de la Renaissance, avec son penchant prononcé pour les délicates sculptures, prit le nom de

Platerefco, l'architecte, avec fon cifeau, rappelant l'artifte fantafque fouillant un bijou d'orfévrerie.

Les cathédrales de Ségovie & de Salamanque formèrent donc cette période de quatre fiècles, pendant laquelle avait régné, avec tant de bonheur, l'art gothique. Le xvi⁶ fiècle commençait; on s'effayait aux infpirations gracieufes & infidèles de l'architecture païenne. Les hommes les plus en renom, Diégo de Riaño, par exemple, dans la cathédrale de Séville, en conftruifant les facrifties & la falle capitulaire, fuivaient les deux ftyles alors en ufage. En fe montrant toujours éclectiques, ils ne faifaient qu'obéir, peut-être en aveugles, aux fyftèmes encore confus qui s'agitaient autour d'eux dans le monde.

Cependant il eft vrai de dire que le ftyle de la Renaiffance, qui n'était arrivé que tard dans la Péninfule, ne s'y développa point de la même façon qu'en Italie, par exemple, bien que la poffeffion de Naples eût mis les Efpagnols en contact direct avec les maîtres de l'art nouveau. Le changement n'y fut ni auffi brufque ni auffi complet; il y eut une époque de tranfition, affez courte il eft vrai, & comme un ftyle intermédiaire. En Italie, il n'en avait pas été de même : on avait fous les yeux les monuments de l'école païenne, & Raphaël pouvait copier les frefques des Thermes de Titus. En Efpagne, on tranfigea d'abord : on changea les dimenfions des colonnes, on fubftitua à ces expanfions végétales, à ces cristallisations que préférait l'art gothique, les dessins & les fleurs; en même temps, les frontons de l'architecture grecque & romaine traçaient à leur sommet un angle plus aigu, comme si l'artiste eût cédé aux lois de l'art ogival encore vivantes dans bien des esprits. D'un autre côté, l'art mauresque n'avait pas été tellement déraciné du sol qu'il n'en restât çà & là quelques souvenirs, & que ces traces, qui s'étaient mêlées à l'art gothique, ne se trouvassent encore sous le crayon de l'architecte aux premiers temps du XVIe siècle. En Aragon surtout, où l'on avait pris une plus grande part que dans les autres provinces à la prise de Grenade, on se souvint de l'Alhambra.

Ces deux influences, s'exerçant simultanément, donnent à la Renaissance en Espagne une physionomie particulière & une certaine originalité. Les exemples à citer se rencontrent facilement & de tous côtés.

Le cloître dessiné & construit à Salamanque par Ibarra, en 1521, offre un mélange de style *platerefco* & de style gothique. Les mêmes observations s'appliquent au collége de Cuença, de même à Salamanque, à la chapelle de Piedra-Buena, dans l'église du couvent de l'ordre militaire d'Alcantara, & à la porte de Zamora. La porte de l'Hôpital des enfants-trouvés, à Tolède, commencé en 1504 par don Pédro Gonzalès de Mendoza, est un des premiers monuments de la Renaissance espagnole, mais elle présente des différences bien marquées avec les édifices qui se construisaient alors en Italie.

Peu à peu, les dernières réminiscences gothiques s'évanouirent. En 1523, Fernand Ruiz commençait le transsept de la cathédrale de Cordoue : la Renaissance y apparait d'une façon plus marquée. Le goût général avait prononcé l'arrêt définitif & sans appel. Alonzo de Covarrubias, artiste d'un ordre supérieur, adoptant le système désormais en vigueur, bâtissait en 1521 la chapelle des rois de Tolède, & en 1534 le palais archiépiscopal de Alcala-de-Hénarès; en 1537, la façade, le vestibule, la cour intérieure de l'alcazar de Tolède; en 1546, le cloitre de Saint-Michel-des-Rois de Valence. La voie était frayée, chacun y marchait sans hésitation : Bustamente à Tolède, comme Véga dans la restauration du palais de Madrid.

Ainsi se fortifiait, par ces grands exemples, l'architecture de la Renaissance; chaque architecte s'inspirait aux sources inépuisables de la fantaisie; tout était changé, le plan & les ornements. Un des monuments les plus curieux que produisit cette école, c'est, à coup sûr, la *Casa de Ayuntamiento* de Séville, avec ses colonnes & ses têtes sculptées, d'un si grand caractère, & où se trouve reproduit en mille endroits le nœud symbolique, avec la devise *Nodo*, comme la Salamandre de François Ier sur les plafonds de Chambord. Citons auſſi la mairie de Barcelonne ; la porte de la collégiale de Calatayud, finie en 1528 par Juan de Talavéra & Eſtéban Beray ; la facriſtie de la cathédrale de Séville, conſtruite en 1533 par Diégo Riaño ; la porte latérale de la cathédrale de Grenade ; la collégiale de Oſſuna, élevée en l'année 1534 ; le collége de Saint-Nicolas de Burgos ; celui de Saint-Grégoire de Valladolid, enrichi d'ornements étranges & capricieux ; le ſomptueux arrière-chœur de la cathédrale de Saragoſſe ; enfin, la porte de l'égliſe de Sainte-Marie à Andujar.

N'oublions pas d'indiquer le beau couvent de Saint-Marc de Léon, de l'ordre militaire de Saint-Jacques, dont la façade a été deſſinée par Jean de Badajos, & dans l'architecture duquel ſe reflètent les mœurs du ſiècle comme dans un miroir fidèle. Les tréſors du Nouveau-Monde, en développant le goût des jouiſſances matérielles, avaient donné le déſir des riches & vaſtes édifices. Les Bourſes (*Lonjas*), les univerſités s'élèvent dans toutes les villes : c'eſt l'époque brillante de don Juan d'Autriche & de Gonzalve de Cordoue. Les artiſtes s'inſpirent des œuvres des âges précédents : on étudie à la fois Vitruve, Michel-Ange, l'Arabe Al-Gever & les architectes de l'école allemande.

Enrique de Egas, en 1480, employait déjà le ſtyle de la Renaiſſance au collége de Santa-Cruz de Valladolid ; & pourtant, en approchant du milieu du siècle suivant, nous trouvons les principes de l'art gothique appliqués à la cathédrale de Barbastro, à Saint-Martin de Madrid, aujourd'hui détruit; à Saint-Dominique d'Oviédo, construit par Juan de Cercédo en 1553; puis voilà dix ans qui s'écoulent à peine, & Juan de Tolède commence l'Escurial. Ainsi à la fois s'élèvent en Espagne, en moins de soixante-dix ans, des édifices du style ogival & des monuments de la Renaissance.

Parmi les professeurs de la nouvelle école de la Renaissance, Diégo de Siloé tient le premier rang. S'il n'oublia pas entièrement le style gothique, il ne manqua jamais aux saines idées d'art. La cathédrale de Grenade, bâtie d'après ses plans en 1529, est un édifice d'une incontestable majesté. Elle est, il est vrai, un peu chargée d'ornements, mais c'est le défaut de Siloé: Siloé était véritablement un artiste; il avait l'instinct de la grandeur & de la beauté.

Un autre de ses contemporains, Alonzo de Covarrubias, marchait sur ses traces. Le style de ce dernier est même plus sévère; il reproduit, avec exactitude & habileté, l'architecture romaine telle que les successeurs de Septime-Sévère la pratiquèrent. Il a travaillé à l'alcazar de Tolède sous Charles-Quint & sous Philippe II; il a dessiné & exécuté l'entrée de la façade principale avec ses colonnes d'ordre ionique.

C'est à Siloé que l'on doit une des œuvres les plus curieuses, produites par cette restauration de l'architecture grecque & romaine : nous voulons parler de la curieuse cathédrale de Malaga. En même temps Pédro de Valdelvira élevait celle de Jaën, colossal monument qui semble remplir la petite capitale de l'ancien royaume des Maures & lutter de hauteur avec les sierras qui l'environnent, & aux pieds desquelles elle est bâtie. Elle fut commencée dès le début du XVIe siècle.

Machuca imita, avec plus de conscience & de soin, le style de l'époque romaine. Il est difficile de trouver dans le palais de Charles-Quint, commencé à Grenade en 1526, la trace des études sérieuses que Machuca avait faites de l'art gothique. Il y a dans ce monument, qui devait être si majestueux, quelque chose de la sévérité & de la simplicité antiques; mais on peut lui reprocher avec raison d'avoir amené la démolition de la plus splendide partie de l'Alhambra. Cet acte d'inouï vandalisme lui a porté malheur; la malédiction du Maure vaincu est restée attachée à l'œuvre incomplète du monarque espagnol.

Personne n'a mieux su que Machuca, & dans une plus juste mesure, employer les ornements en architecture; sa construction est d'un remarquable caractère. En sortant de la cour des Lions, on regarde encore avec une sérieuse attention les lignes si pures du portique. Faut-il rappeler encore la salle capitulaire de la cathédrale de Séville, dessinée par Diégo Riaño, en 1530 ? Le style en est digne de cet archi-

tecte, le plus distingué peut-être du xvi⁰ siècle :
Michel-Ange n'eût pas fait autrement.

A la même époque, les bizarres mélanges de styles divers que nous avons signalés, se perdaient insensiblement ; la science architecturale se perfectionnait. Sébastien Lezlio, par ses livres sérieux & bien pensés, y contribua puissamment. Juan de Tolède s'était formé en Italie, il en revint pour l'Escurial. Il avait attentivement étudié les nouveaux monuments dont Michel-Ange avait rempli la capitale du monde chrétien, & il achevait à peine le palais des vice-rois de Naples, lorsque Philippe II l'appela à Madrid ; ce fut lui qui donna à l'architecture espagnole la forme classique & austère qui lui avait manqué jusque-là. L'Escurial répandit son nom dans toute l'Europe. La construction de cet édifice eut un retentissement tel, que des rivaux jaloux voulurent lui en disputer l'idée première pour l'attribuer à Galéas Aléfi & à Vignole, à Vicencio Dante & à Luiz de Fox. Quoi qu'il en soit des tactiques habituelles aux envieux impuissants, ce fut sous la direction de Juan de Tolède que fut commencé cet énorme ouvrage, le 23 avril 1563. Il en avait fait un modèle en bois.

Possédant toute la confiance de Philippe II, Juan de Tolède fut nommé son architecte en chef, & l'Escurial était déjà avancé quand apparut Juan Herrera, son meilleur disciple, que le génie, en naisfant, avait marqué au front. Né à Mobellan en 1530, après avoir étudié à Valladolid, il fuivit le roi à Bruxelles, & féjourna enfuite en Italie. En 1563, on le donnait comme auxiliaire à fon maître, & il prenait la direction des travaux de l'Efcurial à la mort de ce dernier. Pour juftifier la haute renommée de Herrera, il fuffit de citer l'Efcurial; car Rodriguez & Villanueva, qui lui fuccédèrent, ne peuvent recueillir la gloire d'une telle œuvre. L'Efcurial eft, en effet, un de ces ouvrages où fe trouve gravé en traits ineffaçables le caractère d'une époque; c'eft un monument fombre & terrible comme le roi don Philippe qui l'a rêvé. En regardant ces grandes lignes qui fe découpent fur un ciel bleu ou fur un fond de montagnes défolées, en parcourant ces éternels & longs corridors aux voûtes de granit, on fe fent faifi d'un irréfiftible effroi. L'Efcurial, c'eft la nation efpagnole au XVIe fiècle.

L'Efcurial eft d'ordre dorique; c'eft un bloc coloffal de granit. Herrera, en élevant ce gigantefque monaftère, a fu approprier au chriftianifme un genre d'architecture que le paganifme avait créé pour lui. Herrera exerça une immenfe influence : cela devait être. Il intervint dans toutes les conftructions de quelque importance. Il joua le rôle que joua plus tard Charles Lebrun en France. Il exifte bien peu de monuments de cette époque auxquels il n'ait pas touché. Il érigea l'académie d'architecture & forma des élèves : Francifco de Mora, par exemple, qui lui fuccéda à l'Efcurial; François Mijarès, Diégo de Alcantara, Juan de Valencia, & Barthélemy Ruiz qui fut chargé de conftruire Aranjuez.

Quelques monuments commencés auparavant s'élèvent alors; on en modifie les plans : ainfi le collége du *Corpus Chrifti* de Valence, & la paroiffe de Sainte-Croix de Rio-Leco, qui, par leur févérité, femblent appartenir à Herrera.

L'architecture eft enfeignée avec foin, & les études de Francifco Lozano & de Patricio Canefi viennent indiquer les règles à fuivre. En dépit des événements tumultueux qui rempliffent le fiècle, l'architecture eft en grande faveur.

L'Efpagne reffemble à un grand chantier. La guerre agite fes torches aux quatre coins de l'Europe; on fe bat à Saint-Quentin, on lutte contre les Provinces-Unies, on s'empare du Portugal, on réunit la fameufe Armada, & l'on trouve encore de l'or & des bras pour élever l'Efcurial, femer de grands édifices à Alcala, à Valladolid, à Salamanque, à Barcelonne & à Grenade. Travail furprenant! prodigieux tableau! Pourquoi faut-il qu'à travers tout ce déploiement de zèle, de facrifices, on entrevoie la mort de l'art & de tout ce qui s'y rattache!

Francifco de Mora, protégé par Philippe III, continue Herrera. Les édifices font folides, mais on eft avare d'ornements, & la fimplicité dégénère en nudité. L'Etat s'est appauvri, l'art se ressent de cette détresse. Le XVIIe siècle ne nous offre plus le même spectacle que le précédent. Mora est le chef reconnu, il dirige en maître : il bâtit à Ségovie une partie de l'Alcazar; à Madrid, le palais du duc de Uceda, celui du duc de Lerme, le cloître de Saint-Philippe-le-Royal, démoli depuis la guerre civile; le couvent & l'église de *Porta-Cæli.* Il travailla aussi à la chapelle de Notre-Dame-de-Atocha.

Autour de lui se groupent, en faisant preuve d'un talent hors ligne, Baptiste Monégro, Gaspard Ordoñez qui bâtit à Alcala-de-Hénarès, & Juan Crescencio qui traça le Panthéon de l'Escurial. Il faut ranger parmi les monuments de la même époque l'*Ayuntamiento* de Tolède, le cloître de Notre-Dame-du-Prado à Valladolid, l'église du couvent de Saint-François à Vittoria, la collégiale de Saint-Nicolas à Alicante, attribuée à Jean de Mugagueren, & commencée en 1613.

Gomez de Mora avait succédé à son oncle en 1611. Sa renommée est légitimement acquise : il ne manque ni de goût ni de hardiesse; il est moins sobre d'ornements. Personne n'a plus travaillé que lui : on lui doit la façade du midi de l'ancien château royal, l'église du couvent de Saint-Gilles; on bâtit sur ses plans, à Madrid, le palais de la Panaderia, qui s'écroula dans l'incendie de 1790, le collége du roi à Salamanque & une église à Alcala-de-Hénarès. Malgré tous ces efforts, l'architecture était en décadence, & il était déjà facile de prévoir la chute profonde que lui préparait le XVIIIe siècle. Cette prévision ne s'est que trop tôt réalisée. L'Espagne a éprouvé le sort de toutes les nations civilisées: le progrès, poussé trop loin & trop vite, s'arrête nécessairement plus tôt, impuissant qu'il est de soutenir son haleine dans une marche trop longue & trop rapide.

Nous venons de le voir, la Péninsule a subi toutes les influences artistiques étrangères. Les restes de monuments qui couvrent encore son territoire, appartenant à tant & à de si différents systèmes d'architecture, prouvent son asservissement moral & physique, & l'impossibilité absolue où elle s'est trouvée de se livrer aux élans de son propre génie. Elle n'a rien inventé, elle n'a rien créé. La seule gloire qui lui appartient en propre, c'est d'avoir produit des hommes qui eussent été capables de grandes choses, s'ils n'eussent été dominés par des idées généralement adoptées ailleurs, & qui se présentaient avec l'autorité de preuves déjà faites.

Après les Romains, sous lesquels aucun rayon de génie qui n'était pas le leur ne pouvait se faire jour, vinrent d'abord les Goths, nation semi-barbare, sans talent créateur, sans idées nobles, détruisant beaucoup, édifiant peu, conservant, non pas par amour de l'art, mais par nécessité; puis les Arabes, peuple souverainement civilisateur, mais dont les principes dans l'art de bâtir s'écartaient d'autant plus de tout ce qui avait été fait jusqu'alors, que leurs mœurs & leurs croyances étaient plus en opposition avec celles des habitants nationaux : c'était un genre nouveau, mais un genre imposé.

Il n'y a donc plus que le style ogival & le style gothique, adoptés en général par tous les peuples sans qu'ils appartiennent à aucun en particulier, qui aient pu fournir aux Espagnols l'occasion de manifester leurs talents & leurs idées; aussi n'y ont-ils pas fait défaut, & le libre cours qu'ils ont donné à leur imagination, tout en faisant preuve de beaucoup d'adresse, n'a pas peu contribué à leur décadence. Lorsque la Renaissance arriva, il eût été difficile aux architectes espagnols, auteurs des plus grands monuments dont leur pays s'honore, de résister aux principes nouveaux-venus, tant leur esprit était énervé, leur imagination affaiblie par les merveilleuses créations qu'ils en avaient fait sortir.

La Renaissance, ne trouvant point ou presque point d'obstacle, a régné en Espagne en souveraine; mais elle y a eu le sort qui l'attendait partout ailleurs, le sort qu'ont toutes les idées du monde : elles éclosent, elles brillent, elles se fanent, elles tombent. Mais, avant d'assister à ses funérailles, revenons à l'histoire des princes dont le règne lui a servi de tombeau.

CHAPITRE XXIII.

TROISIEME EPOQUE

MAISON DE BOURBON.

PHILIPPE V.

LAISSONS les beaux-arts marcher librement, guidés par la Renaissance & protégés par les princes, toujours sages & éclairés amateurs, & rétrogradons de quelques années pour reprendre le récit de l'histoire politique que nous avons suspendu.

Le duc d'Anjou, Philippe V, n'avait que dix-sept ans lorsque la mort & le testament de Charles II, & plus encore la politique de Louis XIV, le placèrent sur le trône des Espagnes. Parti de France avec une escorte d'hommes capables de corriger ou de prévenir, par leur expérience des affaires, les fautes que sa jeunesse pourrait lui faire commettre, & soutenu d'ailleurs par les conseils de son grand-père qui régnait à Paris & à Madrid, Philippe parcourut d'abord toutes les provinces de ses nouveaux Etats, & ses manières nobles, son air gracieux, ses générosités lui gagnèrent l'affection des Espagnols.

Cependant les ennemis des Bourbons voyaient avec grand déplaisir la puissance de la France s'accroître par l'intronisation du duc d'Anjou sur le trône de Madrid. De tous côtés on arme, & la fortune de Louis XIV, qui devient celle de Philippe V, après les avoir favorisés tous deux, se range tout-à-coup sous les drapeaux de leurs adversaires. Les Anglais s'emparent de Gibraltar, qu'ils possèdent encore; la bataille de Ramillies affranchit les Pays-Bas; la déroute de Turin fait perdre la haute Italie; le roi Philippe, qui assiégeait Barcelonne, est obligé de fuir en perdant la moitié de son armée, & les Portugais envahissent l'Estramadure; enfin l'archiduc Charles, de la maison d'Autriche, était déjà proclamé roi d'Espagne à la place du duc d'Anjou. Tout semblait donc désespéré, lorsque la fidèle Castille offre à Philippe l'appui de son sang & de ses richesses, & lui fournit le moyen de rétablir ses affaires, de rentrer à Madrid sur les tours de laquelle flottait déjà le drapeau de l'archiduc, & de reprendre son trône. L'armée des alliés est complètement battue dans la plaine d'Almanza par le maréchal de Berwick, tour à tour renvoyé & rappelé.

Cependant Louis XIV, dont les revers avaient lassé la constance, se vit forcé de demander la paix, qui ne lui fut accordée qu'à condition qu'il détrônerait lui-même son petit-fils; mais une proposition si indigne de son caractère releva son énergie, & des succès obtenus à Denain par Villars amenèrent enfin un premier traité à Utrecht, puis un second à Rastadt, qui assurèrent la possession de l'Espagne à la famille des Bourbons.

Dès ce moment, le règne de Philippe V ne présente plus que le récit de quelques intrigues de cour ourdies par l'astuce de l'Angleterre qui ne cessait de convoiter les possessions de l'Espagne en Amérique, mais qui fut constamment éloignée de l'objet de son ambition.

FERDINAND VI.

Ce prince, fils de Philippe V & de Marie-Louise de Savoie, était âgé de trente-quatre ans lorsqu'il monta sur le trône, où l'avait devancé l'espoir d'un règne heureux que faisaient pressentir ses nobles qualités, & surtout sa bonté & sa sagesse.

Après quelques circonstances d'une guerre qui ne fut pas de longue durée, ce prince s'occupa, en effet, du bonheur de son peuple, en favorisant l'agriculture, qui de son temps était tellement négligée, que les Espagnols, enrichis par les trésors du Nouveau-Monde, mouraient souvent de faim. La paix régnait en Espagne & dans toute l'Europe, lorsque l'ambitieuse Angleterre ralluma le brandon de la guerre par le pillage, dans le Canada, de trois cents vaisseaux français qui naviguaient dans ces parages. Un appel fait par Louis XV au roi d'Espagne pour venger cette injure resta infructueux, & Ferdinand, fatigué du poids de la couronne, l'eût volontiers déposée, si la reine ne l'eût aidé à la soutenir. Les finances étaient tombées dans un état pitoyable, & une banqueroute, conseillée ou approuvée par une junte, paya quarante-cinq millions de piastres, dette qu'avait laissée le règne précédent.

CHARLES III.

Ce prince était assis sur le trône de Naples, lorsque la mort de son frère Ferdinand l'appela à lui succéder & à régner sur les Espagnes. Son gouvernement offre tous les caractères de celui d'un prince sage, éclairé, connaissant ses devoirs, sachant les remplir, & ne laissant au hasard que ce que la prudence ne pouvait diriger. Il ne prit d'abord aucune part à la querelle qui divisait l'Angleterre & la France au sujet des possessions de l'Amérique, mais il ne tarda pas à signer le fameux pacte de famille, qu'il soutint dans toutes les péripéties qui furent le résultat de la guerre que l'Angleterre lui déclara, & dont elle retira les fruits à la paix de Paris.

C'est sous ce règne que les Jésuites, dont la puissance devenait ombrageuse pour l'autorité royale, furent à la fois chassés de la France, de l'Espagne & du Portugal, transportés à Civita-Vecchia où le Pape refusa de les recevoir, & puis déposés en Corse.

Cependant la marine espagnole, secondée par la marine française, se préparait à une descente sur les côtes britanniques, & elles se montrèrent de concert aux bouches de la Tamise; mais cet acte de vigueur, qui aurait porté le coup mortel à l'Angleterre, resta sans effet par la trahison ou la corruption, ce qui n'empêcha pas la France & l'Espagne de dicter à l'Angleterre un traité qui rendait à l'Espagne toutes ses possessions d'Amérique & qui forçait les Anglais à reconnaître l'indépendance de leurs colonies dans le Nouveau-Monde.

Enfin, le règne de Charles, non moins remarquable par les réformes en tout genre qu'il opéra dans toutes les branches de l'administration que par sa politique probe, éclairée & ferme, ne fut terni que par l'abandon qu'il fit à l'Inquisition de l'illustre Olavidez, que des paroles imprudentes firent condamner, comme hérétique, à une prison de huit ans.

CHARLES IV.

Le règne de ce prince eſt marqué par des vices & des défauts capitaux, qui portent avec eux le germe de tous les malheurs qui ſe développent enſuite ſans qu'on puiſſe y remédier.

Il eſt cependant juſte de dire que ce règne, qui commence preſque au moment de la Révolution françaiſe, & qui plus d'une fois en reſſentit les triſtes effets, ne peut être entaché des maux qui fondirent ſur l'Eſpagne dans cette période, où elle fut ſouvent forcée de confondre ſes armes avec celles de la France, ou de les combattre de concert avec l'Europe liguée contre Napoléon Ier.

A la mort de Louis XVI, l'Eſpagne entra dans la coalition européenne pour venger le ſang de ce prince. Dès que cette démarche fut connue, des troupes françaiſes entrèrent en Eſpagne, &, après des revers & des ſuccès compenſés, le traité de Bâle rendit à l'Eſpagne tout ce qu'elle avait perdu, mais l'île de Saint-Domingue fut cédée à la France.

Depuis lors l'Eſpagne, tantôt alliée, tantôt ennemie de la France, a vu ſes finances s'épuiſer, ſes reſſources s'amoindrir, & enfin elle eſt tombée dans un tel état de faibleſſe, qu'elle n'avait plus ni troupes ni marine, & qu'il lui eût été impoſſible de lutter plus longtemps, si la paix de 1814 ne lui eût rendu le calme dont elle avait un si grand besoin.

Des causes politiques avaient décidé Charles IV à abdiquer en faveur de son fils Ferdinand VII, & c'est à ce dernier prince que nous terminons le récit de l'histoire politique de l'Espagne pendant une période qui comprend plus de deux siècles, vaste canevas que nous allons nous efforcer de couvrir des divers produits des beaux-arts, sous la domination de la branche des Bourbons.

Il n'est pas douteux que la protection que les arts reçurent des princes de la nouvelle dynastie, ne les eût soutenus & encouragés aussi efficacement que celle qu'ils avaient obtenue de la maison d'Autriche, si des circonstances malheureuses, des guerres continuelles, des dissensions intestines ne fussent venues les troubler dans leur expansion. Philippe V descendait de Louis XIV, & les progrès que les sciences en tout genre avaient faits sous le grand roi & à l'ombre de son royal manteau, donnaient sur son petit-fils les plus heureuses espérances. Si elles ne se réalisèrent pas, si l'art suivit toujours sa marche décroissante, ce n'est point que les moyens de s'arrêter sur sa pente manquassent, c'est que des causes qui prenaient leur principe dans l'art lui-même y mirent obstacle & précipitèrent sa décadence.

En effet, nous avons laissé la Renaissance se mourant de fatigue, tant elle avait eu de besogne à élever les divers monuments que nous avons cités, si dignes d'être placés à côté des chefs-d'œuvre du style ogival & du style gothique. Elle a brillé, elle a eu sa part de gloire, & son triomphe eût été plus long encore, si ses apôtres ne l'eussent étouffée en voulant trop l'embellir.

CHAPITRE XXIV.

Décadence de l'art architectural.

CETTE catastrophe se faisait déjà pressentir, était même visible dès le milieu du XVIIᵉ siècle, par les tristes & déplorables enseignements qui se glissèrent peu à peu de l'Italie en Espagne. L'Italie oubliait déjà le sévère Palladio. Un goût dépravé pour de détestables & lourds ornements, avait gagné toutes les écoles, & la Péninsule ibérique ne fut pas exempte de l'influence de cette nouvelle invasion que protégea Juan Martinez. Mora lutta en vain; on ne l'écouta pas, & les novateurs passèrent outre. Sainte-Claire, Saint-Sauveur & Saint-Pierre de Séville s'élevèrent d'après le système à la mode. On marchait à grands pas vers une ruine certaine; mais le caprice avait décidé, & nul n'essayait de résister à l'engouement général. Jean-Baptiste Crescencio, jouissant, en 1617, de toute la puissante protection du comte-duc d'Olivarès, prodiguait, sans retenue & contrairement aux principes de l'art & au caractère de l'architecture romaine qu'il prétendait imiter, des ornements d'un goût efféminé. Sa faveur était fans bornes, & l'on s'efforçait de l'imiter.

C'eft en Italie, c'eft à Rome, que le nouveau ftyle avait pris naiffance & s'était établi. Le Borromini, jaloux de la fupériorité du Bernin, s'était détourné de la voie qu'il fuivait, & profeffait, avec beaucoup de féduction, les principes nouveaux qu'on s'empreffait d'adopter, fans avoir pour excufe le mérite de l'originalité ni celle d'un talent véritable. L'art architectural avait, comme la poéfie, fes métaphores enflées & ridicules, fes *concetti* & fes allures extravagantes. L'Italie encenfait l'auteur de l'*Adone*, le cavalier Marini, l'Efpagne admira Gongora. Mais un fait bien remarquable & bien digne d'être fignalé, c'eft que la peinture réfiftait à ces pernicieufes influences & brillait d'un magnifique éclat.

Cependant les difciples du Borromini fe multipliaient : c'était Cano, admirable peintre & prodigieux fculpteur ; c'étaient Rizi, Donofo, Valdès-Léal dont les toiles impitoyables font friffonner d'horreur, & même Coëllo. Sébaftien Ricuefta bâtiffait à Séville une églife en 1655, & n'avait garde d'oublier les mauvaifes doctrines qu'on répandait. Il en était de même de Jofé Arroyo, qui élevait à Cuença, en 1699, la maifon de la Monnaie. Puis venaient les infatigables deffinateurs de rétables, Francifco Dardero, qui travaillait à Uclès en 1688 ; Cayetano Acofta à Séville, en 1670 ; Jofé de Olano à la chapelle de l'Euchariftie à l'Efcurial, en 1677. Dans ces fortes de travaux, la fantaifie feule fervait de guide.

Ces Borrominiftes eurent une nombreufe famille: Lorenzo Fernandez, en 1704, bâtiffait la porte de l'Archevêché de Séville; Bernard-Alphonfe de Célada conftruifait plufieurs édifices à Valence; Pédro Roldan, Ignace Ibéro, Thomas Jauregui vinrent enfuite. Toutes les conftructions de cette école fe reffemblent; les mêmes défauts s'y font remarquer. Hâtons-nous de dire cependant que fi Churriguera a conduit l'architecture dans une fauffe route, ce n'eft point qu'il manquât de talent & de génie: il a prodigué les rétables fans les compter, & montré, dans ces compofitions compliquées, une abondance & une verve qui étonnent; peu d'artiftes ont déployé une fécondité & une facilité femblables. Churriguera a donné fon nom à cette école qui développa, en l'exagérant, l'influence italienne en Efpagne: il en fut, en effet, le plus exact repréfentant.

Mais voici un événement politique qui va avoir, pour l'art en Efpagne, une heureufe influence. Le petit-fils de Louis XIV, traverfant les Pyrénées, vint s'affeoir fur le trône de Charles-Quint. Avec lui entrèrent à Madrid les idées françaifes, & la réaction qui s'opéra dans l'art produifit des effets falutaires. Philippe V avait groupé d'éminents artiftes autour de lui; pour que leurs leçons ne fuffent pas perdues, il fonda un inftitut, puis il entreprit la conftruction des palais de Madrid, d'Aranjuez, & de Riofrio près la Granja.

Fontana jouissait alors d'une réputation européenne; Philippe Juvara s'était formé à son école : le roi d'Espagne l'appela. Juvara avait déjà acquis une juste & légitime réputation, en bâtissant le palais royal de Lisbonne, réputation qu'il soutint par la façade du palais d'Aranjuez, du côté de la cascade. Frappé par la mort en 1736, Sacchetti fut chargé, à sa place, de tracer le plan du palais royal. Philippe V aimait son talent, il le nomma son architecte : dès lors l'art se régénéra en Espagne. Santiago Bonavia bâtissait le Buen-Retiro. Bientôt, à ces diverses écoles, des professeurs de talent se formèrent & purent rivaliser avec les étrangers : parmi eux on doit citer Juan Ascondo, qui dessina la Granja. Ainsi disparaissait peu à peu le style de Churriguera. On cherche désormais à reproduire l'architecture romaine, sinon avec son austérité remarquable, au moins avec assez d'exactitude, & non plus défigurée comme nous l'avons vue à la fin du XVIIe siècle.

C'est surtout dans le palais royal de Madrid qu'il faut étudier cette architecture; le palais est somptueux & grandiose, bien que quelques critiques sévères puissent lui être adressées : le goût de Bonavia n'était pas toujours très pur. Sous Ferdinand VI, on continue à appliquer les mêmes principes. L'architecte Carlier se distingue par un grand amour du faste, mais il manque souvent d'élégance & d'unité.

L'étude de l'architecture se répandait & devenait plus sérieuse. En 1756, Philippe Rubio élevait la Douane à Valence. Charles III, à Naples, avait levé le linceul de laves qui, depuis dix-huit siècles, couvrait Herculanum. Lorsqu'il monta sur le trône occupé auparavant par son frère Ferdinand VI, il donna toute son attention aux arts; aucun sacrifice ne lui coûta pour aider à leur développement. Parmi les artistes de cette époque, Rodriguez, esprit supérieur & original, tient le premier rang; il s'appliqua à conserver les maximes du XVIe siècle, en les modifiant suivant les exigences de la société d'alors. Il exerça une immense influence; on peut s'en convaincre par les nombreux monuments qu'il fit exécuter. Il bâtit à Madrid Saint-Marc, en 1749, le couvent de Saint-Gilles, le palais du duc de Liria, une partie de la maison du duc d'Astorga, les fontaines gracieuses du Prado. Dans les provinces, il restaura l'église *del Pilar* de Saragosse, le rétable du grand-autel de Saint-Julien de Cuença; il dressa le plan de la façade de la cathédrale de Santiago; il construisit enfin la chapelle du Saint-Sauveur dans la cathédrale de Jaën, & la façade de la cathédrale de Pampelune. Tous ces nombreux & importants travaux ont été justement appréciés par le célèbre archéologue Cean Bermudez dans ses *Noticias his-*

toricas de los arquitectos y architectura de España. Francifco Sabatini partageait avec Rodriguez les faveurs de la cour. Charles III l'avait connu à Naples, où il avait élevé l'Annunciata; il l'appela auprès de lui & le chargea de la conftruction de la porte d'Alcala. Don Jofé Hermofilla bâtit l'Hôpital général de Madrid. Don Francifco Cayon orna avec goût la cathédrale de Cadix, bâtie fur les plans de don Vincente Acevo. Don Pedro-Ignacio Lizandi & Sanchez Bort travaillèrent à la cathédrale de Lugo. Rodriguez avait formé une école; on fuivait fes infpirations.

Charles IV nomma Villanueva fon architecte; l'académie de Saint-Ferdinand lui confia la direction de fes études, & il juftifia cette confiance par de très remarquables monuments publics qu'il érigea. Elégant & pur, épris des formes de l'art grec, il conftruifit le théâtre *del Principe*, l'entrée du jardin botanique, & enfin une œuvre capitale, le Mufée de peinture fur un des côtés du Prado. La conftruction de ce mufée qui devait renfermer de fi éblouiffantes merveilles & devenir en peu d'années le plus riche de l'Europe peut-être, donna à Villanueva une brillante célébrité. Cependant il y a un peu d'exagération dans les éloges que les Efpagnols contemporains lui ont prodigués, & l'épithète d'*obra inmortal* eft fans doute bien ambitieufe, mais elle prouve du moins la beauté & le mérite de l'œuvre. Silveftre

Pérez marcha de près sur ses traces, en bâtissant le théâtre de Vittoria.

Mais, pour rendre à chacun selon ses œuvres, il est juste de dire que, quelles que soient la régularité, la grandeur, la sévérité même des monuments de cette époque en Espagne, & qui datent presque d'hier, ils offrent un intérêt bien moins grand que ceux de la période arabe, que ceux élevés dans le style gothique, que ceux du XVIe siècle. Nous ajouterions volontiers que l'école de Churriguera pique davantage la curiosité, malgré ses détestables enseignements, en dépit de ses défauts. Sous Villanueva & quelques-uns de ses prédécesseurs, artistes d'une rare distinction sans doute, mais qui manquent d'initiative & d'originalité, l'architecture étrangère a tout envahi. Le joug imposé par la France & l'Italie pèse sur les intelligences, & l'on ne rencontre plus de traces de cet esprit national qui avait su, aux siècles précédents, imprimer un caractère si puissant aux créations de l'art.

N'allons pas plus loin dans les recherches sur l'architecture en Espagne, dans cette période qui a été, comme on l'a vu, très accidentée. En changeant de maîtres, en passant, de la Maison d'Autriche, sous celle des Bourbons, l'Espagne a aussi changé ses idées. Passant tantôt d'une trop grande prodigalité d'ornements à une nudité complète, tantôt s'attachant au genre grec, les architectes des dernières écoles fe font égarés à force d'innovations, & tout en voulant faire du nouveau, ils n'ont fait qu'obéir au torrent de l'influence italienne & de la prépondérance françaife. Pendant près de deux fiècles, l'Efpagne a inutilement lutté contre la fatalité qui s'acharnait à détruire en elle cet élan, cet amour du beau, ce génie national qui l'avaient placée fi haut fur l'échelle artiftique; mais c'étaient les derniers efforts d'un corps qui ne fuccombe que fous la preffion qui le domine; c'étaient les dernières pulfations d'une vie qui s'éteint.

CHAPITRE XXV.

Peinture sur verre.

AVANT de reprendre la peinture dans la période du XVIIe & du XVIIIe siècle, disons un mot des vitraux des églises, des statues & des architectes de cette époque.

Les verrières historiées des cathédrales gothiques ont un double caractère : ornement merveilleux & servant à augmenter les proportions de l'édifice par la clarté mystérieuse qu'elles y répandent, elles sont en même temps une sorte d'enseignement religieux pour la foule qui les contemple, un livre de piété parlant à l'esprit de ceux qui ne savent pas lire.

« L'instruction & l'édification des fidèles semblent avoir été le but principal que se proposait le christianisme en adoptant ce mode curieux d'ornementation historiée, » dit le savant auteur de l'*Iconographie chrétienne*; & Fénelon, dans un petit ouvrage plein de grâce, de naïveté & d'une profonde raison, a émis la même pensée.

Les vitraux, au moyen-âge, furent les véritables tableaux des cathédrales : ils complétaient l'enseignement qui defcendait du haut de la chaire chrétienne ; l'artifte y peignait l'Ancien & le Nouveau Teftament, l'hiftoire des martyrs & des fcènes fymboliques.

Il eft difficile de précifer l'époque à laquelle la peinture fur verre s'introduifit en Efpagne. Dès le XIIe fiècle l'ufage en eft prefque général en France, en Allemagne & en Italie, & l'on ne voit guère d'églifes, de chapelles de cette époque, qui ne portent encore des preuves de ce genre d'ornementation. Il eft donc préfumable que fi la peinture fur verre ne fut pas employée d'abord par les Efpagnols, elle ne leur était pas du moins inconnue. Ce qui le prouve, c'eft que du moment où il fut queftion de modérer, par le verre peint, le trop de clarté que jetaient à flots dans les églifes les hautes & larges fenêtres gothiques, les coups d'effai que firent alors des artiftes péninfulaires furent de véritables coups de maître : point de tâtonnements, point de recherches pénibles & fouvent infructueufes; l'art de la peinture fur verre était créé, il n'y avait qu'à le fuivre. Auffi, à partir des premières années du XVe fiècle, le goût des vitraux peints prit-il en Efpagne une grande extenfion. Des écoles de peintres-verriers fe fondèrent dans les deux Caftilles & en Aragon; il en fortit de remarquables travaux. Les premiers furent produits à Burgos : Juan de Santillane, Juan de Valdiviéfo, Albrecht & Nicolas de Hollande,

Valentin Ruiz rivalisaient de zèle, d'inspiration & de talent. Des maîtres en ces sortes de peintures étaient venus de la France, de l'Allemagne, des Flandres & de la Hollande: les élèves qu'ils formèrent ne tardèrent pas à rivaliser avec eux & à les surpasser même.

Les plus anciennes verrières fabriquées en Espagne sont celles de la cathédrale d'Avila, par Juan de Santillane & Juan de Valdiviéso. Ils exécutèrent, en 1497, les quatre grandes fenêtres représentant saint Jacques, saint Jean, saint Nicolas & sainte Anne. Celle de saint Jean subsiste seule. L'année suivante, ils peignaient trois autres compositions: la Naissance du Christ, l'Epiphanie & la Transfiguration. Le coloris en est admirable, d'une grande vigueur de ton; le dessin rappelle les chefs-d'œuvre d'Albert Dürer & de l'école allemande.

Vers 1520, Albrecht de Hollande travaillait aux fenêtres de la même église: on conserve encore une partie de ses travaux. Nicolas, son fils, peignit les vitraux du côté droit de la nef centrale: par malheur, le temps les a détruits.

Au commencement du XVIe siècle (1503), on entreprenait la peinture des larges fenêtres de la cathédrale de Tolède. Quelques années après, en 1507, Alejo Ximénès continuait ces remarquables travaux, & il le faisait avec un grand succès.

Presque en même temps, de 1510 à 1513, Gonzalve de Cordoue achevait les vitraux représentant la création d'Adam & plusieurs passages de l'Ancien Testament : ce sont, sans aucun doute, les meilleurs de la cathédrale. Juan de la Cuesta peignit ceux de la chapelle mozarabe & en répara plusieurs autres que le temps avait endommagés. En 1542 nous trouvons, occupé à ces mêmes travaux, Nicolas de Vergara, *le Vieux*, dont le goût est très remarquable, & à qui ses deux fils succédèrent.

Rien de plus magnifique que les vitraux de la cathédrale de Séville. A certaines heures du jour, lorsque le soleil de l'Andalousie perce de ses rayons brûlants ces éclatantes peintures, il semble qu'une main inconnue fasse ruisseler un inépuisable écrin de pierres précieuses, le long des sveltes colonnes & sur les dalles de pierre, dont l'une d'elles, grand & immortel souvenir, représente le vaisseau avec lequel Colomb donna un nouveau monde à l'ancien, le jetant comme un joyau de femme aux pieds d'Isabelle.

Les premiers vitraux qui furent placés étaient peints par Cristobal Aleman, en 1504, & présentaient une vaste superficie. Bernardino de Gelaudia exécutait, en 1518, ceux de la chapelle Majeure. En 1525, Arnaud de Flandre & son frère de Vergara continuèrent l'œuvre entreprise. Cean Bermudez a noté avec soin les divers sujets qu'ils peignirent dans un espace de vingt-neuf années. Vint ensuite Vincent Ménandre : peu de travaux du genre de ceux qui nous occupent, peuvent être mis en comparaison avec les siens. La grande verrière de Ménandre, représentant la conversion de saint Paul, fut terminée en 1560. En 1567 & en 1569, il en achevait deux autres qui ne le cédaient en rien à la précédente & qui sont justement admirées.

Séville n'attirait pas seule les peintres verriers; on travaillait aussi à Burgos. En 1642, Valentin Ruiz réparait les vitraux du transsept de la cathédrale de cette ville.

Diégo de Valdiviéso peignait, en 1552, plusieurs fenêtres aux cathédrales de Cuença & de Malaga; son œuvre interrompue fut finie par Octave Valério, en 1579. C'est avec raison qu'on vante les vitraux de la cathédrale de Léon : on ignore le nom de l'architecte & l'époque de leur établissement; mais, à bien étudier le style, l'attitude des personnages, la dureté des contours, la raideur & la simplicité des vêtements, il n'est guère permis de douter qu'on ne doive les classer parmi les plus anciens qui se rencontrent en Espagne.

Nous avons indiqué les plus célèbres vitraux des cathédrales de la Péninsule; mais combien encore qui, sans présenter un ensemble aussi complet, seraient dignes d'une sérieuse étude ! Les cathédrales de Ciudad-Rodrigo, de Pampelune, de Huesca, de Ségovie, de Saragosse, de Barcelonne & d'Oviédo renferment des pages très curieuses.

La plus brillante époque de la peinture sur verre, en Espagne, a été de 1410 à 1460. Ce demi-siècle a été très bien rempli, & c'est alors qu'ont pris naissance la plupart des éminents travaux que nous venons d'indiquer.

Pour terminer l'esquisse que nous avons entrepris de donner sur tout ce qui se rattache à l'art en Espagne, il nous reste à dire un mot des statues qui décorent les palais & les temples de cette terre si favorisée au point de vue de l'art.

CHAPITRE XXVI.

Sculpture.

LES traditions de l'art gothique femblent s'être confervées dans la Péninfule jufqu'à une époque très avancée. Les perfonnages gardent leur naïveté charmante, &, fi le cifeau de l'artifte eft inhabile à rendre certains détails, il excelle à exprimer la foi profonde dont les âmes font alors animées. Nufro Sanchez, génie facile & déjà expérimenté, travaillait, en 1462, au chœur de la cathédrale de Séville ; Gil de Siloé faifait preuve, dès le même temps, d'une habileté prodigieufe en élevant le tombeau de Juan II & d'Alphonfe dans la chartreufe de Miraflorès. En 1487, le tombeau de don Alvaro de Luna & de dona Juana de Pimentel, fa femme, fculpté par Pablo Ortez dans la cathédrale de Tolède, indique éloquemment le pas immenfe que l'art vient de faire.

De nombreux artiftes, dont le cifeau fe joue des difficultés de l'exécution, rempliffent la feconde moitié du xve fiècle ; il fuffira d'en citer quelques-uns : Lorenzo Mercadante, en 1453, exécute le tombeau du cardinal don Juan de Cervantès, à Séville. En 1459, on trouve à Tolède, occupés à la cathédrale, Alphonſe de Lima, Fernando Garcia, Juan Egas, Ruy Sanchez, Fernando Chacon. En 1471, Franciſco Gomard ſculpte les ſtalles du chœur de la cathédrale de Tarragone, &, en 1490, Bernardo Ortéga le grand rétable de la cathédrale de Séville.

Pendant les vingt premières années du XVIe ſiècle, des ſculpteurs habiles rempliſſent les égliſes & y laiſſent de magnifiques traces de leur paſſage : Diégo Guadalupe, Franciſco Aranda, Pédro de Eſpayarte, Solerzano, Franciſco Lara, Lorenzo Garricio ſont occupés à Tolède. Juan de Olotzaga orne de ſtatues la façade de la cathédrale de Hueſca. Chaque ville a ſes artiſtes dont elle ſe fait gloire : Saragoſſe a Juan Morlanès; Valence, Bernardo Cétinia; Alcala, Gutierrez de Cardenas & Pédro Izquierdo; Barcelonne, Bartolomé Ordinez. Tous ces grands artiſtes venaient d'être dépaſſés par le plus habile & le plus fécond de toute la Péninſule au XVIe ſiècle, Alonzo Berruguète, qui, à ſon arrivée d'Italie, débuta à Saragoſſe, dans l'égliſe de Santa-Engracia, par un très riche rétable qui fit connaître ſes talents & le mit bientôt en faveur auprès de Charles-Quint. On admire de lui, à Tolède, les ſtalles du chœur & le ſiége de l'archevêque-primat : c'eſt là, en effet, un des morceaux les mieux achevés en ſculpture que l'on puiſſe voir. On ſent, en regardant fes œuvres, qu'il a traversé la grande école de Michel-Ange. Peintre auffi bien que fculpteur, il fe fervait habilement de la palette pour les nombreux rétables qu'il exécutait. Receva, émule de Berruguète, avait, comme lui, voyagé en Italie, & Philippe II honora fon talent en le nommant fon peintre. Receva juftifia la faveur royale par une très célèbre ftatue de Notre-Dame-de-la-Solitude pour la chapelle du couvent des Minimes, à Madrid; &, en 1599, par le rétable de la cathédrale d'Aftorga. L'art, chez les Efpagnols, grâce à leurs efforts & à leur génie, avait des travaux célèbres à citer & à mettre à côté des chefs-d'œuvre de l'Allemagne & de l'Italie.

Il eft infiniment regrettable que les chroniqueurs efpagnols fe foient fi peu attachés à conferver les détails fur l'art & fur ceux qui le cultivaient; les guerres qui ont défolé la Péninfule ont, à ce fujet, caufé tant de pertes irréparables, tant d'archives font, jufqu'ici, demeurées dans un état fi incomplet, qu'on ne peut que difficilement recueillir les noms des architectes qui ont tant de droits à la louange de la poftérité, furtout quand on veut remonter un peu haut. En parlant de l'architecture latine & de l'architecture arabe, nous avons eu foin de faire connaître les principaux architectes en énumérant les divers édifices qui s'élevèrent alors; mais, pour être impartial, il nous refte à remplir la même tâche en faveur des modernes.

En 1310, le Mallorquin Pédro Salvat construisait le palais de Bellver.

En 1325, Malommac &, après lui, Ruy Cil dirigeaient la construction de la forteresse de Carpio.

Lopé Arias, vers 1372, élevait l'alcazar de Ciudad-Rodrigo. A la même époque, Ximénès Ruy avait la direction des monuments du royaume de Navarre, & portait le titre de *Mazonero*. A Séville, le roi Henri II avait pour architectes Juan Rodriguez & Diégo Fernandez.

Juan Garcia de la Guardia avait, en Navarre, une très haute réputation, vers l'an 1387.

Dans les dernières années du XIVe siècle, on trouve Pédro Raman occupé à élever la *Lonja* de Palma. Vers la même année (1390), Juan Fabra & Martinez travaillaient, l'un à la cathédrale de Barcelonne, l'autre à celle de Séville.

Au XVe siècle, les recherches sont plus faciles; l'ordre s'est rétabli : chaque monument a son architecte qui veille à sa conservation & qui le répare, le complète ou l'agrandit. En 1472, Pédro Lopez est l'architecte de la cathédrale de Jaën, & Juan de celle de Salamanque.

Lorsque le style de la Renaissance vient faire oublier les merveilleuses créations de l'art gothique, on trouve un groupe d'artistes réunis. A côté de Gil de Siloé & d'Alonzo Berruguète se font remarquer, par un talent incontestable, Antonio Céroni, Pédro Cicéro, Miguel de Espinosa, Bernardino Ortiz & Antonio Morante.

Que de curiosités, pour l'historien & l'archéologue, renferme encore l'Espagne, que nous n'avons pu visiter, que nous ne pouvons par conséquent ni décrire, ni même mentionner! Que de restes précieux d'œuvres antiques, épars çà & là, employés maintenant aux plus vils usages! Que de monuments encore debout que le temps semble respecter & qui resteront ignorés, malgré le cachet de beauté, de grandeur & de génie qui a présidé à leur érection! Espérons que, pour le plus grand avantage de l'art & pour l'honneur de l'Espagne, la commission qui a été nommée en 1847 pour arrêter le plan d'un voyage archéologique dans les diverses provinces, permettra de compléter les recherches & les descriptions de l'architecture espagnole & de tout ce qui se rattache aux beaux-arts, dans cette contrée si près, si voisine de la France. Trop de souvenirs historiques, trop de rapports amicaux & directs unissent l'antique Ibérie à la Gaule, pour que nous puissions rester indifférents à ce qui se rattache à la gloire d'une nation à laquelle ont commandé des princes issus du sang de nos rois.

Reprenons l'histoire chronologique des peintres du xviie siècle. Malgré la décadence de l'architecture pendant cette période, la peinture s'est maintenue à son rang, & quoique l'Espagne n'ait plus guère vu naître que des artiftes d'un fecond ordre, à l'exception de quelques rares célébrités, bien des contrées s'eftimeraient heureufes d'avoir à montrer à la poftérité les œuvres qu'ont laiffées les peintres péninfulaires pendant ce dernier fiècle.

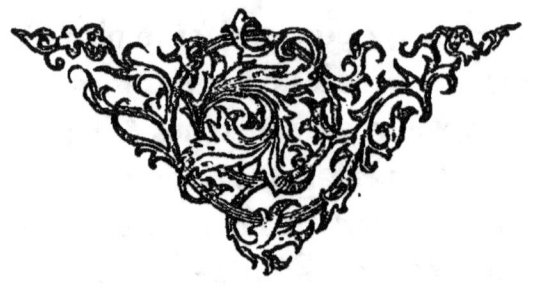

CHAPITRE XXVII.

Peintres du XVIIe siècle.

LE XVIIe siècle a vu encore en Espagne quelques artistes éminents, dignes d'être placés à côté des sommités du XVIe siècle. De ce nombre sont les Espinosa, Cano, Castillo, Philippe IV, roi d'Espagne, Paréja, Herrera & Murillo, la gloire & l'honneur de son siècle & de son pays.

Parmi le grand nombre de peintres qu'a fournis cette période, la plupart sont tellement restés inconnus, qu'on a de la peine à en découvrir les traces; aussi ne sera-ce que pour mémoire que nous les mentionnerons.

Le premier qui, par date de naissance, ouvre la série du siècle, est Dontons (Paul), un des meilleurs peintres de son époque & dont Valence conserve les œuvres.

Ce peintre, dont on ignore le maître, travailla beaucoup dans toute l'Espagne.

Viennent ensuite :

Espinosa (Hyacinthe-Jérôme), fils de Rodrigue, élève de son père & de Ribalta. On croit que ce peintre visita l'Italie & qu'il s'y perfectionna, surtout à Bologne, devant les chefs-d'œuvre des Carrache. Il fut plusieurs fois appelé à Madrid, mais il ne put se résoudre à quitter son pays, & il y finit tranquillement ses jours dans le calme & la piété.

Madrid conserve de lui une Sainte Madeleine, Notre Seigneur Jésus-Christ, un Saint Jean; Valence, la Communion de la Madeleine, la Mort de saint Louis-Bertrand, la Transfiguration & plusieurs autres œuvres; Paris, Tobie, la Sainte Famille, Jésus-Christ portant sa croix, & plusieurs autres tableaux, tous marqués au coin du génie & de la perfection, qu'il acquit par l'imitation première de Joanès, puis des maîtres d'Italie.

On remarque sur ses œuvres de beaux effets de clair-obscur, un dessin correct & hardi, un pinceau gracieux, de l'expression & un style grave.

Fuente (Jean-Léandre), né à Grenade. On ignore quel fut le maître de ce peintre. Il travailla à Séville en 1638. D'un esprit peu intrigant & peu ambitieux, cet artiste, malgré son beau talent, mourut pauvre dans sa patrie.

Grenade & Séville possèdent de lui plusieurs tableaux qui accusent un dessin correct, un beau coloris, une grande force de clair-obscur.

Ses ouvrages rappellent ceux de Bassan.

Philippe-Gilbert de Ména, né à Valladolid, élève de Jean Vanderhamen, à Madrid. Ce peintre établit dans sa maison une académie de jeunes artistes & la soutint à ses frais.

On lui accorde une bonne ressemblance, mais une manière affectée.

Cano (Alonzo), né à Grenade, fut élève de François Pachéco à Séville, de Juan del Castillo & de Herrera. Il visita Madrid & y résida pendant treize ans. Il fut nommé, par la protection du duc d'Olivarès, en 1638, maître des œuvres royales, peintre de la chambre & premier professeur du prince Balthazar-Carlos d'Autriche. Après plusieurs circonstances de son existence, remplie de tracasseries, ce peintre entra dans les ordres & y termina tranquillement une vie pleine d'orages.

Grenade conserve de lui plusieurs tableaux; Séville, un Saint Jacques; Paris, plusieurs œuvres; Munich, la Vierge apparaissant à saint Antoine de Padoue; Madrid, Saint Jean écrivant l'Apocalypse, Saint Benoît abbé, Jésus-Christ mort, Saint Jérôme au désert, la Vierge & l'Enfant Jésus, Jésus-Christ à la colonne, des portraits; Saint-Pétersbourg, la Vierge & l'Enfant Jésus.

Toutes ces œuvres annoncent un pinceau suave & gracieux, un coup d'œil admirablement juste & sûr, un dessin très pur, naïf & majestueux en même temps, un coloris savant, surtout dans les demi-teintes, une composition sage, harmonieuse & pleine de goût, des draperies heureuses, une exécution d'un soin parfait dans les pieds & les mains. Cano était à la fois peintre, sculpteur & architecte, & un des plus grands artistes que l'Espagne ait produits.

Castello (Félix), fils de Fabrice, né à Madrid, élève de son père & de Vincent Carducho.

Madrid possède de ce peintre le Passage d'une rivière par des soldats, & un Combat entre des Espagnols & des Hollandais.

On lui accorde une manière large, une composition grandiose.

Martinez (Sébastien), un des plus grands peintres de l'école de Séville, travailla pour les églises & les couvents de Cordoue, & mourut à Madrid, après avoir été nommé peintre du roi par Philippe IV.

Cordoue conserve de lui une Nativité, un Saint Jérôme, un Saint François, une Conception & un Christ; Jaën, un Saint Sébastien & une Conception.

Toutes ces œuvres annoncent un coloris plein de grâce & d'harmonie, & un bon dessin.

Vidal de Liendo (Jacques), neveu de Jacquesle-Vieux, fut élève de son oncle, se rendit avec lui à Rome pour obtenir une prébende, y étudia avec fruit les grands maîtres de cette métropole des arts, & revint mourir à Séville, après avoir de beaucoup surpassé son maître.

Valence possède de lui quelques tableaux qui ne sont pas sans mérite.

Castillo-y-Saavreda (Antoine del), fils d'Augustin, élève de son père & de Zurbaran à Séville, s'occupa longtemps à Cordoue, sa patrie, & revint à Séville en 1666, mais ce fut pour y recevoir le coup mortel de dépit de ne pouvoir égaler le mérite de Murillo, dont la célébrité commençait à s'établir. Castillo ayant vu les œuvres de cet artiste, s'écria avec douleur : « Il n'y a plus de Castillo ! » Il mourut, en effet, l'année suivante, de chagrin de ne pouvoir acquérir les qualités qui lui manquaient.

Madrid a de Castillo une Adoration des Bergers ; Paris, un Saint Pierre, une Sainte Lucie, un Franciscain & un Dominicain. Ces œuvres accusent un dessin correct, une grande finesse dans le dessin, mais un coloris défectueux.

Les portraits de Castillo étaient très ressemblants & fort recherchés.

Garcia (Salmeron-Christophe), élève d'Orrente, fut appelé à Madrid & y mourut.

Ce peintre ne fut point inférieur à son maître pour le coloris & la vigueur du clair-obscur.

Fernandez (François), élève de Vincent Carducho, était aussi habile graveur que bon peintre. Tué par son ami Fr. de Varas, dans une dispute qu'ils eurent en buvant ensemble, sa mort prématurée l'empêcha d'achever l'œuvre dont il était chargé, celle de peindre tous les rois d'Espagne, dont les portraits devaient orner le palais de Madrid.

Philippe IV, roi d'Espagne, peintre & poète. Ce prince, bon artiste lui-même, se rendit encore plus remarquable par la protection extraordinaire qu'il accorda aux arts dans la personne de tous les artistes dignes de ses faveurs, & surtout de Vélasquez qui brilla sous son règne.

On accorde à cet artiste-roi un pinceau flou & onctueux, un bon coloris & un dessin assez correct.

Cardenas (Barthélemy), né à Valladolid, serait resté inconnu sans les fresques qu'il a laissées dans sa ville natale & à Madrid.

Jean de Paréja, né à Séville, était esclave de Vélasquez, dont il broyait les couleurs. Son talent pour la peinture fut longtemps un secret; il n'osait montrer ses essais; mais, ayant accompagné son maître à

Madrid, il se hasarda un jour de produire un de ses tableaux, qui, à la prière de Philippe IV, lui valut la liberté & l'avantage de devenir l'élève de Vélasquez. Paréja, plein de reconnaissance, continua de servir son maître pendant sa vie. Après la mort de celui-ci, il s'attacha au service de sa veuve, auprès de laquelle il resta jusqu'à la fin de cette dernière.

Paris conserve de ce peintre plusieurs tableaux; Madrid, la Vocation de saint Matthieu.

Les œuvres de Paréja sont une parfaite imitation, par les teintes, de celles de Vélasquez, au point que souvent on confond ses portraits avec ceux de ce grand peintre; mais il exécuta fort peu de tableaux d'histoire.

Rizi (François) naquit à Madrid & fut l'élève de Vincent Carducho. Nommé peintre de Philippe IV, de Charles II & du chapitre de Tolède, & protégé par les grands, Rizi devint, par son génie, d'accord avec le goût du temps, un artiste célèbre & fit une brillante fortune.

Madrid conserve de ce peintre le portrait d'un général, plusieurs tableaux d'histoire; Paris, une Tête de saint Pierre & l'Enfant prodigue.

On attribue à ce peintre une invention féconde, mais on lui reproche ses ornements capricieux & ses compositions bizarres dans les décorations. Préférant la facilité à la correction, son influence ne contribua pas peu à la décadence des arts. Du reſte, on lui accorde des teintes agréables, une touche hardie & des attitudes énergiques.

Salmeron (François), né à Cuença, fut élève de Pierre Orrente.

Une mort prématurée empêcha ce peintre de corriger l'incorrection de ſon deſſin & de le mettre en harmonie avec ſon coloris brillant & preſque incomparable.

Sarabia (Joſeph), fils d'André Ruiz de Sarabia, né à Séville, était élève de François Zurbaran. Il s'établit à Cordoue & y mourut.

Ce peintre mérite une mention, non par le génie d'invention de ſes œuvres, qui ne ſont que des plagiats imités des eſtampes de Sadeler & d'autres artiſtes, mais par ſa noble ſimplicité, ſon deſſin pur, ſes belles couleurs & ſa touche de maître.

Paris poſſède de ce peintre un Franciſcain en prières.

Camilo (François), né à Madrid, fut élève & beaufils de Las Cuevas. Ce peintre excellait dans les freſques & les petits travaux de chevalet, & eut un grand ſuccès à la cour.

Tolède a de lui pluſieurs tableaux; Salamanque, un Saint Charles Borromée; Ségovie, une Deſcente de croix; Madrid, une Vierge de Bélem; Alcala, une Sainte Marie d'Egypte; Paris, une Adoration & un Martyr.

Tous ces ouvrages, quoique s'éloignant des formes antiques, attestent un dessin correct & des couleurs excellentes.

Pierre de Moya, né à Grenade, fut élève de Juan del Castillo, à Séville. Son goût pour les voyages le conduisit en Flandre, où les chefs-d'œuvre de peinture qu'il y trouva l'aidèrent à se perfectionner. Enthousiaste de Van-Dyck, il courut après ce peintre à Londres, devint son élève; mais, l'ayant perdu peu de temps après, Moya s'embarqua immédiatement pour Madrid, où il excita l'admiration de tous & surtout de Murillo, son ancien condisciple, qui, stimulé par cette rivalité, fit de nouvelles études. Ce peintre imita si bien son dernier maître, qu'il devint un des plus célèbres peintres de l'Espagne, surtout pour le coloris.

Paris a de lui plusieurs tableaux.

L'exhibition de Manchester a fait connaître de ce peintre quelques œuvres restées ignorées jusqu'à ce moment.

Simon de Léon-Léal, né à Madrid, élève de Pierre de Las Cuevas, fut en faveur à la cour, où il obtint plusieurs emplois. Il imita Van-Dyck & fut un parfait coloriste.

Gufman (Jean) étudia d'abord à Cordoue, puis à Rome. Etant retourné en Efpagne en 1634, ce peintre fe fixa à Séville. Une révolte à laquelle il prit part le força à prendre l'habit des Carmes pour fauver fes jours, qu'il employa fincèrement enfuite au fervice de Dieu.

Gufman était peintre & architecte, mais peintre médiocre; on lui accorde cependant un coloris frais & une belle pâte.

Le capitaine Jean de Tolède reçut de fon père, Michel de Tolède, les premiers éléments des beauxarts; il fe rendit enfuite en Italie, comme foldat. Devenu capitaine, il quitta la carrière des armes pour revenir à fes pinceaux. Il fut l'ami & l'élève de M.-A. Cerquozzi. Après avoir travaillé à Grenade & à Murcie, il alla à Madrid, où il fe fit une grande réputation d'artifte.

Madrid conferve de ce peintre un Combat naval entre des Efpagnols & des Turcs, un Débarquement de Maures & combat, un fecond Combat naval; Paris, des Fleurs & des Fruits.

On attribue à cet artifte le ftyle & la manière de fon maître; on lui accorde une compofition ingénieufe, une belle exécution, un beau coloris & une parfaite entente du clair-obfcur

Martinez (Jofeph), né à Saragoffe, étudia les

arts à Rome & mérita, à son retour, d'être nommé peintre du roi Philippe IV & de Juan d'Autriche; mais, malgré ces faveurs que justifiait son talent, Martinez ne voulut jamais abandonner sa ville natale.

On lui prête un coloris remarquable, un style peu élevé & un dessin médiocre.

André de Vargas, né à Cuença, était un peintre qui ne faisait de l'art que par profit, puisqu'il ne soignait ses ouvrages qu'en raison du prix qu'on lui en donnait.

Cuença & Hiniesta possèdent de lui quelques tableaux, & Paris une Sainte Vierge.

C'était néanmoins un habile dessinateur & un brillant coloriste.

Montero de Roxas (Jean), né à Madrid, fut élève de Pierre de Las Cuevas, alla se perfectionner à Rome d'après le Caravage, & revint dans sa patrie, où son talent fut estimé.

Las Cuevas (Eugène), fils de Pierre, né à Madrid, fut à la fois poète, musicien, ingénieur & peintre. En cette dernière profession, il eut l'honneur de donner des leçons de dessin à don Juan d'Autriche.

Ses petits tableaux sont faits avec un goût exquis.

Paſſons ſous ſilence Ximénès de Illeſcas, Barnabé & Antonio Pierre, quoique ce dernier, dont Cordoue poſsède quelques œuvres, ſoit rangé parmi les bons coloriſtes de l'Eſpagne.

Jean de Abellano, élève de Jean de Solis, ne nous paraît avoir eu d'autre talent que celui de copiſte; cependant quelques tableaux de fleurs de cet artiſte que l'on voit à Madrid & à Paris, lui font accorder une imitation exacte de la nature, des nuances admirables & une compoſition large.

Molina (le Frère Manuel de), né à Jaën, entra en religion par ſuite d'un vœu qu'il fit en revenant d'Italie par mer, & auquel il crut avoir dû ſon ſalut pendant une tempête.
Quoique les œuvres de ce peintre ſoient peu connues, ſes biographes lui accordent une perſpective ſavante & beaucoup de dextérité dans les portraits.

Careño de Miranda (don Juan), né à Avilès (Aſturies), fut élève de Pierre de Las Cuevas & de Barthélemy Roman, qu'il ſurpaſſa en talent à l'âge de vingt ans. Vélaſquez, s'étant aperçu du talent de Careño, l'enleva aux charges honorifiques auxquelles il était appelé par ſa naiſſance, & le fit travailler avec lui aux freſques du palais. Ce ſacrifice ne fut point ſans récompenſe : Philippe IV le nomma ſon peintre en 1671, & Charles II, qui en fit de même, eut pour Careño une amitié durable. Ce peintre eut une vie paisible & heureuse, que son caractère plein de générosité sut embellir de traits qui font honneur à sa mémoire. Il mourut à Madrid, regretté de ses élèves & de tous ceux qui le connaissaient.

Valenciennes possède de Careño un portrait en pied de don Carlos, fils de Philippe IV; Berlin, un portrait de Charles II d'Espagne; Madrid, les portraits de Marie-Anne d'Autriche, femme de Philippe IV, de Charles II d'Espagne, peut-être le même qui a paru à Manchester & qui vient de la collection particulière de l'Escurial; le portrait du même prince étant enfant, & de plusieurs autres personnages, le Martyre de saint Barthélemy; Saint-Pétersbourg, plusieurs tableaux; Pampelune, l'Institution de l'ordre des Trinitaires; Paris, plusieurs tableaux.

Toutes ces œuvres accusent un dessin large & pur, un coloris vague & suave, une invention facile & le genre de Van-Dyck & de Vélasquez, qu'il chercha toujours à imiter.

Léonardo (Joseph), né à Calatrava, élève de Pierre de Las Cuevas, à Madrid. Ses talents le firent nommer peintre du roi, & les arts lui seraient redevables de bien des tableaux, sans un breuvage empoisonné qu'il prit par mégarde & que lui présentait la jalousie.

Madrid possède de ce peintre une Marche de

soldats, la Reddition de Bréda; Paris, Saint-Jean précurseur.

Ces ouvrages annoncent une composition savante & animée, un dessin correct, un coloris vigoureux, frais & suave.

Passons rapidement le licencié don Pierre de Valpuesta & Nunnez (Pierre), dont les œuvres sont inconnues, pour arriver plus vite à l'artiste, vraiment digne de ce nom, du XVIIe siècle, à Murillo.

Murillo (Barthélemy-Estéban), né à Séville, manifesta dès sa plus tendre enfance son goût pour la peinture. Son père le plaça chez Jean del Castillo, son parent, qui lui enseigna les éléments du dessin, dans lequel il fit de rapides progrès; mais Castillo ne put lui donner qu'un coloris sec qu'il tenait lui-même de ses études à Florence. Après avoir perdu ce maître, notre grand artiste resta longtemps livré à lui-même, ne faisant que de la marchandise de pacotille, & jusqu'à l'âge de vingt-quatre ans Murillo n'annonça rien de ce génie qui devait lui donner plus tard le sceptre de la peinture espagnole. Vers cette époque passa à Séville Pierre de Moya, rapportant dans sa patrie le bon goût & le coloris de Van-Dyck. Murillo vit les œuvres de Moya : aussitôt un voile se déchire devant lui, & sa vocation se détermine. Il amassa quelques réaux & partit pour

Madrid, où il se présenta à Vélasquez, qui l'accueillit très bien & lui donna des leçons assidues pendant deux ans. Le jeune Estéban étudia avec ardeur d'après les grands coloristes, & en 1645, plus ami de la liberté que des honneurs, il quitta Madrid pour rentrer à Séville. Son retour fit sensation, mais les chefs-d'œuvre de son pinceau causèrent un étonnement plus grand encore, & ne tardèrent pas à lui faire une position élevée & une immense réputation. Murillo conserva toujours son indépendance; aucune protection royale ne le tenta. Ses œuvres innombrables se répandant de tous côtés, son nom devint bientôt européen. Accablé de commandes, il suffisait à toutes, grâce à son incomparable facilité. Avec l'aide de ses confrères & de ses élèves, Murillo obtint des autorités une partie du bâtiment de la Bourse pour y fonder une académie de dessin, & cet établissement fut solennellement ouvert le 11 janvier 1660. Ayant été appelé à Cadix en 1681, Murillo tomba de l'échafaud sur lequel il peignait; cette chute lui causa une maladie grave qui l'obligea de retourner à Séville. Depuis il ne fit plus que languir; il mourut, encore dans la force de l'âge, & après une vie des plus laborieuses, entièrement consacrée à son art & à tout ce qui s'y rattache.

Les œuvres de Murillo se rencontrent dans presque tous les musées d'Europe de premier, de second

& de troisième ordre, & partout elles occupent le rang que mérite un tel maître.

On trouve de lui, à Dresde, une Mère & son Enfant; à Londres, une Sainte Famille, un Paysan espagnol, un Garçon pelant du fruit, un Saint Jean : le premier de ces tableaux a figuré à l'exhibition de Manchester en 1857, ainsi que trente autres tableaux de ce grand maître, appartenant à diverses collections d'Angleterre, notamment au marquis de Hertford, & parmi lesquels on distingue surtout une Annonciation, un Saint Thomas de Villanueva faisant l'aumône, &c. La Haye possède la Vierge & l'Enfant Jésus, un Berger espagnol; Amsterdam, une Annonciation; Rome, une Demi-Figure de femme, une Madone; Cadix, le Mariage de sainte Catherine, œuvre qui coûta la vie à son auteur, car ce fut en la faisant que Murillo tomba de l'échafaudage. Séville conserve de ce grand maître un Saint Philippe en extase, une Annonciation, un Saint Antoine de Padoue & beaucoup d'autres; Nantes, un Joueur de vielle, une Jeune Fille tenant un livre de prières; Paris, un Jeune Mendiant, un Saint en extase, une Conception, une Sainte Famille & plusieurs autres; Naples, Saint François d'Assise; Venise, un Petit Berger; Florence, la Vierge & l'Enfant Jésus; Berlin, Saint Antoine de Padoue tenant l'Enfant Jésus dans ses bras, le Portrait du cardinal Dezio-Azzolini; Munich, des Mendiants mangeant des fruits, des Mendiants jouant aux dés, Saint François guérissant un paralytique, une Vieille Femme épouillant la tête d'un jeune garçon, & d'autres; Madrid, une Annonciation (double), une Sainte Famille au petit chien, l'Enfant Jésus bon pasteur, chef-d'œuvre, Saint Jean-Baptiste enfant, la Conversion de saint Paul, la Portioncule, la Conception, Jésus-Christ crucifié (répété), la Madeleine pénitente, une Tête de Christ, la Vierge des Douleurs, Saint Ferdinand roi d'Espagne, Saint François-de-Paule (double), l'Enfant Jésus dormant sur la croix, Martyre de saint André, chef-d'œuvre, Saint Jérôme au désert, Saint Jacques apôtre, l'Adoration des Bergers, chef-d'œuvre, l'Enfant Jésus & saint Jean, chef-d'œuvre, Rébecca & Eliézer, une Tête de saint Paul, l'Education de la Vierge, plusieurs Episodes de la vie de l'Enfant prodigue, une Tête de saint Jean-Baptiste, l'Immaculée Conception (répétée), Saint Augustin évêque d'Hippone, la Vierge & l'Enfant Jésus, une Conception entourée d'anges, des Paysages avec figures, Sainte Anne & la Vierge, une Bohémienne, un Sujet mystique, le Portrait du Frère Cabanillas, une Apparition de Notre-Seigneur à saint Ildefonse, la Vierge au rosaire, Saint Jérôme en méditation, la Vieille Fileuse, Sainte Elisabeth de Hongrie, chef-d'œuvre, la Fondation de Sainte-Marie-Majeure, chef-d'œuvre; Saint-Pétersbourg, un Repos en Egypte, le Songe de Jacob, l'Adoration des Bergers, une Assomption, une

Annonciation, un Saint Joseph avec l'Enfant Jésus, une Paysanne fruitière, un Paysage, &c.

Quelques-unes des œuvres de Murillo se ressentent de la précipitation avec laquelle elles ont été faites, forcé qu'il était d'abonder à un nombre excessif de commandes : de là cette inégalité qu'on remarque dans ses tableaux, dont quelques-uns rappellent encore ses premiers pas dans la peinture. Doué d'une imagination brillante, féconde, inépuisable, de sentiments tendres, pleins de délicatesse & parfois même d'exaltation, Murillo affectionnait avant tout les compositions religieuses, où l'on peut si bien être à son aise dans le domaine de l'idéal ; ses têtes de Christ sont inimitables : n'importe à quel âge il représente le Sauveur, on retrouve toujours une expression devant laquelle on reste en extase. Ce maître, en avançant en âge, ne changea point de manière ; seulement, dès le commencement de sa grande carrière, il en adopta trois différentes qu'il employa tour à tour, & qu'en fait d'art on appelle *froide*, *chaude* & *vaporeuse* : la première se trouve dans les sujets familiers, les tableaux de genre, les Mendiants, &c.; la troisième, si propre à représenter les miracles & les mystères, a été portée par Murillo jusqu'à la perfection ; la seconde est celle qu'il affectionnait le plus, c'est celle qu'il employait dans la plupart de ses sujets religieux & qui leur donne cet effet magique résultant de l'opposition de la lumière du jour avec la lumière céleste. Ses Apparitions surpassent ce que l'imagination peut concevoir; rien ne saurait rendre l'expression extatique remplie d'étonnement, de ravissement & d'adoration de ses figures de saints en extase; on respire partout la divine poésie dans les œuvres de ce grand maître; personne n'a pu approcher de l'admirable enthousiasme avec lequel il rendait les scènes célestes.

Une ordonnance grandiose & magnifique, des caractères majestueux & nobles, des détails d'une harmonie sans égale qui concourent à l'effet prodigieux de l'ensemble, des attitudes variées qui reproduisent toutes les expressions, un style plein d'énergie & de vérité, un dessin aussi pur que hardi, un coloris que nul n'a su imiter, voilà les principales qualités du grand artiste qui peignit tous les genres avec une égale perfection, & qui mérita que le nom de Murillo fût placé à côté de ceux des rois de la peinture; & l'on peut dire qu'il a été presque le premier, mais qu'il est le dernier des peintres d'Espagne.

Quoique Murillo ait remporté la palme de la peinture en Espagne au XVIIe siècle, il a laissé après lui des artistes qui, pour ne l'avoir pas égalé, encore moins surpassé, n'en méritent pas moins une mention particulière; nous allons continuer d'en faire l'histoire chronologique.

Herrera Barnuevo (Sébastien), né à Madrid, se distingua principalement dans l'architecture, & les succès qu'il y obtint lui valurent des places à la cour; mais Sébastien excellait aussi dans toutes les branches de l'art : aussi fut-il autant renommé par ses talents qu'estimé & aimé pour son caractère.

Constamment imitateur d'Alphonse Cano dans les trois parties de l'art, Herrera avait un dessin correct, un coloris qui se rapprochait de celui du Titien, & la manière du Guide.

Polo (Jacques), *le Jeune*, fut élève d'Antoine Lancharès, à Madrid. Il mourut jeune.

On lui accorde un bon coloris & une grande réussite dans le portrait.

Marinas (Henri dit Las), né à Cadix, fut un artiste remarquable, mais dans un genre tout particulier. Ce fut en voyant tous les jours des vaisseaux & les bords de la mer que Marinas sentit s'éveiller en lui sa vocation de peintre. Il s'appliqua principalement à représenter des vaisseaux & des scènes maritimes, & il y acquit une telle célébrité, que sa fortune s'en accrut rapidement. Il fit un voyage à Rome pour s'y perfectionner, s'y établit & y mourut.

Berlin conserve de lui un Port de mer; Paris, une marine, mais à la plume. Les tableaux de ce peintre sont fort rares.

On lui accorde beaucoup de vérité & d'exactitude. Ses eaux font tranfparentes; fes horizons & fes vapeurs font traités avec un pinceau de maître.

Iriarte (Ignace) fut élève d'Herrera-le-Vieux, à Séville, & un des principaux fondateurs de l'académie de cette ville, dont il fut fecrétaire jufqu'en 1669. Il était eftimé & aimé de Murillo, avec lequel cependant il fe brouilla plus tard.

Madrid conferve de Iriarte quelques Payfages; Paris, l'Echelle de Jacob, quelques Fleurs, des Fruits & un Payfage.

Ces tableaux accufent une variété & un goût furprenants; fes feuillages font légers; fa compofition eft riche, fon clair-obfcur favant; fes eaux & fes ciels font tranfparents; partout règne une harmonie parfaite. Cet artifte ne réuffit pas toujours dans les figures; fes plus beaux payfages font ceux étoffés par Murillo.

Ferrado (le Père don Chriftophe) fe fit chartreux à vingt ans. Son zèle & fa piété le firent nommer recteur de la chartreufe de Cazalla, & ce fut au fond de fa cellule qu'il fit pour différentes églifes de très beaux tableaux. Il en fit dix pour le cloître Saint-Michel & d'autres encore pour fon monaftère.

On lui accorde un deffin pur, une compofition bien conçue & des payfages bien entendus. Du refte, la chartreuse lui fournissait de très beaux modèles & tout ce qui lui était nécessaire pour peindre.

Bobadilla (Jérôme), élève de Zurbaran, avait l'habitude de mettre sur ses tableaux un vernis tel, que Murillo disait qu'il employait du cristal.

On lui reproche son mauvais dessin, mais on lui accorde une couleur excellente & une bonne perspective.

Coëllo (Claude), de la même famille qu'Alonzo, né à Madrid, fut élève de François Rizi & regardé comme le dernier peintre de talent qui ait paru en Espagne au XVIIe siècle. Après avoir longtemps travaillé à Madrid, à Tolède & à Saragosse, il succéda à Careño comme peintre du roi & dans toutes ses autres charges. Le roi d'Espagne ayant fait venir Luc Giordano pour peindre plusieurs parties de l'Escurial, Claude fut si sensible à cette préférence, qu'il mourut de chagrin après une vie très laborieuse.

Munich possède, de Coëllo, Saint Pierre d'Alcantara marchant sur les ondes; Madrid, plusieurs sujets mystiques & la *Santa Forma;* Paris, l'Apparition de Jésus-Christ à saint François.

Coëllo étudia toujours le Titien, Rubens & Van-Dyck. Ses œuvres accusent un coloris remarquable, un dessin correct & beaucoup d'effet. Au talent de peintre, Claude joignait celui d'architecte, &, pour être un grand génie, il ne lui manqua que de naître quelques années plus tôt.

Herrera (François), *le Jeune*, fils de François-le-Vieux, né à Séville, fut élève de son père qu'il abandonna à cause de sa sévérité; il se rendit à Rome, y acquit de la réputation, & revint à Séville après la mort de son père. Nommé second président de l'académie de cette ville, il travailla pour Philippe IV qui le nomma d'abord son peintre, & plus tard, en 1677, grand-maître des ouvrages royaux. Le jeune François se fit autant d'ennemis par sa ridicule vanité que d'admirateurs de son rare talent.

Munich possède de lui Mercure apparaissant à deux vieillards, Suzanne au bain; Madrid, Saint Herménégilde, Saint François, une Cène, Saint Vincent Ferrier; Paris, l'Archange Raphaël, l'Ange gardien, & une Apparition de la Vierge. Son habileté à peindre des poissons le fit surnommer *lo Spagnuolo degli pesci*.

Toutes ses œuvres accusent une grande vérité de ton, un coloris plein d'effet, un clair-obscur savant, une composition remplie de feu, &, sans avoir les belles pâtes de son père, il l'égala dans les tableaux de chevalet & le surpassa dans les fleurs. Herrera était aussi bon fresquiste que bon architecte & excellent graveur à l'eau-forte.

Reinoso (don Antoine-Garcia), né à Cabra, élève de Sanchez Martinez, eut plus de facilité que de goût.

Il excellait dans l'imitation de la nature & dans l'art de bâtir.

Don Ramirez (le docteur Joseph), né à Valence, fut élève de Jean d'Espinosa, qu'il imita assez bien pour que l'on confondît les tableaux du maître avec ceux de l'élève.

Castrejon (Antoine), né à Madrid, élève de François Fernandez, fut un des meilleurs artistes de son époque. On vante la facilité extraordinaire avec laquelle il passait des grands sujets d'histoire aux petits tableaux de genre dans la manière hollandaise : il est aisé de voir que ce peintre avait pris à tâche d'imiter Murillo.

On remarque dans ses œuvres une bonne ordonnance, une touche large & facile, un coloris brillant & beaucoup d'effet, malgré la manière originale qui lui était particulière.

Aguero (Benoît-Manuel), né à Madrid, élève de Jean-Baptiste del Mazo, vit ses tableaux orner les palais de Madrid. Philippe IV se plaisait beaucoup à le visiter dans son atelier & à causer avec lui.

Ce peintre imita parfaitement son maître dans tout ce que celui-ci avait de plus parfait, mais il ne fut pas aussi heureux dans les efforts qu'il fit pour suivre le Titien.

Sévilla Roméro d'Escalante (Jean de), fut d'abord élève d'A. Arguelo, puis du célèbre P. de Moya, & rival heureux d'A. Bocanegra.

Ce peintre mérita & obtint une grande célébrité dans Grenade, sa ville natale. Van-Dyck & Rubens furent les deux artistes qu'il s'efforça le plus d'imiter, & il y réussit.

Caro (François), fils de François-Lopez Caro, né à Séville, reçut les premières leçons d'art de son père & fut ensuite élève d'Alphonse Cano. Ce peintre fut chargé d'importants travaux, & s'en acquitta parfaitement.

Ségovie possède quelques-uns de ses tableaux, dans lesquels on remarque qu'il réussissait à imiter son maître.

Ximénès Donoso (Joseph), fils d'Antoine, fut élève de son père & de François Fernandez, à Madrid. Ce peintre alla à Rome, mais il y négligea les études sérieuses. Il travailla ensuite à Valence, à Ségorbe, à Madrid avec Claude Coëllo, & à Tolède, où il fut nommé peintre du Chapitre, en 1685.

Madrid possède de ce peintre la Vie de saint Benoît en six tableaux, la Canonisation de saint Pierre d'Alcantara, une Cène, une Conception; Paris, un Saint Joseph.

Ces œuvres accusent des teintes agréables, assez de relief dans les figures, du génie d'invention, mais elles signalent aussi de la part du peintre plus de présomption que de talent.

Solis (don François de), élève de son père Jean de Solis pour les éléments du dessin, exécuta, à l'âge de dix-huit ans, un tableau remarquable qui lui valut la faveur de Philippe IV & un grand nombre de commandes. Il voulut, en faveur de l'art, créer une académie dans sa propre maison, & il la soutint à ses frais. Au début de sa carrière de peintre, Solis obtint, par ses tableaux de Conception, une juste célébrité; mais il s'abandonna ensuite au goût du jour, adopta un coloris blafard, & sacrifia sa gloire à sa fortune.

Alonzo de Mésa & Guirro (François) sont deux peintres du dernier ordre, quoique Siret assure que le dernier était un des meilleurs artistes de son époque.

Escalante (Jean-Antoine), né à Cordoue, fut élève de François Rizi. Une Vie de saint Gérard, qu'il peignit pour le cloître des Carmes déchaussés, à Madrid, lui valut beaucoup d'honneur.

La Haye possède une Bohémienne qu'on attribue à Escalante ; Madrid conserve de lui une Sainte Famille, l'Enfant Jésus & Saint Jean.

Sa couleur est peu harmonieuse, son expression mal rendue. Ce peintre passa sa vie à étudier les tableaux du Tintoret.

Joseph de Ledesma, né à Burgos, fut élève de Jean Careño à Madrid.

Cette dernière ville conserve de lui Jésus-Christ mort, Saint Jean & la Madeleine, Saint François, l'Incarnation, & Saint Dominique.

Le coloris de ce peintre est remarquable.

Giachineti Gonzalès (Jean), né à Madrid d'un père bourguignon, étudia d'après le Titien, se rendit en Italie & y mourut jeune ; mais il vécut assez pour mériter, par l'expression qu'il donnait aux têtes, le surnom de *Bourguignon de la Tête*.

Martinez (Jean-Baptiste del Mazo), né à Madrid, fut élève du célèbre Vélasquez, qui, plein d'estime pour ses talents, lui donna sa fille en mariage. Après la mort de son beau-père, Martinez fut nommé peintre de Philippe IV.

Paris possède de lui plusieurs tableaux ; Madrid, une Vue de Saragosse, le Portrait d'un Capitaine sous Philippe IV, des Paysages, une Vue du monastère de Saint-Laurent-de-l'Escurial, & une Vue de port de mer; Saint-Pétersbourg, Notre Seigneur Jésus-Christ; Aranjuez & Pampelune, plusieurs tableaux.

On attribue à ce peintre une ressemblance parfaite dans le portrait; ses paysages, d'une composition large, sont magnifiques. Il copia son maître à s'y méprendre.

Valdès-Léal (Jean de), né à Cordoue, élève d'Augustin del Castillo, habita longtemps Séville où il fut majordome & président de l'académie jusqu'en 1666; il retourna momentanément à Cordoue, où Palomino profita de ses bons conseils. Après avoir fait une excursion à Madrid, Valdès retourna à Séville, où il continua à résider, malgré la jalousie qu'éveillaient en lui les grands succès de Murillo.

Paris conserve de ce peintre plusieurs tableaux; Madrid, une Présentation de Marie au temple, & le Portrait de l'empereur Constantin.

Les principes de ce peintre étaient ressemblants à ceux de François Rizi : tous les deux visaient à travailler beaucoup sans songer à bien faire, abusant ainsi du talent qu'ils avaient reçu de la nature. Ses œuvres montrent des attitudes forcées, une manière heurtée & prompte, mais on y reconnaît aussi une fécondité extraordinaire, un dessin & un coloris satisfaisants.

La femme de Valdès, Elifabeth Carafquilla, peignait auffi, mais en amateur.

Matthias de Torres eft un de ces peintres qu'on peut appeler avortons, en fait d'art. Ses œuvres, qu'il faifait trop fombres, font devenues méconnaiffables.

Juncofa (le Frère Joachim) fut élève de fon père Jean, qu'il furpaffa bientôt. S'étant fait chartreux, & envoyé à Rome pour fe perfectionner, il y fit de grands progrès; mais étant rentré dans fon couvent & ne pouvant librement y exercer fon art, il en fortit & alla fe jeter aux pieds du Pape, qui lui pardonna.

On lui attribue une ordonnance habile, un pinceau franc, un deffin correct, une belle couleur & un clair-obfcur favant.

Don Juan Nino de Guevara, né à Madrid, élève d'Alonzo Cano, fut protégé par Antoine Henriquez, évêque de Malaga, auquel il dut fon éducation. Il s'établit à Malaga & travailla beaucoup pour les couvents & les églifes.

Il imita tantôt fon maître & tantôt Rubens & Van-Dyck; on lui attribue un goût exquis dans le portrait. Guevara joignait au talent de peintre de grandes connaiffances, &, s'il ne tient pas le premier rang parmi les artistes de son époque, il n'en est pas le moindre.

Fernandez de Larédo (Jean) fut élève de François Rizi & nommé, en 1687, peintre de Charles II, ce qui ne l'empêcha pas de mourir misérablement.

On vante surtout les fresques de ce peintre.

Cabézaléro (Jean-Martin) fut élève de don Juan Careño. Les églises de Madrid possèdent plusieurs de ses ouvrages. La mort trancha trop tôt le fil d'une vie sur laquelle on fondait pour les arts de belles espérances, mais qui fut cependant assez longue pour laisser plusieurs œuvres, portraits & autres, qui accusent un coloris remarquable, un style sage, correct & gracieux.

Passons sur March (Michel), fils d'Etienne; sur Gomez de Valencia (Philippe), dont les œuvres sont assez rares pour qu'on puisse les apprécier.

Ruiz (Gonzalès), né à Madrid, fut élève de Jean-Antoine Escalante & de Jean Careño. Une brillante fortune fut le fruit de son talent, quoiqu'il n'eût commencé à peindre qu'à trente ans.

Paris possède de lui une Flagellation & un Portement de croix.

Les esquisses de ce peintre se recommandent par la grâce & le coloris.

Gomez de Valencia (Philippe) & Véla (le licencié don Antoine), fils de Christophe, sont deux peintres dont le premier réussit assez bien dans la composition & l'expression, en imitant Alonzo Cano ; le second, qui était prêtre, fit de l'art par goût & se fit remarquer par son dessin & son coloris.

Pérez (Barthélemy), né à Madrid, fut élève & gendre de J. d'Arellano. Il mérita, par ses talents, le titre de peintre du roi ; mais il n'en jouit pas longtemps, car, étant tombé d'un échafaudage, il mourut subitement.

Madrid possède de lui plusieurs tableaux de Fleurs.

Ce peintre imita son maître pour la facilité, le goût & la délicatesse, & le surpassa pour le dessin.

Soto (don Laurent), né à Madrid, élève de Benoît-Manuel de Aguero, réussissait à merveille dans le genre & le paysage, lorsqu'il abandonna la palette & les pinceaux pour un emploi dans les rentes. Il voulut, à soixante ans, reprendre la peinture, mais la vigueur, le feu sacré de l'art s'étaient éteints, & il ne produisit que des ouvrages d'un si faible mérite, qu'il les vendait aux portes de la ville pour subvenir à ses besoins.

Madrid conserve de lui une Sainte Rosalie du premier temps de sa carrière de peintre, ouvrage qui fait regretter l'abandon qu'il fit de son art.

Cerezo (Matthieu), né à Burgos, fut élève de Juan Careño, qu'il égalait à vingt ans. Ce peintre eut toujours une vie très laborieuse, & peu d'artistes ont fait plus de travaux que lui.

La Haye conserve de ce peintre Madeleine en adoration; Madrid, un Saint Jérôme, une Assomption, la Manne au désert; Paris, la Visite de saint Joachim, la Sainte Vierge & saint Joseph, Marie & Jésus, Saint Martin, &c.

Cerezo imita si bien la manière de son maitre, qu'il est difficile de distinguer les œuvres de l'élève de celles du professeur, lesquelles accusent une bonne couleur, du relief, un pinceau large & beaucoup d'harmonie. Les ouvrages de cet artiste figurent, du reste, dans toutes les collections, dans les églises de Madrid, de Badajos, de Paular, de Valladolid, de Palencia, de Burgos, de Malaga, & d'Atocha, où il aida Herrera-le-Jeune à peindre à fresque la coupole de Notre-Dame.

Nunnez de Villavicencio (don Pierre), né à Séville, élève de Murillo, chevalier de Malte, issu d'une illustre famille, ne se livra d'abord à la peinture que comme délassement; mais, par suite de ses progrès extraordinaires, il en fit son occupation constante comme véritable amateur. Etant allé à Naples, il y reçut les leçons de M. Preti, aussi chevalier de Malte, qui le mit à même de suivre les leçons de Murillo, auquel il s'attacha lorsqu'il rentra en Espagne, & qu'il ne quitta plus. Ce fut un des meilleurs imitateurs de Murillo, si on en peut juger par le seul tableau qui nous reste, le Jeu de dés, à Madrid, qu'il présenta à Charles II, & que l'on attribue souvent à Murillo.

Ce peintre, qui excellait aussi dans le portrait, ne négligea pas pour les arts le reste de ses devoirs dans le service du prince & de son ordre.

Louis de Sotomayor, Vincent de Bénavidès, François de Véra-Cabeza-de-Vaca sont des peintres de mérite, mais le peu de leurs œuvres qui reste ne permet pas de les apprécier.

On voit cependant, à Madrid, quelques œuvres de Bénavidès qui annoncent une manière large & une bonne perspective.

On peut en dire de même de Sécano (Jérôme), d'Antolinez (Joseph), de Martinez (Frère Antoine), de Vicente (Barthélemy), de Palacioz (François), tous artistes de mérite, élèves de bons maîtres, parmi lesquels on doit cependant distinguer Antolinez, dont les œuvres sont recherchées à cause des teintes vaporeuses qu'il jetait avec grâce sur ses tableaux.

Alfaro de Gamez (Jean), élève d'Antoine del Castillo & de Vélasquez, eût été un artiste remarquable, si l'orgueil ne l'eût perdu dans l'estime de ses compatriotes.

On peut juger de son mérite par une Incarnation qu'on voit de lui à Cordoue, un Ange gardien à Madrid, le Portrait de Calderon & deux Extases de saint Jérôme à Paris, œuvres qui annoncent un coloris ferme, mais sur un dessin incorrect.

Conchillos Falco (Jean), né à Valence, était élève de Marc.

Malgré les afflictions de toute sorte qui vinrent l'assaillir, il travailla assez pour qu'on trouve de ses œuvres dans plusieurs villes d'Espagne, notamment à Madrid, à Valence, à Valdigna, à Aloquas & à Murcie.

Moreno (Joseph), né à Burgos, élève de François de Solis à Madrid, eut une très courte carrière, ce qui ne l'empêcha pas d'égaler son maître pour le coloris, & de le surpasser en dessin.

On en peut juger par une Sainte Famille que Paris possède de ce peintre.

Gaspard de la Huerta manifesta fort jeune son goût pour la peinture; mais, ayant été malheureusement confié à des mains inhabiles, ses heureuses dispositions ne purent être convenablement cultivées. Il travailla beaucoup; mais, les œuvres médiocres étant données à bon marché, il ramaſſa une aſſez belle fortune qu'il partagea, n'ayant pas d'enfants, entre les pauvres & les religieux de Saint-François.

Ses œuvres, que l'on voit à Ségorbe, à Caudiel, accuſent néanmoins un bon coloris, un deſſin ſatiſfaiſant & une grande facilité.

Barco (Alphonſe del), né à Madrid, élève de Joſeph Antolinez, s'attacha principalement aux payſages & ſut y réunir tant de grâce, de fraîcheur & de délicateſſe, que ſes œuvres ſont encore très recherchées des amateurs.

Aguirre (François de), élève d'Eugène Caxès, n'eſt connu que par la maladreſſe avec laquelle il s'acquitta de la reſtauration des tableaux de la cathédrale de Tolède, qu'on lui avait confiés & qu'il abima.
Il n'exiſte de lui que quelques portraits.

Gilarte (Matthieu), né à Valence, élève de l'académie de cette ville, s'y lia intimement à Jean de Tolède, avec lequel il travailla beaucoup.
Madrid poſſède de lui la Naiſſance de la Vierge.
On lui attribue beaucoup d'eſprit & de ſcience. Pluſieurs couvents de Murcie, Tolède & Madrid, ſont en poſſeſſion des œuvres de ce peintre.

Gabriel de la Corte, né à Madrid, élève de ſon

père, peintre remarquable du XVIe siècle, s'appliqua principalement à la fleur & y réuffit affez bien pour mériter que Caftrejon & Matthieu de Torres plaçaffent quelques figures mythologiques au milieu de fes guirlandes. Malgré ce fecours & fes talents, ce peintre mourut accablé de misère.

Rodriguez Blanez (Benoît), né à Grenade, peintre d'hiftoire, manifefta beaucoup de talents & de vertus qui lui valurent l'ordination à la prêtrife. Cet artifte trouva le moyen d'allier les devoirs de prêtre aux occupations des arts & fit, en imitant Alonzo Cano, beaucoup de tableaux d'un grand mérite.

Munich possède de Blanez le Portrait d'un guerrier.

Orrente (Pierre), né à Monte-Alègre, élève, d'après les uns, de Bafan, & du Gréco d'après les autres, exécuta des ouvrages remarquables à Murcie, à Valence, à Madrid & à Séville. Ce peintre, auquel on prête un ftyle vénitien, fans qu'il foit jamais forti de l'Efpagne, avait à lui une manière tout originale, vifait à l'effet, s'attachait peu au fini, & recherchait les inventions capricieufes. Il peignait les animaux avec beaucoup de vérité.

Vienne conferve de lui Jéfus-Chrift guériffant les malades; Madrid, l'Adoration des Bergers, le Calvaire, un Pafteur reconduifant fon troupeau, un

Berger & sa femme entourés de poulets, Jésus-Christ apparaissant à Madeleine, un Paysage, le Repos de la famille d'Abraham; Paris, Jacob & Rachel, les Noces de Cana, & beaucoup d'autres.

Toutes ces œuvres accusent un pinceau énergique, facile & vrai, un dessin correct, un clair-obscur savant.

On ne regarde pas une collection de peintres espagnols comme complète, quand il n'y a pas quelques Orrente.

Arredondo (Isidore), né à Colmenar, élève de Joseph Garcia & de François Rizi, dont il devint l'ami & l'héritier, fut peintre du roi Charles II.

Il se fit principalement remarquer par ses fresques.

Espinosa (Jean de), né à Puente, devait être doué d'un grand talent, si on en juge par les commandes dont il était chargé au moment où la mort le surprit.

Madrid a de lui quelques Fruits & quelques autres œuvres qui témoignent d'un dessin & d'une composition satisfaisants, mais aussi d'une mauvaise couleur.

Palomino de Vélasco (don Acisele-Antoine), né à Bujalence, fut un peintre qu'on ne doit pas confondre avec la plupart de ses contemporains. A la fois théologien, philosophe & jurisconsulte, il voulut acquérir la réputation d'artiste, & il y réussit sans le secours de personne, si ce n'est le conseil que lui donna Alfaro; &, sans négliger l'étude des sciences, il arriva à un tel point de perfection dans l'art, que non seulement il devint peintre du roi, qui l'employa à l'Escurial, mais encore il fut mériter le titre de grand artiste par les œuvres qu'il laissa à Valence, à Salamanque, à Grenade, à Cordoue.

Madrid conserve de lui un Saint Bernard abbé, une Immaculée Conception, un Saint Jean enfant; Valence, la Confession de saint Pierre; Paris, Sainte Anne, & un Franciscain.

Toutes ces œuvres témoignent d'un dessin pur, quoique avec des caractères de figures un peu communs, d'un coloris harmonieux & beau, d'une composition savante & de connaissances peu ordinaires en anatomie & en perspective.

Montero (Laurent), né à Séville, Garcia Hidalgo (don Joseph), Cieza (Vincent), fils de Michel-Jérôme, né à Grenade, & Cieza (Joseph) sont des artistes de mérite en certains genres, mais dont les œuvres accusent trop d'imperfections pour mériter une mention.

Munoz (Sébastien), né à Naval Carnero, un des meilleurs élèves de Claude Coëllo, fut chargé en partie des décorations exécutées à Madrid pour le mariage de Charles II avec Louise d'Orléans. Il employa le fruit de ses travaux à faire un voyage à

Rome, y reçut les leçons de Charles Maratti, revint en Espagne en 1664, travailla avec son ancien maître, le suivit à Madrid, fut nommé peintre du roi, en 1688. Mais, ayant été chargé de retoucher la voûte peinte par Herrera dans l'église d'Atocha, Munoz tomba de l'échafaudage & se tua sur le coup.

Munoz possédait un talent distingué, néanmoins on lui reproche d'avoir introduit en Espagne le mauvais goût qui, de son temps, infestait déjà l'Italie. On lui reproche ses compositions exagérées, son coloris heurté & visant à l'effet, tandis que son dessin, la noblesse de son style & la grandeur dans le caractère laissent à désirer.

Plusieurs villes de l'Espagne possèdent des œuvres de Munoz, & Madrid est en possession de son portrait.

Cano de Arevalo (Jean), élève de Fr. Camilo, ne s'attacha qu'aux petits sujets. Il peignit les éventails si minutieusement, qu'il dut sa fortune à ce genre de travail, qui lui valut encore le titre de peintre de la reine. Il voulut peindre l'aquarelle en grand, mais il n'y réussit pas.

Urzanqui, né à Saragosse, fut un peintre de réputation qui a laissé tous ses ouvrages dans sa ville natale.

Victoria (don Vincent), né à Valence, reçut les

premiers éléments dans sa ville natale, alla se perfectionner à Rome, dans l'école de Charles Maratti, peintre de Côme III, grand-duc de Toscane, dont il devint le favori. Ayant obtenu un riche canonicat auprès de Valence, il rentra dans sa patrie. De retour à Rome, il fut nommé antiquaire du Pape, dignité qu'il méritait par ses vastes connaissances, son goût délicat & sa profonde érudition dans les antiquités. Le meilleur éloge qu'on puisse faire de ce peintre, c'est que, bien des fois, on confondit ses œuvres avec celles de ses meilleurs maitres.

Victoria était à la fois peintre & graveur.

Pérez (André), fils de François Pérez de Pinéda, *le Vieux*, né à Séville, Troya (Félix) & Moralès (le Frère François), trois peintres qu'on ne peut guère juger, car leurs œuvres ne sont connues que de quelques localités.

Paris possède du premier un tableau de Fruits.

Valdès (Lucas de), né à Séville, paraît s'être formé dans la peinture sans maître & sans autre guide que son goût. Aussi ne peignit-il que des fresques. Il s'exerça aussi dans la gravure en taille-douce & y réussit assez bien.

Paris possède de lui la Vierge & l'enfant, & le Christ.

Villamor (Antoine), Ardemans (Théodore), Bayero (J.-B.), Clément de Torres, Cobo de Guſman (Joſeph), Claros (le Frère Louis) ſont des peintres peu connus & ſur leſquels la poſtérité a porté des jugements ſi diſparates, qu'il eſt difficile de préciſer leur mérite.

Vidal (Denis), né à Valence, fut élève d'Antoine Palomino, à Madrid. De retour dans ſa ville natale, on lui confia des travaux importants, dont il s'acquitta à la ſatisfaction générale. Ces travaux conſiſtaient en peintures à freſque à la voûte de l'égliſe de Saint-Nicolas, repréſentant la vie de ce ſaint & de ſaint Pierre martyr. Mais ce n'eſt pas ſeulement à Valence qu'on peut voir les œuvres de Vidal : Terruel, Vivel, Campanar en poſſèdent auſſi.

Nous approchons de la fin du XVIIᵉ ſiècle, entraînant avec lui, dans une décadence ſenſible, le bon goût, les grandes idées, les traits ſublimes qui ont marqué les ſiècles précédents. L'Eſpagne déclinait en puiſſance, en crédit & en grands hommes, & il n'eſt pas étonnant que, parmi la ſérie de trente artiſtes que mentionne la nomenclature de M. Siret, au nombre deſquels figure Philippe V lui-même, on ne trouve que quelques artiſtes vraiment dignes de ce titre, ſinon par le nombre de leurs œuvres, du moins par le talent qu'ils ont déployé.

Paſſons ſous ſilence Médina (Moïſe-Caſimir), Minana (le Père Joſeph), Munoz (Evariſte), Chavarito (Dominique), Duque Carnejo, Ménendez (Michel), Garcia (don Barnabé).

Viladomat (Antoine) mérite cependant qu'on exalte ſon talent; car, au dire de Raphaël Mengs, c'était le meilleur peintre de l'Eſpagne à ſon époque. Ce peintre ne dut ſon talent qu'à ſes diſpoſitions naturelles.

On lui prête une invention facile, une manière vraie, correcte, expreſſive, un coloris frais & harmonieux, un ſtyle ſage & ſimple.

Paris poſsède de lui une Tête de vieillard.

Tobar (Alphonſe-Michel de) dut ſa réputation & ſes ſuccès plus à ſes diſpoſitions qu'au talent de ſes maîtres. Ne trouvant perſonne qui pût lui donner de meilleures leçons que Faxardo, il ſe mit à copier Murillo dans tout ce que ce dernier a fait au chevalet. Ce travail, cette ardeur à l'étude du grand maître lui donnèrent en peu de temps un talent dont il ne ſe doutait pas, & bien des fois on prit la copie de Tobar pour l'original de Murillo. Nommé peintre du roi Philippe V, notre artiſte continua ſes occupations ſans jamais avoir d'autre diſtraction que ſa palette & ſes pinceaux. Cependant Tobar ne fut pas toujours copiſte; un tableau qu'il fit pour la cathédrale de Séville, représentant la Vierge consolatrice tenant dans ses bras l'Enfant Jésus, annonce que s'il se fût livré à ses dispositions naturelles, l'Espagne compterait un grand artiste de plus.

Paris a de lui plusieurs tableaux ; Madrid, le portrait de Murillo & la Divine Bergère.

Iralayuso (le Frère Matthias-Antoine), né à Madrid, entra au couvent des Franciscains & y passa quarante-huit ans sans sortir, se livrant, dans sa cellule, à l'étude des travaux de l'art & donnant l'exemple des plus hautes vertus, formant des élèves qu'attiraient son talent & sa douceur.

On lui attribue un dessin très pur, de fortes études, des effets maniérés. Ce religieux s'occupait aussi du dessin & de la gravure en taille-douce.

Philippe V, roi des Espagnes, né à Paris, petit-fils de Louis XIV, mérita, par la protection éclairée qu'il accorda aux artistes, le titre de Restaurateur des arts en Espagne.

Palomino assure que les talents en peinture de ce prince n'étaient point ordinaires.

German-y-Llorente (Bernard), né à Séville, fut élève de son père & de Christophe Lopez. Ayant été appelé à Madrid par le roi pour faire le portrait de l'Infant don Philippe, il fut nommé peintre de la cour, mais l'indépendance de son caractère lui fit refuser cet honneur; cependant il accepta celui de membre honoraire de l'académie de Saint-Ferdinand. Ayant vu un tableau du Père Isidore représentant la Vierge sous la figure d'une bergère entourée de ses moutons, notre artiste adopta cette idée, & il la reproduisit si souvent, qu'il fut surnommé *le Peintre des Bergères*.

Son pinceau était délicat & gracieux, ses poses très belles; son dessin correct ne laissait rien à désirer.

Rovira de Brocandel (Hippolyte), né à Valence, élève d'E. Munoz, fut un artiste rempli de désir d'acquérir du talent. Pour y parvenir, il alla en Italie, séjourna assez longtemps à Rome pour y copier en clair-obscur les peintures du palais de Farnèse, tâche qu'il remplit avec la plus grande perfection. Sa grande assiduité & sa vie misérable influèrent sur sa santé & surtout sur sa raison, au point qu'il revint fou en Espagne. Cependant quelques moments lucides qu'il avait parfois étaient par lui employés à commencer des travaux qui annonçaient un talent supérieur, mais qu'il finissait presque toujours par barbouiller lorsque sa raison se voilait de nouveau.

Séville possède de ce peintre un Médaillon de saint François Régis.

Les œuvres qu'il a menées à bonne fin donnent une haute idée de son mérite.

Nous pourrions terminer ici la série des peintres espagnols du XVIIe siècle, sans crainte de priver les amateurs de documents de notes dont ils puissent tirer grand avantage.

Notre désir d'instruire sans ennuyer nous fera cependant encore rapporter quelques détails que nous fournissent Siret & Quilliet dans leurs dictionnaires, sans que nous puissions assurer que les peintres qui en font l'objet appartiennent au XVIIe siècle plutôt qu'au XVIIIe.

Ménésès Osorio (François), élève de Murillo, ami intime de Jean Garzon, majordome de l'académie de Séville, n'a, à notre avis, d'autre mérite que d'avoir été bon imitateur de son maître, dont les œuvres sont souvent confondues avec celles de l'élève.

Séville possède de lui un Saint Philippe de Néri; Cadix, une Sainte Catherine, travail commencé par Murillo.

Antolinez de Sarabia (François) fréquenta souvent l'atelier de Murillo & l'académie de Séville, où il puisa des connaissances & des principes qui eussent produit en lui un grand artiste, s'il eût soumis son travail à la critique; mais, ne voulant être connu que comme homme de lettres & non comme peintre, Antolinez priva les arts de son époque de l'impulsion qu'ils auraient pu recevoir de lui & de sa position.

Munich possède de lui un Saint Jérôme au désert ; Paris, quelques Paysages, le Baptême du Christ & une Assomption.

Ses tableaux, de petite dimension, témoignent d'un coloris plein de grâce & de fraîcheur.

Roche (Bénédict), né à Valence, élève de Gaspard de la Huerta, imita son maître à la perfection.

On cite de lui un tableau représentant saint François de Paule alimentant plus de trois mille personnes.

On lui reproche un dessin peu soigné, mais on lui accorde un excellent coloris.

Murès (Alphonse), *le Vieux*, fut protégé par l'évêque de Badajos.

On ne cite aucune de ses œuvres ; cependant on s'accorde à lui donner une imagination féconde, un dessin correct, des têtes pleines de charme, un clair-obscur savant & une composition remplie de feu.

Espinal (Jean), né à Séville, fut élève de son père Grégoire, puis de Dominique Martinez, & devint directeur de l'Académie. Charles III eut pour ce peintre quelque estime. La cause à laquelle on attribue sa mort prématurée ferait du reste seule son éloge. On dit qu'ayant vu à Madrid les œuvres des grands maîtres, il conçut un tel chagrin de ne pouvoir les égaler, qu'il en mourut quelque temps après.

On le donne comme un des meilleurs artistes de son époque, quoiqu'on lui reproche un dessin peu correct, & qu'on ne lui accorde qu'un style original que prouvent un tableau qu'on a de lui à l'ancien Evêché de Séville, & celui de l'Histoire de saint Jérôme.

Nunnez de Sépulvéda (Matthieu) fut nommé peintre de Philippe IV, avec le privilége exclusif de dorer & de diriger les peintures de l'escadre royale.

On l'honore de la réputation d'un des plus habiles peintres à fresque de son temps.

Martinez (Dominique), né à Séville, élève de Jean Antonio, peintre inconnu, s'enrichit par ses ouvrages, & son caractère lui fit beaucoup d'amis. Il fonda une académie dans sa maison & employa une partie de sa fortune à l'instruction de ses jeunes élèves, ce qui lui mérite un grand éloge. Chargé de plusieurs travaux importants, lors de l'arrivée du roi Philippe à Séville, il en fut récompensé par la proposition de se rendre à Madrid avec le titre de peintre du roi, honneur qu'il refusa par amour pour sa ville natale & pour ses élèves.

On regrette de remarquer dans ses ouvrages le

peu de principes solides qu'il avait reçu. Ses œuvres n'avaient jamais pour modèles que quelques estampes.

Gonzalès (Ruiz-Ant.), élève de Michel Houaffe, peintre français à Madrid, visita Paris & Rome, resta plusieurs années en Italie & devint, à son retour, directeur de l'académie de Saint-Fernand; puis peintre du roi & directeur général de l'Académie, sous Charles III; il fut membre de plusieurs autres sociétés savantes d'Europe.

On ne lui accorde comme peintre qu'un coloris peu harmonieux, un dessin souvent incorrect, un style maniéré.

CHAPITRE XXVIII.

Peintres du XVIIIe siècle.

LE XVIIIe siècle paraît n'avoir fourni à l'Espagne que des talents médiocres dans les arts. C'est à peine si, à de longs intervalles, on voit surgir de la patrie des Ribéra, des Vélasquez & des Murillo, quelques génies qui, soit qu'ils fussent découragés par le défaut d'émulation, soit qu'ils se ressentissent de l'énervation du pouvoir, croulant dans les mains des rois faibles qui tenaient le sceptre, soit enfin que l'heure de la décadence totale de l'art en Espagne eût sonné, n'ont produit que peu d'œuvres qui méritent d'être placées à côté de celles des grands maîtres leurs prédécesseurs & leurs aïeux. Ce n'est point cependant que les peintres aient manqué à la nation; car, dans l'espace du XVIIIe siècle, M. Siret enregistre cent quatre-vingts peintres, sculpteurs ou architectes, qui se sont mis sur les rangs pour soutenir l'honneur que leur pays avait acquis dans les arts parmi les autres nations; mais, sur ce nombre, il est facile de compter ceux qui méritent réellement le titre d'artistes. Nous allons, du reste, les indiquer, sans que nous puissions garantir l'époque de leur triomphe, nous en rapportant là-dessus à la classification qu'en a faite M. Siret.

Le premier en date de naissance (1701) est Roméo (don Joseph), né à Cervera. Ce peintre, élève de Masucci à Rome, s'établit à Madrid, y devint peintre du roi Philippe V; mais il parait qu'il avait plus de talent pour restaurer les tableaux des autres que pour en faire lui-même, car on n'enregistre aucune de ses œuvres qui mérite d'être citée.

Rodriguez de Miranda (François), né à Madrid, n'obtint que le titre de peintre des écuyers du roi. Un de ses frères, Nicolas, parait avoir eu plus de talent que lui, surtout dans le paysage.

Calléja (André de la), né à Rioja, élève de Jérôme de Esquerra, fut directeur de l'Académie & peintre du roi.

Ses œuvres sont restées totalement inconnues, mais on lui attribue le mérite d'avoir admirablement bien restauré les tableaux de la galerie de Philippe V & d'avoir formé de bons élèves.

San-Antonio (le Père Barthélemy de), né à Cienpozuelos, entra jeune dans les ordres, étudia à Rome, y resta six ans pour profiter des leçons de

Mafucci, & revint à Madrid, où il fut nommé membre de l'académie de Saint-Fernand.

On le dit peintre de mérite.

Martinez (don Joseph Luxan), né à Saragoffe, fut élève de maître Léo à Rome, & protégé par l'illuftre famille Pignatelli, à fon retour en Efpagne. Arrivé à Madrid, en 1741, il y fut nommé peintre du roi, puis il alla à Saragoffe, où l'Inquifition l'établit révifeur de fes tableaux. Il fonda, dans fa maifon, une école de deffin d'où fortirent plufieurs élèves remarquables & qui fut le berceau de l'académie de Saint-Louis.

On attribue à Martinez une couleur fuave, une exécution facile & large.

Lorente (don Félix), né à Valence, élève d'Evarifte Munoz, fut membre de l'académie de Saint-Charles lors de fa fondation.

Ce peintre femble, au dire de fes biographes, avoir eu beaucoup de talent & de mérite.

Préziado (François), né à Séville, fut longtemps directeur de l'académie de Saint-Fernand & de l'académie efpagnole, à Rome. A ces titres, ce devait être un artifte remarquable, quoiqu'on ne cite de lui aucune œuvre d'après laquelle on puiffe juger de la compofition fage qu'on lui accorde.

On a de lui une Lettre fur les artiftes d'Efpagne.

Vélafquez (Louis-Gonzalès), né à Madrid, fut élève de l'académie de cette ville. Il travailla, avec fon frère Alexandre, aux décorations du théâtre du Retiro, lors du couronnement de Ferdinand VI. Nommé enfuite fous-directeur de l'Académie & peintre du cabinet du roi, il prêta fon talent aux peintures de la coupole de l'églife Saint-Marc, à Madrid, lefquelles lui font le plus grand honneur.

Menendez (Louis), né à Naples, rentra en Efpagne avec fon père, muni de quelques talents fur la nature morte, fur les fleurs & les fruits.

Madrid conferve de lui quelques tableaux en ces genres, une Vierge & Jéfus, & une Sainte Famille.

Vélafquez (Alexandre-Gonzalès), frère du précédent, élève de l'académie de Madrid, fut chargé, dès l'âge de dix-neuf ans, de travaux importants. Nommé, en 1752, fous-directeur de la claffe d'architecture &, dix ans plus tard, de celle de peinture, cet artifte parvint à être un architecte renommé, furtout par fon talent dans la perfpective.

Ponz (Antoine) fut élève d'Antoine Richarte, à Valence. Arrivé à Madrid en 1746, il y étudia cinq ans & fe rendit à Rome. Revenu dans fon pays, fon talent lui procura des commandes importantes, entre autres à l'Escurial. Nommé secrétaire de l'académie de Saint-Fernand en 1776, la plupart des sociétés savantes de l'Espagne le reçurent dans leur sein, &, à sa mort, de pompeuses funérailles honorèrent sa mémoire.

Ce peintre déploya un rare talent dans la copie des plus beaux tableaux de Raphaël, du Guide & de Paul Véronèse. Il rechercha & analysa tous les ouvrages relatifs aux beaux-arts, d'où il tira ses *Comentarios de la Pintura*.

Vergara (Joseph), né à Valence, élève d'Etienne Munoz, se forma en copiant les estampes de l'Espagnolet, en étudiant la manière de Coypel & de Paul de Mateis. Vergara mit toujours au travail une ardeur extraordinaire, fut un des fondateurs de l'académie de Sainte-Barbe, à Valence, & directeur de celle de Saint-Charles, de la même ville.

Valence a de lui un Mentor & Télémaque; Paris, un Saint Sébastien.

Ce peintre, infatigable dans la recherche des procédés, aurait pu soutenir l'honneur de son pays par un excellent coloris, par la correction de son dessin, malgré son manque de style, si le génie & le talent, qui sont des dons du Ciel, pouvaient s'acquérir.

Vélasquez (Antoine-Gonzalès), frère des deux précédents, sans être de la famille de leur homonyme, le fameux Vélafquez, né à Madrid, fut élève de Corrado Giacuinto à Rome. Les profeffeurs de cette capitale des beaux-arts firent grand cas des frefques qu'il fut chargé d'exécuter dans l'églife des Trinitaires de Caftille, & l'académie de Saint-Fernand reçut avec plaifir le tableau qu'il envoya pour preuve de fes progrès comme élève penfionnaire, & qui repréfentait David recevant l'oint du Seigneur. De retour en Efpagne, en 1753, Antoine peignit à frefque & avec diftinction la coupole de la chapelle de Notre-Dame del Pilar, dans la cathédrale de Tarragone. Rentré à Madrid, il peignit dans l'églife de l'Incarnation & fit une Affomption pour Cuença. Le roi récompenfa fon talent en le nommant fon peintre en 1757, & directeur de l'académie de Saint-Fernand en 1765.

Ses biographes s'accordent à le dire excellent frefquifte, ayant beaucoup de grâce, de facilité, & une imagination féconde.

Goya-y-Lucientès (François), élève d'un artifte peu connu à Saragoffe, fe rendit à Rome & s'y forma par l'étude affidue & intelligente des grands maîtres. A fon retour en Efpagne, il fut nommé peintre particulier de Charles IV, puis il vint mourir à Bordeaux en 1832.

Madrid poffède de lui un portrait de Marie-Louife, femme de Charles IV, le portrait équeftre de ce prince, une Loge au cirque des Taureaux, une Dame étendue sur un lit, un Auto-da-fé, une Procession du Vendredi-Saint, une Course de taureaux, une Maison de fous, un Enterrement, &c.; Paris, le portrait de l'artiste.

Toutes ces œuvres accusent un talent incorrect, sauvage, sans méthode & sans style, mais plein de verve, d'audace & d'originalité. C'était Hogarth pour l'idée, c'était Rembrandt pour l'exécution. Aratus fut le dernier des Grecs par le courage, Goya est le dernier des Espagnols par les talents dans les arts. Manchester, dans son exhibition, a montré de lui quatre pochades d'enfants qui jouent, qui annoncent que si Goya ne voulut point s'astreindre aux règles de l'art civilisé, il n'en possédait pas moins tout ce qu'il faut pour faire un grand peintre.

Bayeu de Subias (François), né à Saragosse, élève de Luxan, remporta de grands succès en Espagne, fut peintre du roi & directeur de l'Académie. La vie de ce peintre ne fut qu'une suite de triomphes & de services réels rendus aux arts.

Tolède conserve de lui plusieurs tableaux & des fresques; Madrid, l'Olympe, une Comédie champêtre & plusieurs autres œuvres.

Son dessin est correct, sa composition gracieuse; bon clair-obscur & coloris plein d'harmonie.

Castillo (Joseph), né à Madrid, élève de Joseph Roméo & de Giacuinto, a laissé de célèbres gravures à l'eau-forte.

Madrid a de lui plusieurs tableaux; Paris, le Sommeil de la Vierge.

On désirerait voir dans ce peintre plus de connaissance des lois de la perspective & une plus grande harmonie de couleurs.

Martinez del Barranco, né au village de Cuesta, étudia à Madrid, se rendit en Italie en 1765, y resta quatre ans, revint en Espagne & y fut reçu membre de l'académie de Saint-Fernand & professeur de cette savante assemblée. Le chevalier Raphaël Mengs lui confia plusieurs tableaux importants.

Martinez étudia les chefs-d'œuvre que renferment Turin, Parme, Naples & Rome, & se forma d'après les ouvrages du Corrége.

Pour honorer leurs talents & surtout leurs efforts malheureux, toujours dignes de récompense quand ils ont l'art pour but, nommons, avant de terminer, ceux des artistes de l'Espagne qui ont cherché, mais en vain, à maintenir la gloire de la patrie des Berruguète, des Zurbaran, des Ribalta, des Navarette, des Vélasquez & des Murillo. Ce sont: Maella (don Mariano-Salvador), premier peintre du roi & premier président de l'académie royale; Sanchez (don

Mariano-Ramon), peintre de la chambre du roi Charles IV; Paret d'Alcazar, dont les œuvres approchent de celles de Claude-Joseph Vernet; Rubira (don Joseph), imitateur zélé de Murillo; Prieto (dona Maria de Lorette), reçue membre de l'académie de Saint-Fernand; Navarro (don Auguftin), qui excella dans la perfpective; Sequiera, dont un tableau repréfentant la Mort du Camoëns, expofé à Paris en 1824, mérita des éloges; Planès (Louis), qui mourut d'excès de travail; Lopez (don Vincent), directeur général de l'académie royale & premier peintre du roi; Aparicio (don Jofeph), qui vint à Paris puifer dans l'atelier de David des connaiffances qui l'introduifirent au cabinet du roi.

Nous entrons déjà dans le domaine du XIXe fiècle, qui n'appartient pas encore à l'hiftoire. Arrêtons ici nos recherches, &, pour être jufte dans l'hommage que nous devons à ce nombre infini d'artiftes efpagnols ou portugais, difons que fi l'Efpagne n'occupe pas le rang, dans l'hiftoire de l'art, que l'on décerne à l'Italie, c'eft que l'Italie a été la première à recevoir les rayons du génie qui avait illuftré la Grèce, & que l'Efpagne n'en a eu que le reflet.

CHAPITRE XXIX.

Artistes armuriers d'Espagne.

---

§ 1. — ARQUEBUSIERS.

CE serait bien restreindre le domaine de l'art, que de le borner à la peinture, à l'architecture & à la statuaire. Nous pensons qu'on peut y joindre tout ce qui se rattache aux armes, aux vases, de quelque matière qu'ils soient faits, dès qu'il y entre un certain décor, soit en peinture, soit en ciselure, en relief ou en incrustation; du moins font-ils partie des arts mécaniques. Nous ne croyons donc pas déroger au titre de notre ouvrage, de dire un mot des artistes qui ont si bien muni de leurs œuvres l'*Armeria* de Madrid.

En fait d'armes, l'Espagne est peut-être la seule nation d'Europe qui en possède la plus complète collection. Envahie depuis longtemps par des peuples orientaux dont l'existence se rapprochait du déluge, ayant elle-même porté la première ses pas vers des terres inconnues jusqu'alors, l'Espagne a pu recueillir quelques-unes de toutes les espèces d'armes contre lesquelles elle a eu à combattre, & en former un immense & magnifique faisceau.

Aussi, son *Armeria* de Madrid passe-t-elle pour le plus riche & le plus complet arsenal du monde. Mais ce n'est pas de ces armes arrachées aux différents peuples avec lesquels l'Espagne a eu à lutter, ou recueillies de ses oppresseurs, que nous voulons parler : ce sont des richesses pour un musée. Il n'y a point de génie, par conséquent point d'art, à ramasser l'arme d'un vaincu. Nous voulons honorer l'Espagne, & tout ce qui n'est pas sorti d'elle ne peut trouver, dans notre livre, qu'une place secondaire.

Nous demandons d'avance que le lecteur use envers nous de la plus grande indulgence, s'il lui arrive de trouver dans ce chapitre quelques lacunes, quelques phrases incohérentes, quelques noms d'artistes tronqués ou mal écrits; nous n'avons, pour tout renseignement, qu'un ouvrage écrit en langue espagnole, que nous traduisons avec autant d'exactitude qu'il nous est possible.

Il existe dans l'*Armeria* de Madrid un certain nombre de fusils ou arquebuses d'un mérite supérieur, fabriqués par des artistes espagnols, dont la plupart habitaient Madrid. Ce sont ces artistes qui font le sujet de nos recherches, & que nous fournit un recueil publié par Isidore Soler, en 1795.

A la fin du xve siècle & au commencement du xvie, époque de la naissance des deux illustres guerriers François Ier de France & Charles Ier d'Espagne, les deux uniques auteurs des événements de la première période de l'équilibre européen, qui comprend plus d'un quart de siècle, furent inventés les mousquets, les pierriers, les pistolets & autres armes à feu, &, malgré l'usage long encore de l'arc, de la lance & des autres armes alors employées dans les combats, les progrès de la nouvelle invention, que facilitait celle de la poudre, faussement attribuée à Berthold Schwartz, furent prompts & rapides dans toute l'Europe. On sait qu'à la bataille de Ravenne figurait un bataillon d'arquebusiers, & qu'à la retraite de Rebec un coup de cette arme meurtrière donna la mort à la fleur de la chevalerie française, à l'illustre Bayard. Heureux le monde, si toutes les inventions qui ont pour but le bonheur des masses étaient aussi promptement & si généralement adoptées que le fut celle de cet instrument terrible avec lequel l'homme le plus lâche peut tuer le guerrier le plus intrépide !

L'usage des armes à feu s'étant répandu & ayant été adopté comme instrument de guerre, Charles-Quint, sachant que l'Espagne surabondait en riches mines de fer qui fourniraient des matières suffisantes, fit venir d'Allemagne à Madrid deux maîtres arquebusiers : Simon Marcuarte & Pédro Maeze. Le premier était plutôt connu sous le nom de Hozès-le-Vieux, parce qu'il se servait de deux faux pour marquer ses œuvres; Maeze en mettait trois pour se distinguer.

Simon Marcuarte eut pour élèves ses deux fils, Philippe & Simon, lesquels imitèrent leur père, quant à la marque.

Philippe reçut pour élèves Laguisamo & André Herraez. Le premier alla se fixer à Séville & marqua ses armes de deux sangliers; le second s'établit à Cuença & adopta une aigle pour marque.

Simon Marcuarte fils, arquebusier des rois Philippe II & Philippe III, fit faire aux armes un pas immense.

Quatre élèves sortirent de l'atelier de Simon : Pédro Munoz & Juan de Métola, qui se fixèrent à Séville, prenant pour marque, le premier un P, le second son nom même; François Hernandez, qui habita Cordoue, marquant aussi ses œuvres de son nom, & Juan Salado, qui resta à Madrid, mettant pour marque un cheval à côté de son nom.

De l'école de Marcuarte père & fils sortirent encore Pédro Palacios, qui habita Soria, prenant pour marque celle que porte le numéro 188 de la gravure VI du catalogue, & Criſtobal Friſléra, qui ſe retira à Kicla, non loin de Saragoſſe, lequel adopta pour marque un X, telle que l'indique la gravure VII avec le numéro 246, & qui ſe trouve jointe à ſon nom dans le canon portant le numéro 2319, ſur lequel eſt la date répétée 1565.

Les fuſils ſignalés ſous les numéros 2221 & 2225 de l'*Armeria* préſentent, pour l'honneur de l'Eſpagne, une remarque importante qui ne peut échapper à perſonne : c'eſt que ces fuſils ſe chargent par la culaſſe, ce qui réduit de beaucoup l'honneur de l'invention, en 1831, de l'armurier français Robert. Celle de Lefaucheux, en 1832, ne peut conſerver que le mérite du perfectionnement. Nous ne pouvons que réclamer avec juſtice, en faveur de l'Eſpagne, l'honneur d'une invention qui remonte à plus de trois ſiècles avant celle des artiſtes français. Ce fut le ſeñor don Euſébio Zuloaga, arquebuſier de Camara & premier lieutenant armurier, qui fit don de ces armes à l'*Armeria* du roi. La culaſſe en eſt mobile, s'adaptant au canon par une vis ; elle eſt munie d'une cheminée deſtinée à recevoir la mèche. Ce canon d'arquebuſe eſt un vrai monument pour l'Eſpagne, dont on ſe plait à rabaiſſer le mérite, quand, à vrai dire, elle n'a jamais rien eu à demander aux autres peuples.

Marcuarte père & fils eurent encore pour élève Juan-Sanchez de Mirueña, qui furpaſſa tous ſes prédéceſſeurs. Ce fut lui qui, le premier, forgea les canons à tronçons; ſa marque était ſon nom, & ſa contre-marque un lion. Cet artiſte eut pour élève Gaſpard Fernandez, qui lui ſuccéda & qui ſoutint ſa réputation, ſurtout pour les canons d'arquebuſes, qui étaient les meilleurs de tous ceux connus juſqu'à lui. La marque de Fernandez était ſon nom, & ſa contre-marque un cheval.

De l'atelier de Gaſpard Fernandez ſortirent deux armuriers: Domingo Garcia & Juan Belen. Le premier n'obtint dans ſon art que des ſuccès médiocres; ſa marque était un lion & une main levée. Juan Belen ſurpaſſa de beaucoup ſon maître: il eut l'honneur d'être nommé arquebuſier de Charles II en 1684, & ſon talent aurait fait de lui un grand artiſte, ſi la mort, qui arriva pour lui en 1691, ne l'eût arrêté. La marque de ſes armes eſt celle que porte le numéro 1 de la gravure VIII de l'*Armeria*.

A ſon école ſe formèrent Nicolas Bis, Alonzo Martinez & Luis Santos. Le premier de ces artiſtes remplaça ſon maître dans la place d'arquebuſier du roi Charles II & eut la même faveur ſous Philippe V juſqu'à ſa mort, en 1726. On doit à cet artiſte la forge des canons avec des fers à cheval, talent qui honore fa mémoire & qui le met au premier rang des artiftes de fon temps, lefquels ne laiffèrent pas de le railler d'abord, pour l'imiter enfuite. Il occupa pendant trente-deux ans le pofte d'honneur d'arquebufier du roi. Sa marque eft celle du numéro 2 de la gravure VIII.

Alonzo Martinez travailla longtemps de concert avec fon maitre, cherchant toujours à perfectionner fon art. Il parvint à forger un canon avec des clous de fer à cheval, travail minutieux & pénible qui eut des admirateurs, mais point de rivaux ni d'imitateurs. Etant paffé en Portugal, Martinez y fut nommé arquebufier du roi don Juan; mais l'ancienne Lufitanie lui offrant peu d'agrément, Martinez fe retira dans la Catalogne, où il fut pris en compagnie de divers partifans & condamné à mort. Conduit à Barcelonne & mis en chapelle, il fut reconnu par l'officier prépofé à la garde des condamnés. Celui-ci en inftruifit fon chef, qui, poffeffeur de quelque arme remarquable fortie des mains de Martinez, ne voulut pas faire périr un artifte d'un fi grand mérite, & lui rendit la liberté, à condition qu'il travaillerait avec l'arquebufier Pédro Eftaban.

Martinez refta fidèle à fa promeffe jufqu'au moment où il fe retira à Mayorque, où il fut nommé grand-maître d'armes & où il mourut. Sa marque était celle du numéro 1 de la gravure IX.

Pédro Eftaban dut à Martinez la gloire de devenir le premier artifte arquebufier de la Catalogne.

Luis Santos fut un bon artifte, mais fes œuvres font loin d'égaler celles de fes condifciples. Sa marque était celle du numéro 4 de la gravure IX.

Nicolas Bis ne fit qu'un feul élève, Matthias Baeza, nommé arquebufier de Philippe V en 1739. La marque de fes armes eft celle du numéro 4 de la gravure VIII.

De l'école d'Alonzo Martinez, établie à Mayorque, fortirent Diégo Efquirel, Juan Fernandez & Diégo Ventura. Le premier fut très habile dans fon art; fa marque eft celle du numéro 3 de la gravure IX. Diégo Ventura, déjà avancé en âge, fut auffi arquebufier du roi, en 1760; fa marque eft celle du numéro 10 de la gravure VIII.

Luis Santos ne fit qu'un feul élève : ce fut fon fils Juan, qui adopta pour marque celle du numéro 5 de la gravure IX.

Matthias Baeza eut pour difciple Francifco Bis, Ignace Barcina & Sébaftien Santos. Le premier fut arquebufier de Philippe V en 1740, & mourut en 1765

Viennent ensuite sur les rangs de mérite : Gabriel de Algara, nommé arquebusier de Ferdinand VI en 1749, Juan Fernandez, Manuel Sutil, José Cano, Joaquim Celaya, José Lopez.

Manuel Sutil fut un artiste de renom par la subtilité de son esprit & par son adresse dans le travail; il habita d'abord Madrid, puis Astorga, où il mourut. Ses armes étaient très recherchées.

José Cano jouit aussi d'une grande réputation. Il mourut en 1751, avec le titre d'arquebusier de Philippe V.

Tous ces artistes firent de nombreux élèves, parmi lesquels est Francisco Lopez, arquebusier du roi, & dont les armes jouissent d'une réputation européenne.

De l'atelier de José Cano sortirent Salvador Cénarro, Antonio Gomez & Pédro Ramirez. Le premier mourut en 1793, laissant de grandes preuves de son génie & le titre d'arquebusier du roi; le second eut le même honneur; le troisième, Ramirez, abandonna la fabrication des armes à feu : celles qu'il a laissées portent la marque du numéro 10 de la gravure IX.

Ceux-ci eurent pour successeurs : Augustin Bustindui, établi en Biscaye, & qui devint bientôt le plus célèbre armurier de sa province; Pédro Fernandez, qui abandonna les armes à feu pour les armes blanches, dont la fabrication florissait alors à Tolède, & dont nous allons bientôt parler; Augustin Ortiz, Miguel Segarra, A. Garcia, Isidore Soler, l'historien de tous, Francisco Cargarona & Grégorio Lopez.

Pour ne point faire ici une simple nomenclature d'artistes dont les œuvres soutiennent avec honneur le rang que le catalogue de l'*Armeria* leur assigne, passons rapidement à Melchior Alvarez, qui fut le premier en Espagne qui forgea les canons retordus ou en spirale, & qui fit des fusils à deux coups. L'accueil bienveillant que fit Napoléon Ier à un fusil dont cet artiste lui fit hommage, prouve le degré de perfection auquel il était parvenu.

Ramon Zuloaga, disciple de Carlos Montargis, fut nommé inspecteur de la fabrique d'armes de Plaisance.

Eusébio Zuloaga, arquebusier actuel de la chambre de Sa Majesté, naquit à Madrid en 1808. A l'âge de quatorze ans, il se transporta à Plaisance, auprès de son oncle don Ramon; à dix-neuf ans, il revint à Madrid, où il continua de travailler chez son père don Blas Zuloaga, qui était armurier des gardes du corps & lieutenant armurier major de l'arfenal. Eufébio, défirant fe perfectionner & acquérir de vaftes connaiffances, demanda & obtint de Ferdinand VII une penfion pour trois ans, avec laquelle il alla à Paris fe perfectionner dans l'atelier de l'inappréciable arquebufier du roi, M. Lepage, où il refta un an. Il vifita enfuite les fabriques d'armes de St-Etienne, où il féjourna une année, travaillant avec un des maîtres les plus renommés de cette ville.

S'appliquant en même temps à l'étude de la fabrication des armes de guerre & fe pénétrant des méthodes de diftribution & de préparation des métaux, Eufébio revint à Paris & y paffa encore une année. De retour à Madrid, en 1833, il fe décida alors à conftruire plufieurs armes, en compagnie du feñor don Blas Zuloaga, fon père.

Peu fatisfait encore de fes connaiffances, il retourna pour la troifième fois à Paris, en 1838; il y étudia fpécialement la métallurgie, & vifita les fabriques belges. Rentré à Madrid, il établit à Eibar une fabrique d'arquebuferie qui donne de très bons produits.

Zuloaga poffède aujourd'hui un atelier mécanique pour la fonderie des canons, & les fecrets néceffaires pour donner à ce terrible inftrument de guerre le luxe d'ornements qu'avaient ceux du XVIe fiècle.

Les ateliers de ce favant artifte induftriel, réunis à ceux de l'Etat, peuvent produire des objets d'un rare mérite en fait d'armes.

A Eufébio Zuloaga fe termine la férie nombreufe des artiftes arquebufiers renommés d'Efpagne. Sa marque eft celle du numéro 22 de la gravure VIII.

§ II. — ESPADEROS.

L'Efpagne ne paraît pas avoir eu une localité déterminée pour la fabrication des arquebufes. Les artiftes, non foumis à aucune règle qu'à celle de leur goût & de leurs talents, réfidaient où bon leur femblait. Il n'en a pas été de même pour les armes blanches, dont la trempe fait tout le mérite.

Depuis longtemps, Tolède, ancienne capitale d'Efpagne, eft en poffeffion, grâce à la bonté des eaux du Tage pour la trempe, d'une réputation méritée pour les lames d'épées & de fabres. Il y a, en effet, peu de points fur le globe où ne foit parvenue la réputation des tolédanes, très fameufes par leur trempe & leur excellente qualité. Les nations les plus avancées en induftrie rendent là-deffus hommage à l'ancienne capitale des Maures, & bien des fois les plus grands établiffements d'Europe ont dû envoyer à Tolède des ouvriers de choix pour fe former & faifir le genre de travail de cette fabrique, qui est en grande renommée depuis plusieurs siècles.

On a longtemps vanté les épées de Valence, de Saragosse, de Saint-Clément, de Cuellar & d'autres villes ; mais on a toujours fini par accorder à Tolède la préférence sur toutes les autres, & la liste des artistes de diverses époques qui s'occupèrent de la confection de ces lames, sera pour le pays un souvenir précieux que l'ancienne & belle Tolède n'a pas toujours été ce qu'elle est aujourd'hui, presque sans activité & sans industrie. De ses ateliers sortit cette grande phalange d'artistes qui remplit le monde du bruit de la perfection de sa forge, &, s'il est dans les destinées de l'Espagne de perdre pour toujours la méthode d'élaboration des fameuses épées de Hortuno, de Aguirre, les noms des artistes Julian del Rey, Sahagun-el-Viejo, Manchaca & Joanès de la Horta, & les lames qui se trouvent dans l'arsenal de Madrid, resteront comme un témoignage de la supériorité que la Péninsule a longtemps exercée en ce genre d'industrie.

Avant d'entrer dans l'énumération des artistes espaderos, dit notre auteur, consacrons quelques lignes au détail de la manière dont étaient forgées & trempées les anciennes armes blanches de Tolède. Nous en trouvons le récit dans des notes communiquées par don Nicolas Magan & don Manuel de Asas. Nous en extrayons aussi d'un manuscrit de la bibliothèque de l'académie d'hiftoire & d'un autre de la bibliothèque de l'archevêché de Tolède, portant pour titre : *Notice de la fabrique d'épées de Tolède, depuis fon origine jufqu'à la fin du XVIIe fiècle, fur la manière de les forger, de les tremper, l'acier qu'on employait.*

On juge de l'antiquité de la fabrique d'armes blanches de Tolède par ce vers que l'on trouve dans un poète latin du temps d'Ovide, qui, dans fon traité *De Venatione*, dit :

Imo toledano præcingant alia cultro.

Il n'y eut, dans le commencement de cette induftrie, aucune centralifation ni fabrique foutenue par le Gouvernement, comme aujourd'hui. Chaque individu efpadero fabriquait, trempait dans fon atelier, offrant fes produits en concurrence les uns des autres. Divers rois de Caftille accordèrent au corps des armuriers de Tolède certains priviléges, les exemptant d'impôts & des droits de vente & d'entrée pour les aciers & les fers. Cette faveur s'étendait même à ceux dont l'induftrie était en rapport avec la leur, comme celle des gardes d'épée, de la fourniture du cuir & des bouts de fourreau.

L'acier employé dans ces fabriques fortait, dès le principe, felon Borrles, d'une mine de fer qui exifte à une lieue de Mondragon, & qui était l'unique en ce temps-là en Espagne. On suppose que, dégénéré aujourd'hui, l'acier de Mondragon a été cause que les épées de Tolède ont perdu de leur réputation & se sont vu préférer les produits étrangers. Cette cause parait peu certaine ; celle que mentionne Borrles, qui attribue cette décadence au changement de costume espagnol, dans le XVIIe & le XVIIIe siècle, est peut-être plus fondée.

Quoi qu'il en soit, la célébrité des lames fabriquées à Tolède a souvent excité la curiosité des armuriers étrangers, qui ont cru que les Tolédans possédaient un secret pour la trempe de leurs armes. Ce secret consistait simplement dans la bonté des eaux du Tage & du blanc & menu sable de ses rivages, lequel servait, en terme d'art, à rafraichir le feu des forges.

Quand l'acier était rouge, & qu'il commençait à s'en échapper des étincelles brillantes, on le découvrait un peu, on l'arrosait de ce sable, dont on couvrait aussi l'enclume pour la forge. La lame ainsi forgée, on passait à la trempe, qui se pratiquait de la manière ci-après : au milieu de la forge, on formait une traînée de feu d'un peu plus des trois quarts de la longueur des lames, de sorte que, en y plaçant les lames, les quatre cinquièmes de leur longueur fussent en contact avec le feu, le cinquième destiné à la garde de l'épée restant en dehors. La feuille rougie de couleur cerise, on la laissait aussitôt tomber dans une cuve remplie d'eau du Tage, & on l'en retirait immédiatement froide. Si elle était un peu courbée ou tordue, ce qui arrivait quelquefois, on mettait du sable fin des bords du Tage sur l'enclume, & on la frappait avec soin dans toute sa longueur, jusqu'à ce qu'elle fût parfaitement redressée. On la faisait chauffer de nouveau un peu moins qu'au rouge blanc, on la saisissait par la saie ou garde, & on la graissait avec du suif de mouton ou de bouc non fondu, qu'on laissait brûler sur le fer rouge jusqu'à ce qu'il fût refroidi. Telle était l'opération de cette fameuse trempe, qui donnait au fer une telle force, que l'épée, quelque mince qu'elle fût, n'était ni élastique ni ployante.

Les eaux du Tage ont toujours joui de la propriété qu'ont plusieurs de nos rivières de France & même de l'étranger, d'être très propres à la trempe. Quant au sable que l'on ramasse sur ses bords, plusieurs auteurs parlent des paillettes d'or qu'on y ramassait autrefois & qui faisaient une industrie très lucrative pour les *augiers*, ainsi nommés de l'instrument dont ils se servaient pour faire le lavage de ce sable, au fond duquel restaient les lamelles d'or & d'argent que roulaient les eaux de ce fleuve célèbre; & il est permis de conclure que si les armuriers faisaient usage de ce sable pour leurs chaudes, c'est qu'immanquablement quelques parties de ces précieux métaux s'alliaient à l'acier, qui en était la principale matière.

Aujourd'hui, on n'emploie plus la même méthode pour la forge ni pour la trempe. On ne se sert plus du sable aurifère du Tage, mais on emploie la vase que produit la pierre à aiguiser, &, pour la *revenue*, au lieu du suif on se sert d'une autre substance.

Voilà le procédé de la fabrication de ces fameuses armes blanches de Tolède qui ont obtenu une réputation universelle. Occupons-nous maintenant des artistes qui s'y sont le plus distingués, & sans suivre la liste générale, de près de cent, qu'en fournit notre auteur, citons les plus remarquables.

Le premier, par ordre alphabétique, dans le catalogue de ces espaderos, est Alonzo Sahagun, *le Vieux*, qui vivait en 1570; mais un artiste qui remonte à une date plus ancienne est Julian del Rey, surnommé *le Maure*, car il l'était en effet. On croit qu'une partie de son nom lui fut donnée à cause qu'ayant embrassé, un des premiers, la religion catholique, il eut pour parrain à son baptême le grand Ferdinand, vainqueur de Boabdil. Julian eut un fils qui se distingua aussi dans l'industrie de son père. Tout porte à croire que sous les Arabes la fabrique d'armes de Tolède dut avoir une bien plus grande importance encore, par le luxe que les enfants de

Mahomet déployaient dans l'armure & dans l'apparat avec lequel ils se présentaient au combat. Du reste, il n'est pas possible de révoquer en doute leurs connaissances en fait du mérite des armes blanches.

Viennent ensuite :

Antonio Ruiz, armurier du roi, qui mettait son nom pour marque; Juan Martiny Manchaca, qui travailla aussi à Lisbonne, Séville & Madrid, & qui vivait au commencement du XVIe siècle; Sarabal, fameux & ancien armurier tolédan dont on ne peut indiquer l'époque, mais dont une épée porte le nom plusieurs fois répété; Sébastien Hernandez, *le Vieux*, qui vivait en 1637, & auquel appartient la magnifique épée de l'*Armeria*, numéro 1721.

Beaucoup de maîtres armuriers ne se bornaient pas à mettre sur leurs armes la marque & la contre-marque adoptées par eux; ils écrivaient encore leur nom sur la partie du fer destinée à la garde, en y joignant l'année & le lieu de la fabrication de l'arme. C'est par là qu'on remarque que Tolède n'était pas le seul endroit renommé pour la trempe des lames.

Terminons à ces courtes réflexions ce que nous pouvons dire d'un art qui fait un si grand contraste avec ceux qui nous ont si longtemps occupé. Il y a une telle différence, dans l'effet, entre un pinceau, un ciseau de sculpteur & une arquebuse ou un glaive, que, pour que ces deux extrêmes se trouvassent réunis dans ce même volume, il a fallu que l'honneur que nous vouons à tout ce qui est de l'art, à quelque titre que ce soit, & surtout de l'art espagnol, fît une grande violence à notre caractère.

CHAPITRE XXX.

Art céramique en Espagne.

DANS plusieurs chapitres de cet ouvrage, nous avons indiqué, mais d'une manière analytique, tout ce que l'Espagne doit aux Arabes en architecture, en sciences & en inventions. Pour être juste, & rendre à chacun l'honneur qui lui est dû, nous devons ajouter un mot sur l'art céramique, que ces peuples importèrent en Espagne plus de cent ans avant que Luca della Robbia produisît en Italie des bas-reliefs en terre émaillée. C'est donc encore un titre de gloire de plus pour l'Espagne, qu'aucune nation d'Europe ne peut lui revendiquer, d'avoir eu, la première, des connaissances très étendues sur l'art dont s'honorait Bernard Palissy, qui prenait le titre d'*inventeur des rustiques figulines du roi*.

L'art céramique, qui n'est autre que celui de fabriquer, en terre cuite, des vases & des ustensiles, en les ornant par la plastique & la peinture, n'a pas, assurément, pris naissance en Espagne.

Hérodote parle des Grecs comme possédant, là-dessus, des connaissances précieuses, & les potiers de Samos étaient déjà célèbres du temps d'Homère. Un antiquaire, l'abbé Mazzola, va jusqu'à prétendre que les poteries campaniennes ou italo-grecques, qu'on a désignées plus tard sous le nom de vases étrusques, sont antérieures au Xe siècle avant Jésus-Christ.

Il paraît que les Grecs avaient, pour leurs artistes céramiques, une telle considération, qu'ils allèrent jusqu'à ériger des statues & frapper des médailles en l'honneur de quelques-uns. Les noms d'un assez grand nombre de ces artistes sont venus jusqu'à nous, & la réputation dont jouissaient Dibutade de Sicyone, inventeur de la plastique en terre cuite; Coræbus d'Athènes, inventeur de la poterie, & qui vivait du temps de Cécrops; Talus, neveu de Dédale, auquel on attribue l'invention du tour à potier; Thériclès de Corinthe, & Chéreftrate, qui faisait par jour plusieurs centaines de canthares, ira toujours de pair avec celle de Phidias, de Polyclète & de Myron, qui se faisaient un plaisir de leur fournir des modèles de certains vases.

Les Etrusques, à leur tour, les anciens Romains ensuite, fabriquaient de la poterie, & leurs connaissances dans l'art céramique se constatent tous les jours par de précieuses découvertes de leurs œuvres.

Le procédé de la glaçure lustrée des poteries romaines ne paraît pas avoir traversé le IIIe siècle de notre ère. Le moyen-âge, en effet, ne nous a laissé aucune poterie artistique, & aucun document écrit ne constate l'existence de ce genre d'industrie. Mais il est certain que si les guerres, les invasions des barbares nuisirent à l'expansion de cet art dans le reste de l'Europe, il se conserva en Grèce dans toute sa splendeur. Le moine Théophile, qui écrivait au XIIe siècle, nous parle non seulement des produits des Grecs dans l'art céramique, mais il entre même dans de grands détails sur les moyens de confection, de vernissage & de dessin, & Damas, ville souverainement industrielle, semble avoir été longtemps en possession de la priorité dans cet art.

Ne nous arrêtons pas aux recherches sur les productions céramiques des anciens peuples d'Europe ou d'Asie, arrivons à ce qu'en a reçu & conservé la péninsule hispanique.

Plusieurs fragments de poterie arabe, conservés au musée céramique de Sèvres & attribués au IXe siècle par le savant antiquaire Lenormand, démontrent que, dès cette époque reculée, les Arabes du nord de l'Afrique, qui possédaient des hommes fort instruits dans les sciences physiques & mathématiques, savaient décorer les poteries de glaçures plombifères & stannifères.

En pénétrant en Espagne, les Arabes y importèrent les sciences & les arts qu'ils possédaient, & l'on doit penser qu'il leur fut d'autant plus facile d'y mettre en pratique les améliorations & les perfections qu'ils avaient introduites dans la fabrication de la poterie, que l'Espagne renfermait abondamment tout ce qui leur était nécessaire, & qu'elle avait sans doute conservé quelques traditions de ce que possédaient les Romains sur l'art céramique.

Les Arabes ont laissé en Espagne de nombreuses preuves de l'état avancé de leur fabrication en ce genre. Les mosquées de Cadix, de Cordoue, l'alcazar de Séville & l'Alhambra de Grenade sont enrichis de carreaux émaillés d'une grande beauté.

L'un de ces carreaux existe au musée céramique de Sèvres; il porte cette inscription arabe : *Il n'y a rien de fort, si ce n'est Dieu*, inscription qui faisait la devise des fondateurs musulmans du palais de Grenade. L'analyse à laquelle a été soumise la glaçure de ce carreau, constate la présence du plomb & de l'étain, & comme l'Alhambra remonte à la fin du XIIIe siècle, on doit en conclure que depuis longtemps les Arabes étaient capables de produire non seulement des carreaux émaillés, mais même des vases de luxe, & il n'y aurait point de témérité, ce nous semble, à faire partir d'une source commune les procédés céramiques des Arabes d'Espagne & ceux que les Grecs employaient & que décrit Théophile au XIIe siècle.

Les célèbres vases de l'Alhambra sont les pièces les plus remarquables qui soient restées de l'adresse des Arabes d'Espagne. La richesse d'ornementation de ces vases, la netteté des dessins qui y sont répandus, la v.,acité de leurs couleurs en font des œuvres d'une grande valeur.

Le goût de l'ornementation des objets qui sont pour l'homme d'un usage journalier, a été de tout temps si naturel & si dominant qu'il n'est pas douteux que les Arabes n'eussent établi des poteries de luxe dans plusieurs parties de l'Espagne soumises à leur domination, & que ces fabriques n'aient continué de subsister entre leurs mains jusqu'à leur entière expulsion, sous Philippe III, au commencement du xviie siècle.

Les poteries hispano-arabes sont restées méconnues pendant plusieurs années & confondues avec les majolica italiennes, qui n'en sont que l'imitation; mais, depuis que l'archéologie a étendu ses études à tous les monuments de la vie privée, on a restitué aux fabriques hispano-arabes les produits très curieux qui leur appartiennent. M. Riocreux, le savant conservateur du musée céramique de Sèvres, est le premier qui les ait signalés & remis en lumière.

L'émail de ces poteries est d'un blanc jaunâtre, recouvert d'un lustre chatoyant à reflets métalliques, que nous retrouvons dans la majolica italienne de la fin du xve siècle. Le reflet métallique paraît provenir plutôt des ornements qui sont peints sur le fond blanchâtre, que de ce fond lui-même. Ces ornements sont d'une couleur qui varie du rouge auréo-cuivreux jusqu'au jaune d'or pâle.

D'après la couleur des ornements dont ces poteries sont enrichies, on pourrait les diviser en trois classes dont chacune appartiendrait à des fabriques & probablement à des époques différentes.

La première classe comprendrait les poteries dont l'ornementation est d'une couleur très éclatante, qui se rapproche plutôt du cuivre rouge que de l'or. Les dessins, dans cette espèce de poterie, laissent à peine entrevoir le fond, & reproduisent presque toujours des fleurs au milieu desquelles se jouent des oiseaux. Ils rappellent assez bien, par leur style, les dessins des faïences persanes & quelques-unes des peintures décoratives du palais de l'Alhambra.

Les poteries de cette catégorie paraissent d'une fabrication moins parfaite que celles à dessins jaune d'or, & on peut les regarder comme les plus anciennes. Un spécimen de cette première classe est un grand plat, gardé au musée de Sèvres, sur lequel sont représentés des oiseaux au milieu de fleurs.

On placerait dans les faïences de la seconde classe celles à dessins monochrones d'un ton jaune d'or, qui reproduisent le plus ordinairement, avec des ornements dans le style mauresque, des armoiries qui indiquent toujours une origine espagnole. Ce sont en général des écus de Castille, de Léon, d'Aragon, & ceux des familles souveraines qui, au moyen-âge, régnaient sur l'Espagne.

Parmi les pièces de cette seconde catégorie de faïence, que possède le musée du Louvre, on trouve un échantillon très curieux. C'est un pot à bec, d'une forme tout-à-fait archaïque, sur le bord duquel se trouve une inscription qui dénote évidemment la main d'un ouvrier arabe. Elle est formée du mot *ubas* pour *uvas* (raisin) plusieurs fois répété ; les lettres sont disposées de droite à gauche, comme dans l'écriture arabe. Si l'on voulait s'assurer de l'époque de l'établissement de ces poteries, on ne le pourrait que par les armoiries qu'elles portent, mais c'est un travail que le petit nombre, de ces poteries qu'on en possède en France, rendrait difficile.

Le musée de Sèvres conserve deux plats armoriés qui sont fort intéressants. L'un porte un écu parti d'Aragon, flanqué à droite de Castille, à gauche de Léon, parti de Navarre-Evreux. Ce sont les armoiries de Blanche de Navarre, fille de Charles III auquel elle succéda en 1425. Le parti droit de l'écu contient les armes de Jean d'Aragon, duc de Pénafield, auquel cette princesse avait été donnée en mariage en 1419 ; le parti gauche, ses armes personnelles. Cette princesse étant morte en 1441, ce plat a une date certaine, puisqu'il n'a pu être fait que pour elle, de 1419 à 1441. L'autre plat est d'une fabrication plus soignée ; le fond est rempli par un écu parti de Castille & Léon, parti d'Aragon-Sicile : c'est celui de Ferdinand & d'Isabelle. Ce plat doit donc remonter au temps de leur union, de 1469 à 1504.

Les poteries hispano-arabes qui composeraient

la troisième classe, présentent des ornements en émaux de couleur, réunis aux ornements jaune d'or; les sujets en sont presque toujours des armoiries, des feuillages & des entrelacs. On y voit cependant quelquefois des animaux. Un plat, d'une collection formée par M. Piot, porte, sur un fond semé d'entrelacs jaune d'or, une antilope peinte en bleu. Sur le bord du plat se lit cette inscription : *Santa Catalina guarda nos*, inscription qui dénote évidemment une main espagnole & chrétienne. Les poteries de cette espèce sont, en général, d'une exécution très soignée & ne paraissent pas remonter au-delà des dernières années du xve siècle. Tout porte à croire qu'on n'a fait qu'imiter, en Italie, dans les dernières années du xvie siècle, les poteries hispano-arabes de cette troisième espèce, qu'on y rencontre souvent.

Toutes ces œuvres témoignent du degré de perfection où en était venu l'art céramique en Espagne, pendant & après l'occupation des Arabes. Les dates que l'on a de ces figulines prouvent que, bien avant l'Italie, l'Espagne était en possession d'un genre d'industrie dont elle doit être fière.

Du reste, il est constant que, dès le xvie siècle, des ouvriers arabes ou espagnols, venus des îles Baléares, notamment de Majorque, passèrent en Italie, & qu'ils y importèrent leurs procédés pour la fabrication de la faïence, &, si ce fait paraissait douteux, nous invoquerions Jules-César Scaliger, qui nous apprend qu'une faïence d'un très grand prix, assez belle pour être comparée aux poteries de l'Inde, se fabriquait de son temps à Majorque, & il ajoute que le nom de *majolica*, donné à la faïence italienne, dérive de *majorica*. Ceci trouve encore une preuve chez Fabio Ferrari, dans ses recherches sur *les origines de la langue italienne*, qui dit que le mot *majolica* n'est autre que celui de *majorica*, & le dictionnaire *della Crusca* lui donne la même dérivation.

Rien ne s'oppose à ce que les Espagnols ou les Arabes d'Espagne aient été, dans l'art céramique, les maîtres des Italiens ; les îles Baléares furent occupées par les Arabes dès le VIIIe siècle, & elles restèrent en leur possession jusqu'en l'an 1230, époque où elles leur furent enlevées par les Aragonais, & c'est vraisemblablement là que commencèrent leurs premiers essais dans un art dont ils apportaient les principes de l'Asie, de Damas sans doute.

Nous regrettons que Jules Labarte, auquel nous empruntons ces quelques notes, ne nous fournisse le nom d'aucun des artistes espagnols ou arabes qui se sont distingués dans cette branche des arts, & que nous en soyons borné à reconnaître à l'Espagne un nouveau titre à notre admiration, sans pouvoir exalter les noms des personnages qui l'ont dotée de produits qui feront toujours les délices des vrais amateurs du beau, du riche antique.

CHAPITRE XXXI.

Coup d'œil d'ensemble.

JETONS, en terminant, un regard en arrière : voyons l'ensemble de l'école espagnole, & jugeons du mérite de ceux de ses artistes qui l'ont le plus exaltée.

L'école d'Espagne a eu, comme toutes les autres, trois phases bien distinctes : son origine, son triomphe & sa décadence.

La première, qui commence avec le XIVe siècle, s'étend jusqu'au XVIe. C'est le début de l'art, marchant encore avec des lisières, mais annonçant déjà, par la fermeté de son pas, quelle sera sa marche progressionnelle au moment de sa virilité. C'est le temps des Estéban Rodrigue, des Alphonse Berruguète, des Louis de Vargas, des Castello, des Diaz, des Moralès, & le mérite de leurs œuvres fait présager à leurs successeurs une réussite dont bien d'autres seront jaloux ; c'est l'aurore de ce jour de quatre siècles, qui va couvrir l'Espagne d'une auréole de gloire que ne lui donneront ni les succès éphémères de ses armes, ni la possession de l'or du Nouveau-Monde, auquel, selon l'opinion de Raphaël Mengs, elle a longtemps tout sacrifié, dédaignant tout ce qui n'était pas or, méprisant tout ce qui n'en avait pas ou la couleur ou l'éclat.

Tous les peintres de cette époque, dont les œuvres ne paraissent dans presque aucun musée étranger, pas même dans ceux de leur pays, ne peuvent être sainement jugés que par le récit qu'en ont laissé leurs biographes, & par quelques restes dont étaient en possession les églises & les couvents de l'Espagne, mais aujourd'hui réunis dans le musée royal de Madrid. Tout ce qu'on peut dire à leur louange, c'est qu'aussitôt qu'ils entendirent parler des merveilles artistiques que renfermait l'Italie, se sentant animés pour l'art d'un amour louable, ils s'empressèrent presque tous d'y aller & d'y faire une abondante provision de connaissances dans la peinture, l'architecture & la sculpture, qu'ils rapportèrent ensuite en Espagne, & au moyen desquelles leurs compatriotes sortirent de la barbarie artistique dans laquelle les avait laissés grandir le manque de bons modèles. Sous ce rapport, on ne saurait trop louer Berruguète, Gaspard Diaz, surnommé *le Raphaël portugais*, Nicolas Castillo & Louis de Vargas.

Le héros de cette époque & l'un des derniers est Moralès, dit *le Divin*, surnom un peu présomptueux peut-être, & que la postérité a eu de la peine à lui confirmer, mais qu'il a pu mériter au temps de sa gloire, vers le milieu du XVIe siècle. Ce peintre, qui n'a jamais quitté l'Espagne, n'a dû son talent qu'à l'étude & aux conseils de quelques amis, ce qui ne l'empêcha pas d'arriver à un tel degré de perfection, qu'il fut mandé par Philippe II, lorsque ce prince s'occupa de réunir les matériaux devant concourir à l'ornement de l'Escurial, mais auquel il n'eut pas l'honneur de contribuer. Nous avons, du reste, fait connaître de ce peintre les œuvres qui peuvent lui maintenir l'épithète qu'il porte & qu'il aurait peut-être mieux méritée encore, si le sort ne se fût attaché à le punir du trop grand luxe qui lui ferma les portes de la cour.

La seconde époque débute avec le XVIe siècle & va jusqu'aux trois quarts du XVIIe. C'est celle qui voit les sommités artistiques péninsulaires : c'est l'époque des Vergara, des Juan Joanès, des Navarette, des Ribéra, des Zurbaran, des Vélasquez & de plusieurs autres. L'école italienne avait jeté tout son éclat; ses œuvres, déposées en spectacle dans tous les cabinets, dans toutes les collections princières, étaient à la portée de tous ceux qui, jaloux de sa gloire, voulaient marcher sur ses traces & s'inspirer des modèles de la Grèce, mis par elle à la disposition de tous les vrais amateurs de la belle antiquité.

Le chemin de l'Espagne à Florence, à Venise & à Rome était ouvert & frayé à tous les Espagnols; ils s'y jetèrent avec enthousiasme, & les fruits qu'ils en rapportèrent furent, pour la Péninsule, une ample compensation de sa tardive apparition sur la scène artistique. C'était le temps du règne des Philippe, nouveaux Augustes pour l'Espagne; c'était l'âge d'or de l'art. Non contents d'encourager noblement les artistes & de rémunérer largement leurs œuvres, ces princes déposaient souvent le sceptre pour le pinceau & la palette, & plus souvent encore ils se dérobaient aux flatteries de leurs courtisans pour aller causer familièrement avec les peintres & les artistes qu'ils tenaient à leurs gages, & auxquels ils défendaient de cesser leurs travaux.

Il serait trop long de rappeler ici les peintres & les statuaires qui ont marqué de leurs œuvres cette grande époque; nous les avons indiqués en leur temps, ne parlons que de ceux qui ont laissé des souvenirs impérissables.

Les œuvres de Vélasquez & de quelques-uns de ses contemporains sont de ce nombre: elles se montrent au grand jour, dans tout leur éclat; elles n'ont à redouter le parallèle d'aucun de leurs rivaux étrangers; elles ont surpassé celles de tous leurs nationaux, &, si elles doivent quelque chose à l'Italie, à la Grèce & à la Flandre, elles doivent plus encore au génie de leurs auteurs & à leur persévérance dans le travail. Les premiers pas de Vélafquez dans la peinture font ceux d'un grand maître; il a deviné fa force, il fent ce dont il eft capable; chaque coup de fon pinceau eft un progrès de plus, & lorfque, par le confeil de Rubens, il courut en Italie devant les œuvres du Titien, du Tintoret, de Véronèfe, de Michel-Ange & de Raphaël, il était déjà maître en peinture, plus maître que ceux à l'école defquels il avait puifé les principes, plus maître que quelques-uns de ceux dont il admirait les œuvres dans les galeries de Florence & de Rome.

Les œuvres de Zurbaran, qui précède Vélafquez d'un an par la naiffance & qui le fuit deux ans après au tombeau, occupent le fecond plan, mais elles le tiennent dignement. Cet artifte, dont la vie fe paffe fans bruit, fans éclat, fans événements marquant d'autres dates que celles de fes productions, dut, comme Vélafquez, tout fon fuccès à la fidélité avec laquelle il copia toujours la nature; auffi fon deffin en acquit-il cette rectitude, cette perfection qui font une de fes qualités les plus faillantes. Si ce peintre eût vu l'Italie, il eft à préfumer qu'il eût dépaffé tous fes compatriotes & qu'il eût planté fa bannière à côté de celle des grands maîtres que préconife la capitale des arts.

Jofeph Ribéra, dit *l'Efpagnolet*, précède de quelques années, à la vie & à la mort, Zurbaran & Vélafquez. Ce peintre fe doit tout entier à lui-même, rien à la faveur, rien à la fortune, tout au travail & à la persévérante ténacité. Parti jeune de l'école de Francisco Ribalta pour aller étudier l'art à sa nouvelle source, Ribéra n'eut d'abord, à Rome, pour chevalet qu'une borne, pour modèles que les fresques extérieures des palais & des temples, & pour nourriture que quelques débris de pain que lui fournissait la charité publique.

Après avoir travaillé sur le modèle des plus grands maîtres, notre jeune artiste se sent assez fort pour aller étudier l'art dans plusieurs villes d'Italie, & notamment à Parme, où l'appelait la renommée de l'immortel Corrége. Arrivé à Naples, ses talents le mirent bientôt sur le pinacle des artistes de cette ville, & c'est là que Vélasquez le trouva, au milieu de l'abondance & comblé d'honneurs, les deux fois qu'il visita l'Italie.

Comme Vélasquez & Zurbaran, Ribéra s'attacha à la copie de la nature, modèle toujours prêt, toujours vrai, toujours beau. Seulement Vélasquez l'accepte telle qu'elle est, Ribéra l'accommode à ses goûts, à ses caprices, & en tire des effets plus forts, plus saisissants. Le seul reproche qu'on puisse lui faire, c'est d'avoir exagéré à dessein les oppositions de l'ombre & de la lumière. Ses œuvres, qui peuvent rivaliser avec celles des meilleurs peintres de son temps, lui donnent un rang distingué dans la hiérarchie de mérite de l'école espagnole.

N'allons pas plus loin dans le détail des peintres de mérite de cette époque de triomphe pour l'art en Espagne ; ce serait recommencer leur histoire ; cette trinité de noms marquants dans les fastes artistiques de la Péninsule suffit bien pour donner une idée de ce que l'Espagne a produit alors. Arrêtons-nous à Luca Giordano, que les uns font Napolitain, d'autres Espagnol, mais qui appartient certainement à l'école qui nous occupe, étant élève de Ribéra. Nous n'en avons pas encore parlé, doutant si c'est l'Italie ou l'Espagne qui doit se glorifier de l'avoir vu naître.

C'est Luca qui a eu le funeste honneur de marquer l'extrême limite entre l'art, dont il est le dernier représentant en Espagne à la cour de Charles II, & la décadence, que son exemple précipita.

Luca Giordano est un de ces peintres que la nature a favorisés de grands talents, mais il les a enfouis sous des monceaux d'or que lui procurèrent son extrême rapidité dans le travail & quelques traits de génie ou d'originalité qu'il savait répandre parfois dans ses œuvres.

Après lui, dit Viardot, plus d'écoles, plus de traditions, plus de maîtres ni d'élèves ; à peine quelques rares individualités s'efforcent-elles de renouer la chaîne rompue pour rattacher à la grande époque de la peinture la seconde renaissance essayée au XVIIIe siècle. Luca n'a jamais rien fait d'absolument mauvais, jamais rien d'abfolument bon, & tout ce qui refte à fa gloire, des œuvres innombrables qu'il a produites, c'eft le furnom qui lui eft venu de fon père l'excitant au travail, & qu'il lui répétait toujours : *Luca, fa prefto.*

La troifième & dernière époque eft celle de la décadence; elle s'ouvre aux dernières années du xviie fiècle & elle dure encore. Elle a vu de nombreux artiftes chez lefquels le feu facré de l'art a jeté quelques faibles lueurs, fans pouvoir percer le fombre nuage qui, fortant de la tombe de Vélafquez, allait s'épaiffiffant & enveloppant l'Efpagne. Cependant il eft vrai de dire que quelques artiftes fe levèrent comme pour protefter, & les Murillo, les Herrera, les Claude Coëllo, les Palomino, les Antolinez, montrent que l'art, quoique à fa décadence, poffède encore quelque vigueur. Vains efforts! le temps des Philippe n'eft plus, & fous leurs fucceffeurs l'Efpagne, dit Mengs, reffemble à un pays rempli de malades dont on garde les frontières, empêchant les médecins étrangers d'en approcher.

Les œuvres de Murillo & de quelques-uns de fes collègues, dans l'apoftolat de l'art, font à celles de Vélafquez & de Zurbaran ce que les étoiles qui apparaiffent auffitôt après le coucher du foleil, font à l'aftre du jour : ce n'eft plus le jour, ce n'eft pas la nuit encore; elles brillent avec vérité, mais elles brillent d'autant plus que la nuit de la décadence étend plus rapidement ses voiles, à travers lesquels elles paraissent comme des phares destinés à guider quelque temps encore les rares génies qui se lancent dans une carrière où leurs devanciers n'ont rien laissé à faire, où ils ont tout moissonné.

Dans cette catastrophe, depuis longtemps manifestement pressentie, quelques hommes de talent ont essayé de retenir sur sa pente glissante l'art qui s'en allait; de ce nombre sont : Tobar, Bernard German-y-Llorente, Victoria, Rovira de Brocandel, Roche, Dominique Martinez, Gonzalès, Luxan Martinez, Louis, Antoine & Alexandre Vélasquez, Pons, & le dernier de tous, Goya-y-Lucientès. Tous les peintres qui viennent après ne sont que des glaneurs, véritables fantômes s'agitant dans l'ombre de cette nuit profonde, attendant la résurrection de l'heureux temps qui les a précédés & qui, nous l'espérons, ne peut tarder de venir.

L'architecture & la statuaire ont aussi eu leurs époques distinctes; elles ont subi l'influence des circonstances qui favorisaient ou arrêtaient leurs progrès, & elles sont aujourd'hui assises, dans les limbes, à côté de leur sœur la peinture, attendant leur commun libérateur.

CHAPITRE XXXII.

Honneur à l'Espagne.

NOUS venons de parcourir, au pas gymnastique, il est vrai, toute l'Espagne; &, depuis les colonnes d'Hercule jusqu'aux Pyrénées, de l'Océan à la Méditerranée, nous avons fouillé dans tous les coins, cherchant les objets d'art qu'y ont jetés à profusion les trente-quatre siècles qui font le canevas de son histoire. Nous avons feuilleté les archives & remué la cendre des divers peuples qui l'ont occupée; ce que nous avons vu de tant de merveilles & ce qui reste à en voir, ce que nous avons noté & ce que nous avons passé sous silence, ferait la matière de plusieurs volumes, tâche immense, trop au-dessus de nos forces. Qu'il nous soit seulement permis de présenter, en terminant ce croquis, quelques réflexions que nous suggèrent, en faveur de l'Espagne, les recherches que nous avons faites, réflexions qui eussent peut-être été mieux placées au principe de notre livre qu'à la fin, mais que nous avons réservées à dessein : pour bien juger il faut connaître.

De toutes les contrées de l'Europe, l'Espagne est,

à notre avis, la plus riche & la mieux dotée en fait d'objets d'art. Nous avons, en quelque autre endroit, posé en principe que l'art est une émanation de la Divinité, qu'il est cosmopolite, & qu'aucun peuple ne peut se vanter de lui avoir donné naissance.

La Grèce a cependant tenu longtemps dans ses mains païennes le sceptre artistique, qu'elle avait reçu de sa civilisation philosophique; l'Italie chrétienne l'en a dépossédée. Mais ces deux terres classiques ont trop facilement obtenu la couronne de mérite dans le concours d'œuvres de génie proposé aux nations civilisées du monde entier; le prix ne leur a point été disputé; elles ont été seules, chacune en son temps; elles n'avaient point de rivales. La première l'a obtenu de bonne justice, parce qu'elle a été la première à se lancer dans la lice; la seconde, parce qu'elle a noblement recueilli les débris de sa devancière & qu'elle en a su tirer toute la quintessence.

Il n'en eût peut-être pas été ainsi au XVIe siècle, & la palme que l'Italie s'attribue serait plus brillante pour elle, ou elle la saluerait sur le front de sa rivale, sur le front de l'Espagne. Nous ne prétendons pas rabaisser ici la gloire des uns pour rehausser le mérite des autres; mais, pour être impartial, il faut tenir compte de toutes les circonstances qui ont favorisé l'Italie & qui ont totalement fait défaut à l'Espagne.

Qu'on prête à l'Espagne les modèles, les idées que la Grèce empruntait sans doute à l'Egypte & à la Phénicie plus de mille ans avant notre ère, & que Moïse recommandait aux Hébreux de ne point imiter; qu'on lui accorde ce calme intérieur, cette liberté de penser & d'agir sans contrôle, dont les Archontes faisaient jouir la Grèce; qu'on donne aux premiers peintres & aux premiers sculpteurs de la péninsule hispanique les encouragements que recevaient les Apelles, les Apollodore, les Parrhasius, les Phidias, les Polygnote, les Zeuxis, les Timanthe, auxquels le mérite ouvrait la route aux plus grands honneurs, jusqu'à l'apothéose même, & le triomphe de la Grèce ne sera pas aussi facile. Qu'on donne aux architectes espagnols, dans les premiers temps de leur bel art, les moyens dont disposaient les Athéniens, & les monuments tant vantés de la Grèce s'éclipseront devant ceux que l'Espagne a produits lorsque son génie, débarrassé de toute entrave, a pu se livrer à son essor, lorsque Christophe Colomb a répandu à pleines mains, sur le sol de l'Ibérie, l'or du Nouveau-Monde. Mais nous avons d'avance proclamé le bon droit de la Grèce dans la répartition des récompenses. Elle a sans doute beaucoup emprunté, elle a peut-être beaucoup reçu; mais il lui est encore beaucoup resté à faire : elle l'a fait. Si elle n'a point créé, elle a perfectionné : sa gloire doit donc être sans rivale.

Mais qui pourrait, avec impartialité, en dire autant de l'Italie; &, sans prétendre retrancher de son mérite, ne peut-on supposer que d'autres nations en eussent fait autant qu'elle? Les preuves en sont là, & les nier serait mentir à ses yeux, aux yeux émerveillés de tout le monde.

Qu'on mette l'Espagne à la place de l'Italie; qu'on fasse voler ses armes triomphantes sur l'Afrique, l'Asie & l'Europe, comme celles des Romains; que ses vaisseaux, partant de Cadix ou de Tartessus, parcourent les mers intérieures, pillant de tous côtés, ici par la force, là par la ruse; que le Cid soit un Mummius qui dépouille les temples & les palais de la patrie de Thémistocle pour enrichir son pays, pour fournir à ses compatriotes des modèles qu'il ne s'agit plus que d'imiter; qu'on fasse arriver sur la terre des Pélage les artistes grecs, pourchassés de leur patrie par les révolutions & les ennemis de l'art, & l'Italie n'aura pas, sans combat, la prééminence après la Grèce.

Ces réflexions tombent d'elles-mêmes sous la plume; elles se présentent même, revêtues de leurs preuves, à l'esprit de celui qui, parcourant l'histoire artistique de l'Espagne, rend hommage au zèle, à l'ardeur, à l'empressement avec lesquels les Espagnols vont chercher partout les modèles qu'ils ne trouvent pas chez eux, les inspirations du génie qui leur manquent, & la liberté que leur refuse la tyrannique Inquisition pesant de tout son poids de fer sur les intelligences.

L'Espagne a été, dès les premiers temps des beaux jours de l'art dans la Grèce, visitée par des Grecs mêmes; elle a vu aborder sur ses côtes divers peuples étrangers lui mendiant l'hospitalité, & qu'elle a enrichis de ses trésors; mais ce n'étaient que des aventuriers, que des écumeurs de mer, que de ces hommes qui, semblables à des oiseaux de rapine, s'abattent partout où il y a une proie à saisir. Pas un n'a communiqué aux habitants de l'Espagne une idée nouvelle; pas un n'a apporté de son pays un objet, une science qui pût compenser, en quelque sorte, pour les Ibères, les richesses dont ils étaient dépouillés.

Les Grecs, les Phéniciens, les Phocéens adoraient Jupiter, Neptune, Pluton; mais ces dieux, qui avaient dans ces contrées des temples magnifiques, n'eurent en Espagne que des autels grossiers, informes & sans toiture. Les Carthaginois envahirent l'Espagne à leur tour, les Romains les en chassèrent, les Goths remplacèrent ceux-ci; mais quelles idées artistiques ont-ils communiquées aux Celtibères, de quel rayon de génie les ont-ils éclairés? Rome, cette reine du monde, qui appesantissait son bras de fer sur toutes les nations qui réclamaient ses services ou qui avaient le malheur de se trouver sur son passage, commença par imposer à l'Espagne ses goûts, ses idées, ses lois draconiennes dictées par l'orgueil d'un vainqueur sans rival; mais de l'art, point. Les Romains construisirent cependant dès les premiers temps de leur occupation; mais leurs constructions portent en elles un tel caractère d'utilité, de nécessité même, qu'on peut dire qu'ils ne mirent le marteau & la truelle à la main que pour se procurer le strict nécessaire. Aucune idée véritablement artistique ne fut le principe, le mobile de leurs œuvres. Leurs aqueducs, leurs ponts témoignent de leur adresse, ils ne déposent pas de leur goût. Le règne d'Auguste vint cependant réparer cet oubli : les arts commencèrent à poindre en Italie; l'Espagne en vit un rayon. Agrippa fit élever à Antiquera un temple auquel le Panthéon servit de modèle; plus tard, Barcelonne en érigea un à Hercule, Mérida à Mars, Atlange à Junon. Voilà le commencement de cette série de monuments dont les restes, épars çà & là sur le sol de l'Espagne, attestent encore que, pour produire, les Péninsulaires ne demandaient que des ressources, que des lumières, que de la liberté. Qu'eussent fait alors les enfants du pays, avec les moyens dont disposaient leurs oppresseurs? Leurs œuvres postérieures, qui font l'honneur de l'Espagne, répondent assez & ne laissent là-dessus aucun doute.

Nous l'avons déjà dit, l'Espagne, pas plus que la France, n'a eu ni un Cimabuë, ni un Giotto instruits par les Grecs; c'est une erreur : l'Espagne a eu un

Berruguète, un Navarette, un Moralès, un Campana Pédro, & jufqu'à ce qu'il foit prouvé que ces maîtres de l'école italienne ont inventé la peinture & l'architecture dans ce que ces deux branches de l'art ont de plus beau, nous croirons que les artiftes efpagnols qui fe font formés à leur école, ont autant de mérite que leurs maîtres, qui puifaient à celle de la Grèce & de Byzance.

Prenons l'art dans toutes fes branches, les unes après les autres, & voyons quelle eft celle qui manque à l'Efpagne.

Sera-ce l'architecture, cet art qui a précédé tous les autres? L'Efpagne en poffède des modèles dans tous les genres, dans tous les ftyles, dans tous les ordres & de toutes les époques. Nous venons de voir qu'après le règne d'Augufte, la Péninfule fe couvrit de monuments durables, dont quelques-uns exiftent encore prefque entiers; &, fans parler des aqueducs & des ponts d'Alcantara, de Mérida, de Tolède, de Tarragone, de Chelvos & de Ségovie, en pleine activité, le théâtre de Sagonte, plufieurs arcs de triomphe, les phares de Malaga & de la Corogne, les tours d'Albuféra, le *circus maximus* de Mérida, atteftent que, fous le rapport de l'art de bâtir des maîtres du monde, l'Efpagne n'a rien à envier à l'Italie.

Sous les Goths, le chriftianifme, qui s'infiltre heureufement partout, étendant de toutes parts la civilifation qui marche fous fon égide, ajoute encore à la richeffe architecturale de l'Efpagne, & les cathédrales de Tolède, de Séville, de Léon, dont les détails font confignés dans les annales du pays, prouvent que l'architecture latine a laiffé des traces dans le pays des Efpagnes.

Les Arabes, les preuves en font là, ont doté l'Efpagne, à l'exclufion de toutes les autres contrées d'Europe, de richeffes inappréciables dans l'art de bâtir. Où trouve-t-on des monuments, en ce genre, plus complets que la mofquée de Cordoue, plus remarquables & plus riches que l'Alhambra de Grenade, plus élégants que les alcazars de Ségovie & de Séville?

Parlerons-nous des monuments de divers genres d'architecture, tels que ceux du ftyle byzantin, ogival, gothique & de la Renaiffance? L'Efpagne en poffède un grand nombre, &, fous ce rapport encore, elle eft auffi riche que l'Italie, auffi bien pourvue qu'aucune autre contrée du monde; le feul reproche qu'on puiffe lui faire, nous l'avons remarqué déjà, c'eft d'avoir pouffé trop loin le goût des ornements.

Sera-ce la fculpture, la ftatuaire, qui feront défaut à la patrie des Pélage? Il eft vrai que, pendant que l'Italie rempliffait de ftatues les veftibules de fes palais & de fes temples, l'Efpagne, longtemps privée des beaux types que Rome avait enlevés à la Grèce, en était réduite à de fimples figures, mal deffinées, grossièrement sculptées. Les Romains, les Goths ni les Arabes n'avaient rien laissé en ce genre, & nous ne pensons pas que les apologistes de l'Italie puissent faire un crime à l'Espagne de manquer de ce qu'elle ignorait. Mais, lorsque les Berruguète, les Gil de Siloé, les Lorenzo Mercadante eurent vu de près les modèles antiques, avec quelle rapidité s'éleva la sculpture! Le tombeau du cardinal don Juan de Cervantès à Séville, les stalles du chœur de la cathédrale de Tolède & de Tarragone, les rétables d'un grand nombre d'églises en font foi.

Sous le rapport de la peinture, l'Italie a eu ses maitres, l'Espagne a eu les siens; les œuvres des uns peuvent soutenir le parallèle de celles des autres. On pourrait même ajouter, en faveur des peintres espagnols, que s'ils eussent trouvé, dès le principe, les mêmes encouragements que les Italiens recevaient des souverains Pontifes, notamment des Adrien Ier, des Jean III, des Benoît IV & de leurs illustres successeurs, plus amateurs que connaisseurs en fait d'œuvres d'art, il n'est pas douteux qu'ils se fussent élevés au premier rang. Les œuvres des peintres espagnols se sont répandues partout, & dans tous les musées, dans toutes les collections, elles occupent la place d'honneur & sont au même rang que celles des sommités artistiques de l'Italie. La seule gloire de ces derniers est d'avoir devancé les premiers.

Pour rabaisser la gloire des artistes espagnols,

quelques critiques partiaux leur reprochent de n'avoir pas adopté une manière qui leur fût propre, qui claſſât leur école dans un genre particulier. Les Vélaſquez, les Murillo, les Coëllo, les Navarette ſe ſont, diſent-ils, élevés à un degré de perfection qui eût fait le déſeſpoir des maîtres de l'Italie; mais leurs œuvres portent un tel cachet d'imitation des écoles vénitienne, lombarde & flamande, qu'on dirait, au jugement de Mengs, que ces peintres eſpagnols ſont nés à Veniſe, en Flandre ou en Hollande. Eſt-ce un motif pour les blâmer? Y a-t-il là quelque choſe qui puiſſe porter atteinte à leur mérite? Nous ne le penſons pas; nous les en louons, au contraire, & cette circonſtance, bien conſtatée par de vrais connaiſſeurs, prouve ce que nous avançons, que les artiſtes eſpagnols euſſent été capables de faire, de produire ce qu'ont produit les Italiens. Les œuvres, dans quelque genre que ce ſoit, ne peuvent que reſſembler au modèle, & elles ont d'autant plus de mérite, qu'elles s'en approchent davantage. Ce reproche, du reſte, ſi c'en eſt un, pourrait s'appliquer à beaucoup d'artiſtes dont les œuvres ſont en poſſeſſion de l'admiration générale, & il ne ſerait pas difficile de trouver dans les diverſes écoles d'Italie, de la Grèce même, des œuvres ſorties du pinceau d'un maître & qu'on attribue fauſſement à un autre, tant la reſſemblance eſt frappante, tant la ſimilitude eſt exacte.

La plupart des artistes espagnols, comme ceux de toutes les autres écoles, sont allés, chacun à son tour, s'inspirer aux écoles italiennes ; ils en prirent le genre : rien de plus simple & de plus naturel. L'arrivée en Espagne du célèbre Tisiano, sous Charles-Quint, & de Rubens, sous Philippe IV, dut exercer une salutaire influence sur l'enseignement artistique de la Péninsule, & de là cette identité qui fait des écoles d'Espagne la continuation de celles d'Italie & de Flandre.

Un reproche plus sérieux, mais aussi peu fondé, que l'on fait aux peintres & aux sculpteurs péninsulaires, c'est de n'avoir pas assez étudié l'art antique, de ne s'être pas assez inspirés des modèles de la Grèce. Mengs, qui le leur adresse, n'a oublié qu'une chose, c'est de les leur fournir. Cette observation, pleine de justesse, du peintre allemand, ne tarda pas cependant à porter son fruit, & dès qu'ils purent, les artistes espagnols ne manquèrent pas d'aller étudier l'art grec, non pas à Athènes, il n'y était plus, mais à Rome, devant les œuvres des Michel-Ange, des Sanzio, des Léonard de Vinci, qui avaient copié les Grecs.

Sous quelque partie de l'art que l'on considère l'Espagne, on la trouve, à notre avis, à la hauteur de sa rivale maîtresse ; elle n'a pas la prééminence, mais elle ne lui est pas inférieure. L'Italie a eu plus de méthode, le modèle devant elle ; elle a marché d'un pas plus sûr. L'Espagne a longtemps tâtonné, longtemps elle a cherché : elle est arrivée, qu'on juge du mérite !...

Du reste, ce n'est que d'hier que l'Espagne a montré une partie de ses richesses artistiques. Sortant à peine du chaos des troubles intérieurs, occasionnés tantôt par les changements de dynastie, tantôt par les guerres intestines qui l'ont si longtemps bouleversée, elle est tombée dans un tel état de faiblesse qu'il serait cruel & injuste de lui reprocher le peu de soin qu'elle a mis à recueillir les chefs-d'œuvre gisant épars sur le sol, pour les montrer à la postérité ; mais on pourrait dire que chez elle cette négligence n'est qu'un effet du dédain que produit d'ordinaire une trop grande abondance de richesses : on ne s'amuse pas à ramasser quelques parcelles de billon quand on possède des monceaux d'or, & les collections d'objets d'art de l'Espagne sont les mieux fournies des nations de l'Europe.

Pour en juger, empruntons à Louis Viardot une partie de son Introduction au *Museo del Rey* de Madrid ; il dit en peu de mots, mieux que nous ne pourrions le faire, ce qui s'admire, ce qu'on n'oublie pas quand on l'a une fois vu, mais ce qui ne se décrit pas :

« Si les Pyrénées, dans leur partie pittoresque, grandiose, étaient traversées par des routes rivales de celles de la Corniche ou du Simplon ; — si l'on trouvait, en débouchant dans les plaines de l'Ebre, des chemins tracés & battus, des maisons de poste où l'on pût relayer, des chevaux dociles au lieu de mules rétives, de bonnes auberges offrant le vivre & le coucher, au lieu de sales & misérables *ventas*, qui n'ont qu'une écurie pour tout gîte & que l'orge pour toute provision, comme si les bêtes de somme allaient sans conducteurs aux plaisirs de ces derniers ou à leurs affaires; — s'il ne fallait marcher en caravane, comme à travers l'Arabie, être armé jusqu'aux dents, précédé & flanqué d'éclaireurs, au risque de voir sortir de dessous chaque pont de ravin, de chaque bosquet d'oliviers, la quadrille inévitable d'un Roqué-Guinart ou d'un José-Maria; — si l'on pouvait enfin parcourir toute l'Espagne sur des routes & dans une voiture, sans souffrir la soif & la faim, sans courir le danger de rouler dans un précipice, d'être dévoré par des insectes sur le matelas d'une hôtellerie, de laisser ses habits au coin d'une haie ou même d'annoncer aux passants futurs, par une croix pieusement plantée sur un tertre de terre fraîche, qu'un chrétien est mort dans cet endroit, frappé par une main qui s'est fâchée, *de mano airada*, comme le disent les actes judiciaires; — alors, il est probable que les touristes, abandonnant leur éternel itinéraire entre les Alpes & le Vésuve, iraient chercher, sous un ciel également beau, une terre d'un nouvel aspect, des constructions différentes, des costumes ignorés, des mœurs encore originales, des plaisirs nouveaux, &

qu'ils laisseraient avec empressement Venise & ses canaux pour Cadix, les ruines de Pompéi pour celles de l'Alhambra, & Saint-Pierre de Rome pour la mosquée de Cordoue.

« Madrid, quoique ville toute récente & devenue capitale *de par le roi*, quoique dépourvue d'antiquités & presque de monuments, quoique isolée au milieu du désert, Madrid offrirait pourtant aux voyageurs une ample moisson de souvenirs pour leur journal, & de dessins pour leur album. — Aimez-vous à voir un peuple se montrer, s'étaler avec franchise dans la rue, sans qu'on ait besoin de l'étudier en détail sous le toit des maisons ? Allez de jour à la Puerta-del-Sol, & le soir au Prado. — Aimez-vous à lire les vieux auteurs dans leurs manuscrits ? Vous trouverez à la bibliothèque royale une assez riche collection d'œuvres en ce genre. — Avez-vous la passion de la numismatique & de la glyptique ? Il y a, dans cette même bibliothèque, un magnifique cabinet de monnaies & de médailles, peut-être le plus riche du monde, où vous pourrez étudier, sous plus de cent mille modules, l'histoire des Phéniciens, des Grecs, des Carthaginois, des Romains, des Goths & des Arabes, toutes nations qui se sont transmis successivement la propriété de l'Espagne. — Passeriez-vous les mers par amour des curiosités exotiques ? N'allez pas si loin, mais allez à Madrid, vous y trouverez, réunies au Muséum, toutes celles qu'offraient, lors de leur découverte, la Chine, le Japon, le Mexique & le Pérou, heureux si vous n'êtes pas assourdi par l'effroyable vibration d'un véritable tam-tam chinois qui s'y trouve, si, par malheur, vous prenez envie d'en connaître le son. — Avez-vous cultivé l'histoire naturelle, l'arbre entier de cette vaste science, ou seulement l'une de ses branches? Allez encore à Madrid; vous y verrez un jardin botanique bien coupé, bien tenu, propre & coquet, où s'épanouissent les fleurs, où mûrissent les fruits des plus chaudes latitudes; là se trouve un cabinet de minéralogie, riche en métaux, riche en pierres précieuses, où vous verrez le plus gros morceau d'or natif qu'aient donné les mines du Potosi, d'énormes diamants bruts, tels que les ont produits les roches de Golconde, une pierre d'aimant qui pèse plus de douze marcs & qui porte une masse de fer dix fois plus lourde; là se trouve encore une collection zoologique, moins riche par le nombre que celle de Paris, mais plus remarquable par la rareté & la valeur inappréciable de certains objets. Trouvera-t-on ailleurs le squelette entier d'un mégathérium, unique débris complet du monde antédiluvien, colosse anatomique près duquel un squelette d'éléphant, aux membres grêles & délicats, n'est qu'un terme moyen pour arriver au squelette d'un cheval andalou? — Aimez-vous le moyen-âge, ses morions à visière, ses lourdes haches d'armes, ses cuirasses ciselées, ses cuissards & ses brassards? Vous ferez bien exigeant fi l'*Armeria* ne fatisfait amplement votre goût, car elle renferme des armures hiftoriques, depuis la lance du Cid, qui ouvrit les portes de Valence, jufqu'à l'épée que François Ier rendit à Pavie. — Etes-vous amateur de ces inftruments de mort inconnus des Romains & de l'antiquité, de ces bouches à feu jetant, à une grande diftance, l'épouvante & la défolation parmi les rangs ennemis? ou aimez-vous à voir ces armes hiftoriques & armoriées qui rappellent ces preux & vaillants chevaliers luttant contre les Maures, ou bien ces armes luxueufes des chefs arabes? Vifitez l'*Armeria* & vous y trouverez de quoi vous fatisfaire, fuffiez-vous un Mohamet-Alhamar ou un Boabdil. — Etes-vous architecte? Le palais vous plaira, quoiqu'il n'ait ni cour ni jardin, car c'eft un bel & favant amas de pierres de granit. — Sentez-vous s'allumer & fermenter dans votre cœur le faint amour des arts? Allez encore, allez à Madrid; allez auffi dans toutes les villes d'Efpagne, & n'oubliez pas de vifiter jufqu'au moindre village, car ils font tous de véritables mufées.

« Le grand *Mufeo del Rey* de Madrid eft encore bien nouveau: il n'y a guère qu'une cinquantaine d'années que ce bel édifice, fondé par Charles III dans la louable penfée de raffembler en une feule collection publique les peintures dépofées jufque-là dans les diverfes réfidences royales, s'eft ouvert à fa deftination; mais fa jeuneffe ne le rendra pas moins digne de votre attention, ni de votre admiration artistique, une fois que vous l'aurez parcouru, visité avec quelques détails.

« C'est pour lui qu'ont été dépouillés de leurs plus riches ornements les palais de Madrid, d'Aranjuez, de Saint-Ildefonse, du Pardo, de la Zarzuela, de la Quinta. Quand il a eu reçu toutes ces merveilles, il n'avait encore que ce que les souverains d'Espagne avaient acquis ou reçu en cadeau des Maisons d'Autriche, de France & de la cour de Rome ; il y avait encore, hors de ce musée, hors du domaine royal, une foule d'objets d'art, des plus précieux & des plus célèbres, que le vainqueur de Saint-Quentin avait entassés dans sa royale Thébaïde. Le monastère de l'Escurial cachait, depuis plus de trois siècles, au fond de ses cloîtres déserts, qu'entoure une profonde solitude, de merveilleux ouvrages, des toiles fameuses de Léonard, de Raphaël, du Corrége, du Titien. Ils y seraient encore, si de nouvelles institutions politiques n'étaient venues modifier en Espagne les droits canoniques & n'avaient fait de ce grand & superbe monastère, pour lequel on avait dépensé une grande partie de l'or du Pérou, une simple résidence royale. Aujourd'hui donc ce musée, enrichi de tout ce que renfermaient l'Escurial & les autres couvents de l'Espagne dévote, présente à l'admiration les œuvres, réunies à grands frais, des grands artistes de toutes les écoles. On peut dire, sans exagération & sans flatterie : le musée de Madrid est le plus riche du monde.

« Ne vous en étonnez pas : depuis les premières années du XVIe siècle jusqu'au milieu du XVIIe, depuis les débuts de Raphaël & d'Albert Durer jusqu'aux derniers élèves des Carrache & de Rubens, l'Espagne fut maîtresse des Flandres & presque de l'Italie entière où dominait son influence, où, dès avant cette époque, les Aragonais avaient possédé Naples & la Sicile. Sous Charles-Quint, sous Philippe II, il ne se faisait pas une œuvre remarquable dans l'Italie ou dans les Flandres qu'elle ne fût offerte, avant tout autre, au roi d'Espagne. Les petits princes, les villes, les congrégations, les seigneurs s'empressaient, au moindre signe de son désir, de lui faire présent ou cession des objets précieux qui étaient en leur pouvoir. Plus tard, Philippe IV, ce royal protecteur des artistes, employa jusqu'aux derniers écus d'un trésor épuisé, en achat d'œuvres d'art, & deux fois Vélasquez, son grand maréchal des logis, fut envoyé en Italie accaparer tous les bons ouvrages qui s'y trouvaient à vendre. Si on joint à l'ample moisson déjà entassée dans les princières demeures des rois ses prédécesseurs, tous les présents que lui firent ses confrères les autres rois d'Europe & les grands d'Espagne, de tout ce qu'on savait pouvoir flatter son goût & sa passion artistiques, on ne sera pas étonné de trouver réunies tant de merveilles dans le palais du

Pardo, véritable collection d'amateur formée par deux races de rois. »

Espérons que, pour que toutes ces richesses ne soient pas plus longtemps ignorées du reste de l'Europe, le gouvernement réparateur de l'auguste souveraine entre les mains de laquelle la Providence a placé les destinées de l'Espagne, fera disparaître les entraves que signale Viardot & qui retiennent les visiteurs sur ses frontières, & que la belle Espagne, désormais ouverte à tous les touristes amateurs des beautés de l'art & de celles de la nature qu'elle possède en première ligne, fera sortir de la bouche de tous l'hommage qu'on ne peut s'empêcher de lui rendre : *Honneur à l'Espagne.*

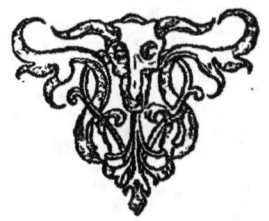

TABLE DES MATIERES

PAR CHAPITRES.

		Pages.
Introduction		1
Chapitre	I. — De l'art en Espagne	11
—	II. — Etablissement des premières colonies en Espagne	15
—	III. — Colonies grecques	19
—	IV. — Monuments des Phéniciens & des Grecs en Espagne	21
—	V. — Conquête de l'Espagne par les Carthaginois & les Romains	23
—	VI. — Etat de l'Espagne sous les Romains	25
—	VII. — Invasion de l'Espagne par les Normands	31
—	VIII. — Etat de l'Espagne sous les Goths	35
—	IX. — Invasion de l'Espagne par les Arabes	43
—	X. — Erection du Califat de Cordoue	47
—	XI. — Rois de Grenade	53
—	XII. — Civilisation des Arabes en Espagne	57
—	XIII. — Origine & progrès de l'architecture chez les Arabes d'Espagne	63
—	XIV. — Monarchie chrétienne, 1re époque	67
—	XV. — Etat de l'Espagne sous ses propres souverains jusqu'en 1496	81
—	XVI. — Architecture byzantine en Espagne	91
—	XVII. — Architecture arabe	101
—	XVIII. — Architecture ogivale	115

			Pages.
Chapitre	XIX.	— Suite de la monarchie chrétienne, 2ᵉ époque	129
—	XX.	— Croquis historique : Maison d'Autriche	133
—	XXI.	— De l'art sous la Maison d'Autriche	143
—	XXII.	— La Renaissance en Espagne	201
—	XXIII.	— Maison de Bourbon, 3ᵉ époque	215
—	XXIV.	— Décadence de l'art architectural	223
—	XXV.	— Peinture sur verre	231
—	XXVI.	— Sculpture	237
—	XXVII.	— Peintres du XVIIᵉ siècle	243
—	XXVIII.	— Peintres du XVIIIᵉ siècle	291
—	XXIX.	— Artistes armuriers d'Espagne	301
—	XXX.	— Art céramique en Espagne	321
—	XXXI.	— Coup d'œil d'ensemble	335
—	XXXII.	— Honneur à l'Espagne	341

FIN DE LA TABLE DES MATIERES PAR CHAPITRES.

TABLE ANALYTIQUE.

A.

	Pages.
Abellano (Jean de), peintre.	254
Acévédo (Chriftophe de), peintre.	182
Agriculture des Arabes	60
Aguiléra (Jacques), peintre.	182
Aguéro (Benoît-Manuel), peintre.	266
Aguirre (François de), peintre	277
Alfaro de Gomez (Jean de), peintre	276
Alfon (Jean), peintre	144
Algara (Gabriel), armurier.	309
Alhambra	54-55-108
Alliance des chrétiens avec les Maures	50
Almohades. — Leur règne	51-79
Almoravides. — Leur règne	50-78
Alonzo de Méfa, peintre	268
Alonzo de Covarrubias, architecte.	207
Alonzo Ier, roi chrétien.	78
Alphonfe Ier, id.	70
Alphonfe II, id.	71
Alphonfe III, id.	73
Alphonfe IV, id.	74
Alphonfe V, id.	76
Alphonfe (Georges), peintre	184
Alphonfe de Lima, fculpteur	238
Alvarez (Melchor), armurier	310

	Pages.
Alvarus (...), enlumineur	184
Ampérès (François de), peintre & fculpteur	184
Anéantiffement de la puiffance maurefque en Efpagne	80
Annès (Jean), peintre.	144
Antolinez (Jofeph), peintre	275
Antolinez de Sarabia (François), peintre	287
Antonio de Hollande, enlumineur.	183
Aparicio (don Jofeph), peintre	299
Apparition des Phocéens en Efpagne	20
Arabes en Efpagne	43-113
Architectes	240
Architecture arabe, 1re, 2e, 3e époque	63-101
Architecture byfantine	95-98
Architecture des Goths	35-38-89
Architecture latine	37-88
Architecture ogivale	99-115
Architecture des Goths & des Phéniciens	22
Ardemans (Théodore), peintre	283
Aregio (Paul), peintre	180
Arfian (Antoine de), peintre	181
Armuriers d'Efpagne	301
Arnau (Jean), peintre	176

TABLE ANALYTIQUE.

	Pages.
Arredondo (Isidore), peintre	279
Art en Espagne	11
Arts sous les Romains	26
Arts sous les rois chrétiens	83
Art céramique	321

B.

	Pages.
Baeza (Matthias), armurier	308
Barco (Alphonse del), peintre	277
Barrera (Jacques de la), peintre	184
Basiliques, leur usage sous les Arabes	64
Bataille de Tolosa	80
Bausa (Grégoire), peintre	177
Bayero (Jean-Baptiste), peintre	283
Bayeu de Subias (François), peintre	297
Bécerra (Gaspard), peintre, sculpteur & architecte	152
Bécerril (Gonzalès), peintre	145
Benavidès (Vincent), peintre	275
Bermude Ier, roi chrétien	71
Bermude II, id.	76
Bermude III, id.	77
Bernardino Gelaudia, peintre-verrier	234
Berruguète (Alphonse), peintre, sculpteur & architecte	153
Berruguète (Pierre), peintre	145
Berruguète (Alonzo), sculpteur	238
Bis (Nicolas), armurier	306-308
Bobadilla (Jérôme), peintre	264
Borras (le Père Nicolas), prêtre & peintre	165
Borroso (Michel), peintre	166
Bustindui (Augustin), armurier	309

C.

	Pages.
Cabezalero (Jean-Martin), peintre	272
Calatrava (Institution de l'ordre de)	79
Califat de Cordoue	47
Calleja (André de la), peintre	292
Camilo (François), peintre	250
Campana (Pédro), peintre	148
Campo (Jean), peintre	165
Canesi (Patricio), architecte	211
Cano (José), armurier	309
Cano (.....), peintre	243
Cano (Alonzo), peintre	245
Cano de Arevalo (Jean), peintre	281
Carbajal (Louis de), peintre	165
Cardenas (Barthélemy), peintre	248
Careno de Miranda, peintre	254
Carillo (.....), peintre	145
Caro (François), peintre	267
Caro-Lopez (François), peintre	279
Carthaginois en Espagne. — Leurs fondations	23
Castello (Félix), peintre	246
Castillo (Jean del), peintre	174
Castillo (Joseph), peintre	298
Castillo (Augustin del), Frère Jean, peintre	169
Castillo-y-Saavreda (Antoine), peintre	247
Castrejon (Antoine), peintre	266
Caxès (Eugène), peintre	164
Céa (Jean de), peintre	186
Cénaro-Salvador, armurier	309
Cérézo (Matthieu), peintre	274
Céfiles (Jean), peintre	126
Cespédès (Paul de), peintre, sculpteur & architecte	157
Chacon (Jean), peintre	186
Charlemagne en Espagne	48
Charles-Quint, roi d'Espagne	133
Charles II, id.	141
Charles III, id.	218
Charles IV, id.	220
Charles (le Frère), peintre	184
Chavarito (Dominique), peintre	284
Chimie des Arabes	60
Chirinos (Jean de), peintre	166
Cid. — Sa gloire	51
Cieza (Vincent), peintre	280
Cieza (Joseph), peintre	280

TABLE ANALYTIQUE.

	Pages.
Civilisation des Arabes en Espagne	57
Claros (le Frère Louis)	282
Coello (Alonzo-Sanchez) peintre	150
Coello (Dona Isabelle), peintre	169
Coëllo (Claude), peintre	264
Colonies grecques en Espagne	19
Colonnes d'Hercule	16
Comontez (Antoine), peintre	184
Comontez-Inigo, peintre	145
Conchillos-Falco (Jean), peintre	276
Constructions des Espagnols sous les Phéniciens & les Grecs	21
Contreras (Antoine de), peintre	175
Cordoba (Pierre), peintre mystique	180
Corralès (François de Los), peintre	183
Corréa (.....), peintre	185
Corte (Gabriel de la), peintre	277
Corte (Jean de la), peintre	178
Corte-Réal (Jérôme), peintre & poète	184
Costume des Goths	40
Crescencio (Juan), architecte	212
Cristobal-Aleman, peintre-verrier	234
Cristobal-Frislera, armurier	305
Cruz (.....), peintre	145
Cruz (Jean de la), peintre	166
Cruz de la Pantoja (Jean), peintre	160
Cuestal (Jean de), peintre-verrier	234
Cuevas (Eugène de Las), peintre	253
Cuevas (Pierre de Las), peintre	170

D.

	Pages.
Décadence de l'art architectural	223
Delgado (Pierre), peintre	184
Détails des forges de Tolède	313
Diaz (.....), peintre	145
Diégo Vaz (.....), peintre	185
Diégo Ventura, armurier	308
Diégo de Siloé, architecte	209
Diégo Valdiviéso, peintre-verrier	235
Division des peuples d'Espagne	13
Domenech (Antoine), peintre	186

	Pages.
Domingo Santo (le Frère Vincent), peintre	186
Domingo Garcia, armurier	306
Dontons (Paul), peintre	243
Duque Cornejo, peintre	284

E.

	Pages.
Ecoles primaires sous les Romains	25
Egas (Pierre de), peintre	184
Emmanuel (maître), peintre	186
Erection du royaume de Navarre	73
Erection du royaume de Portugal	78
Escalante (Jean-Antoine), peintre	268
Escurial. — Ses architectes	210
Espaderos	312
Espana (Jean), peintre	145
Espinal (Jean), peintre	288
Espinosa (Hyacinthe-Jérôme), peintre	244
Espinosa (Rodrigue de), peintre	169
Espinosa (Jean de), peintre	279
Esquirel Diégo, armurier	308
Estéban Rodrigue, peintre	125
Etat de l'Espagne sous les Romains	25
Etat de l'Espagne sous les Goths	35
Etat militaire des Arabes	59
Etat de l'Espagne chrétienne	81
Euric, roi goth	32

F.

	Pages.
Factor (Nicolas), religieux & peintre	151
Falco (Nicolas), peintre	184
Favila, roi goth	70
Ferdinand-le-Catholique, roi d'Espagne	80-129
Ferdinand VI, roi d'Espagne	217
Fernand, roi d'Espagne	77
Fernandez (Gaspard), armurier	306

366 TABLE ANALYTIQUE.

	Pages.
Fernandez (François), peintre.	248
Fernandez de Laredo (Jean), peintre.	272
Fernandez (Pedro), armurier.	310
Fernandez (Louis), peintre.	176
Fernandez Péra, peintre	183
Fernandez (Pierre de Guadalupe), peintre	184
Fernandez (Jacques), peintre.	184
Fernandez Garcia, peintre	184
Fernandez (Dominique), peintre	185
Ferrado (le Père don Chriftophe), peintre	263
Ferran Gonzalès, graveur fur bois.	126
Figuérédo (.....), peintre.	184
Flores-Frutos, peintre.	183
Fondations des Phéniciens.	15
Francione (Pierre), peintre.	184
François de Hollande, peintre	185
Fruela Ier, roi goth	71
Fruéla II, id.	74
Frutet (François), peintre	185
Fuente (Jean), peintre.	244

G.

	Pages.
Galindez (le Père Martin), peintre	166
Gallegos (Ferdinand), peintre	126
Gallego (....), fculpteur & peintre	185
Galvan (don Jean), peintre.	179
Garcias, roi chrétien	74
Garcia (Fernando), fculpteur.	238
Garcia-Salmeron (Chriftophe), peintre	247
Garcia Hidalgo (don Jofeph), peintre.	280
Garcia (.....), peintre	145
Garcia (don Barnabé), peintre.	284
Gaffen (François), peintre	179
Gaudin (le Père Louis-Pafcal), peintre	167
German-y-Llorente (Bernard), peintre.	285

	Pages.
Giachinetti-Gonzalès (Jean), peintre	269
Gil de Siloé, fculpteur	237
Gilarte (Matthieu), peintre.	277
Gomard (Francifco), fculpteur	238
Gomez (.....), peintre	144
Gomez (Antonio), armurier	309
Gomez (Martin), peintre.	185
Gomez de Valencia, peintre	273
Gonzalès Ruiz (Antoine), peintre.	290
Gonzalès (Barthélemy), peintre.	169
Gonzalve de Cordoue, peintre-verrier.	233
Goths (les) en Efpagne.	32
Goy. y-Lucientès (François), peintre.	296
Grenade. — Ses rois.	53
Gouvernement des Arabes	57
Gouvernement des rois chrétiens	82
Guevara (don Juan Nino de), peintre	271
Guillen (François), peintre	183
Gufman (Jofeph Cobo de), peintre	283
Gufman (Jean), peintre & architecte	252

H.

	Pages.
Helle (Ifaac del), peintre.	186
Hernandez (Alexis), peintre	184
Herrera (François) le Vieux, peintre	163
Herrera (François) le Jeune, peintre	265
Herrera (Alphonfe de), peintre.	173
Herrera Barnuevo (Sébaftien), peintre.	243-262
Horfelin (Antoine), peintre.	177
Huerta (Gafpard de la), peintre.	276

I.

	Pages.
Iciar (Jean de), peintre	167
Ingles (maître Georges), peintre	144
Iralayufo (le Frère Matthias-Antoine), peintre.	285
Iriarte (Ignace), peintre	263

TABLE ANALYTIQUE.

J.

	Pages.
Jauregui d'Aguilar, peintre	170
Jean de Tolède, peintre	145
Jean de Tolède (le capitaine), peintre	252
Joanès (Vincent dit Juan Joanès), peintre	154
Jordan (Etienne), peintre	166
Juan de Tolède, architecte	209
Juan de Santillane, peintre-verrier	232
Juan de Valdiviéso, peintre-verrier	233
Juan Belen, armurier	306
Juan Sanchez, armurier	306
Juan Fernandez, armurier	308
Julian del Rey, espadero	317
Juncosa (le Frère Joachim), peintre	271

L.

	Pages.
Lancharès (Antoine), peintre	175
Langue des Arabes	59
Sédesma (Joseph de), peintre	269
Législation des Arabes	58
Léonardo (Joseph), peintre	255
Léon-Léal (Simon de), peintre	251
Léonardo (le Père Augustin), religieux & peintre	173
Leyva (le Père Jacques), peintre	174
Liano (Philippe de), peintre	172
Lopez (don Vincent), peintre	299
Lopez (....), peintre	145
Lopez (Francisco), armurier	309
Lopez (Alphonse & Grégoire), peintres	185
Lorente (don Félix), peintre	293
Louis (maître), peintre	144
Lozano (Francisco), architecte	211
Luis Santos, armurier	308

M

	Pages.
Machuca (Pierre), sculpteur & architecte	181-208
Madera Loper (don Grégoire), amateur	192
Maella (don Mariana Salvador), peintre	298
Manchaca (Juan-Martiny), espadero	318
March (Michel), peintre	272
Marcuarte (Simon), armurier	304
Marinas (Henri de Las), peintre	262
Martel (....), peintre	145
Martinez (Sébastien), peintre	246
Martinez (Joseph), peintre	252
Martinez (del Maso), peintre	269
Martinez (Dominique), peintre	289
Martinez (Alonzo), armurier	307
Martinez (Frère Antoine), peintre	275
Martinez (don Joseph Luxan), peintre	293
Martinez (del Barranco), peintre	298
Matthias de Torres, peintre	271
Mauregat, roi chrétien	71
Mayno (le Père Jean-Baptiste), peintre	170
Médailles espagnoles	29-30
Médailles antiques	14
Médailles des Goths	40
Médina (Moïse-Casimir), peintre	284
Médina (Louis de), fresquiste	183
Ména (Philippe-Gilbert de), peintre	245
Ménandre (Vincent), peintre-verrier	235
Ménendez (Michel), peintre	284
Ménendez (Louis), peintre	294
Ménésès-Osorio (François), peintre	287
Mercadante (Lorenzo), sculpteur	237
Mésa (Barthélemy de), peintre	184
Mexia (André de), peintre	184
Minana (le Père Joseph), peintre	284
Mingot (Théodose), peintre	167
Mohédano (Antoine), peintre	168
Molina (le Frère Manuel de), peintre	254
Monarchie chrétienne d'Espagne, 1re époque	69

Monarchie chrétienne d'Espagne, 2ᵉ époque	129
Monarchie chrétienne d'Espagne, 3ᵉ époque	215
Monegro (Baptiste), architecte	212
Monnaies des Arabes	59
Montero de Roxas (Jean), peintre	253
Montero (Laurent), peintre	280
Monuments religieux des premiers habitants de l'Espagne	14
Monuments des Phéniciens & des Grecs	21
Monuments des Romains	26
Mora (Francisco de), architecte	211
Moraès (Christophe), peintre	185
Moralès (Louis de), peintre	148
Moralès (le Frère François), peintre	282
Moreno (Joseph), peintre	276
Mosquée de Cordoue	102
Moya (Pierre), peintre	251
Munoz (Sébastien), peintre	280
Munoz (Evariste), peintre	284
Murès (Alphonse), peintre	288
Murillo (Barthélemy-Estéban), peintre	243-256

N.

Navarette (*el Mudo*), peintre	155
Navarro (don Augustin), peintre	299
Néapoli (François), peintre	183
Normands en Espagne	31
Nufro (Sanchez), sculpteur	237
Nunnez (Jean), peintre	183
Nuñnez (Pierre), peintre	256
Nunnez de Villavicencio (don Pierre), peintre	274
Nunnez de Sépulvéda (Matthieu), peintre	289

O.

Obregon (Pierre de), peintre	178
Olives (Maître François), peintre	186
Olotzaga (Juan de), sculpteur	238
Ommiades. — Leur puissance	47
Onate (Michel), peintre	165
Ordonnez (Gaspard), architecte	212
Ordonno Iᵉʳ, roi chrétien	72
Ordonno II, id.	74
Ordonno III, id.	75
Origine des peuples d'Espagne	13
Origine du nom Espagne	17
Orrente (Pierre), peintre	278
Ortez Pablo, sculpteur	237
Ortego (Bernardo), sculpteur	238

P.

Pablo (Pierre), peintre	186
Pachéco (François), peintre	171
Pachéco (Christophe), peintre	181
Palacios (François), peintre	275
Palencia (Gaspard de), peintre	184
Palomino de Vélasco, peintre	279
Papier (invention des Arabes)	60
Paréja (Jean de la), peintre	243-248
Paret d'Alcazar, peintre	299
Pédro Maeze, armurier	304
Pélage, roi chrétien	69
Peinture des Arabes	61
Penalosa (Jean de), peintre	174
Pereyra (Diégo), peintre	171
Pérez (André), peintre	282
Pérez (Antoine), peintre	185
Pérez (Barthélemy), peintre	273
Pérez de Villoldo, peintre-fresquiste	145-180
Pérola (Jean), peintre	182
Phéniciens en Espagne	15
Philippe II, roi d'Espagne	137
Philippe II, peintre	157
Philippe III, roi d'Espagne	138
Philippe III, peintre	173
Philippe IV, roi d'Espagne	139
Philippe IV, peintre	243-248
Philippe V, roi d'Espagne	139
Philippe V, peintre	285

TABLE ANALYTIQUE.

	Pages.
Planez (Louis), peintre	299
Poètes goths	41
Poids & mesures des Goths	40
Polo (Jacques), le Vieux, peintre	168
Polo (Jacques) le Jeune, peintre,	262
Pons (Antoine), peintre	294
Préfiado (François), peintre	283
Prieto (dona Maria de Lorette), peintre	299

R.

	Pages.
Raman (Pédro), architecte	240
Ramire I*r*, roi chrétien	72
Ramire II, id.	74
Ramire III, id.	75
Ramirez (don Joseph), peintre	266
Ramirez (Jean), peintre	185
Ramirez (Pédro), armurier	309
Raxis (Pierre), peintre	183
Récarède I*r*, roi chrétien. — Ses successeurs.	33
Reinoso (don Antoine Garcia), peintre	266
Religion des Arabes	58
Religion des Celtibères	13
Renaissance. — Ses monuments.	201
Ribalta (Jean de), peintre	178
Ribalta (François), peintre	160
Ribéra (Joseph) dit l'Espagnolet, peintre	186
Rincon (Ferdinand), peintre	183
Rincon (Antonio), peintre	126
Rizi (François), peintre	249
Rizi (le Frère Jean), peintre	176
Roche (Bénédict), peintre	288
Rodrigue (Jean del Barco), peintre	145
Rodriguez de Miranda (François), peintre	292
Rodriguez (....), peintre	144
Rodriguez-Blanez (Benoît), peintre	278
Rodriguez (Christophe), peintre	184
Roelas (dit le clerc Roelas), peintre.	161
Roelas (Paul de Las), peintre	168

	Pages.
Romains en Espagne	24
Roman (Barthélemy), peintre	177
Roméo (don Joseph), peintre	292
Rovira de Brocandel (Hippolyte), peintre	286
Rubialès (Pierre de), peintre	185
Rubira (don Joseph), peintre	299
Ruiz (Antoine), peintre	185
Ruiz (Gonzalès), peintre	272
Ruiz (Valentin), peintre-verrier	235
Ruiz (Antonio), espadero	318
Ruy-Sanchez, sculpteur	238

S.

	Pages.
Sabagun (Alonzo), espadero	317
Salmeron (François), peintre	250
San-Antonio (le Père Barthélemy), peintre	292
Sanche I*r*, roi chrétien	75
Sanche II, roi de Navarre	76
Sanche II, roi d'Espagne	77
Sanche III, id.	78
Sanchez (don Mariano-Ramon), peintre	299
Sanchez-Cotan (le Frère Jean), peintre	168
Sanchez (....), peintre	144
Sancho-Garcias, roi de Navarre	73
Sarabia (Joseph), peintre	250
Sciences des Goths	41
Sciences des Arabes	57
Sculpteurs	237
Sculpture des Goths	39
Sculpture des Espagnols sous les Romains	28
Secano (Jérôme), peintre	275
Segarra (Jayme), peintre	184
Serquiera (....), peintre	299
Segura (André), peintre	183
Sequo (Simon), peintre	185
Sérafin (Pierre), peintre	186
Sévilla Roméro d'Escalante (Jean de), peintre	267

TABLE ANALYTIQUE.

	Pages.
Siècle IX°. — Ses monuments	86
Siècle X°. Id.	87
Siècle XI°. Id.	92
Siècle XII°. Id.	94
Siècle XIII°. Id.	99-118
Siècle XIV°. Id.	120
Siècle XV°. Id.	121
Siècle XVI°. — Ses peintres	180
Solis (don François de), peintre	268
Soto (Jean-Baptiste de), peintre	176
Soto (don Laurent), peintre	273
Sotomayor (Louis de), peintre	273
Style flamboyant	124
Sucre raffiné par les Arabes	60
Sutil (Manuel), armurier	309

T.

	Pages.
Théotocopuli (dit el Greco), peintre.	159
Tioda (....), architecte goth	86
Tobar (Alphonse-Michel), peintre.	284
Toiture des anciens Espagnols	21
Torres (Clément), peintre	283
Torres (Matthias de), peintre	271
Tristan (Louis), peintre	175
Troya (Félix), peintre	282

U.

	Pages.
Urbina (Jacques), peintre-décorateur	181
Urbina (Jean), peintre	185
Urzanqui (....), peintre	281

V.

	Pages.
Valdès-Léal (Jean de), peintre	270
Valdès (Lucas de), peintre-fresquiste	283
Wamba, roi goth	33
Vanderhamen (don Jean de), peintre	177
Vargas (André de), peintre	255

	Pages.
Vargas (Louis), peintre-fresquiste.	146
Vasco Fernandez (dit Grand Vasco), peintre	167
Véla (Christophe), peintre	179
Vélasquez de Silva (don Diègue), peintre	191
Vélasquez (Louis-Gonzalès), peintre	294
Vélasquez (Antoine-Gonzalès), peintre	295
Vélasquez (Alexandre-Gonzalès), peintre	294
Vera Cabeza de Vacca (François), peintre	275
Vera (le Père Christophe), peintre.	172
Vergara (Nicolas), peintre-verrier.	234
Vergara (Nicolas de), peintre.	166
Vergara (Nicolas), dit le Vieux.	150-234
Vergara (Joseph), peintre.	295
Vicente (Barthélemy), peintre	275
Victoria (don Vincent), peintre	281
Vidal de Liendo (Jacques), peintre.	246
Vidal (Denis), peintre-fresquiste.	283
Vidal (Jacques) le Vieux, peintre.	174
Viladomat (Antoine), peintre	284
Villamor (Antoine), peintre	283
Villegas (Pierre Marmoléjo de), peintre	151
Villoldo (Jean de), peintre	180
Vitraux peints	231

X.

	Pages.
Ximénès (François), peintre	179
Ximénès, ministre	130-133
Ximénès Aléjo, peintre-verrier	233
Ximénès Ruy, architecte	240
Ximénès de Illescas, peintre	254
Ximénès Donoso (Joseph), peintre.	267

Z.

	Pages.
Zuloaga (Eufébio), armurier	305-310
Zurbaran (François), peintre	189

FIN DE LA TABLE ANALYTIQUE.

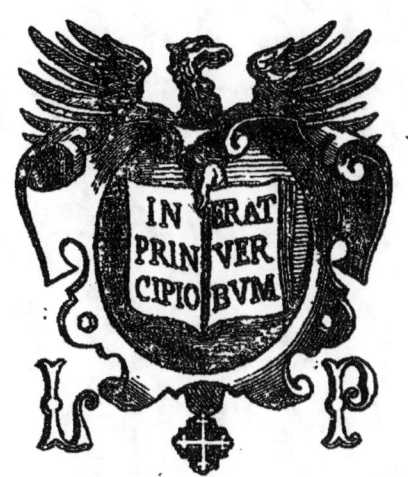

www.ingramcontent.com/pod-product-compliance
Lightning Source LLC
Chambersburg PA
CBHW052237220526
45471CB00001B/83